Der Leiter der GmbH-Gesellschafterversammlung

Schriftenreihe zum Gesellschafts- und Kapitalmarktrecht

Herausgegeben von Lutz Michalski,
Axel Jäger und Klaus-Rudolf Wagner

Band 42

PL ACADEMIC RESEARCH

Marcel Kleemann

Der Leiter der GmbH-Gesellschafterversammlung

PL ACADEMIC RESEARCH

Bibliografische Information der Deutschen Nationalbibliothek
Die Deutsche Nationalbibliothek verzeichnet diese Publikation in der Deutschen Nationalbibliografie; detaillierte bibliografische Daten sind im Internet über http://dnb.d-nb.de abrufbar.

Zugl.: Köln, Univ., Diss., 2012

D 38
ISSN 1619-117X
ISBN 978-3-631-62788-4

PL Academic Research ist ein Imprint der Peter Lang GmbH.

Peter Lang – Frankfurt am Main · Bern · Bruxelles · New York · Oxford · Warszawa · Wien

www.peterlang.de

Meinem Großvater

Vorwort

Diese Arbeit wurde im Wintersemester 2012/2013 von der Rechtswissenschaftlichen Fakultät der Universität zu Köln als Dissertation angenommen. Rechtsprechung und Schrifttum konnten bis Februar 2013 berücksichtigt werden.

Meine Doktormutter, Frau Professorin Dr. Barbara Grunewald, hat mir den Anstoß gegeben, mich mit dem Leiter der Gesellschafterversammlung der GmbH auseinanderzusetzen. Zugleich hat sie mir völlige Freiheit bei der Erstellung der Arbeit gelassen. Sind Fragen aufgetreten, stand sie mir stets hilfsbereit zur Seite. Ihre außergewöhnlich gute Betreuung zeigte sich nicht zuletzt darin, dass sie den ersten Entwurf der Arbeit ausgesprochen kurzfristig las, mit Anmerkungen versah und mit mir besprach. Auch das Erstgutachten hat sie zügig erstellt. Für all das danke ich ihr sehr herzlich. Herrn Professor Dr. Joachim Hennrichs danke ich für die ebenso zügige Erstellung des Zweitgutachtens.

Zudem danke ich den Herren Professor Dr. Lutz Michalski, Professor Dr. Axel Jäger und Dr. Klaus-Rudolf Wagner für die Aufnahme in ihre Schriftenreihe.

Danken möchte ich auch Herrn Rechtsanwalt Dr. Hans-Ulrich Wilsing und seinem Team. Ihnen habe ich zu verdanken, dass ich während meiner Tätigkeit als wissenschaftlicher Mitarbeiter diverse Hauptversammlungen begleiten konnte. Diese praktische Erfahrung war bei der Erstellung der Arbeit hilfreich. Besonderer Dank gilt dabei Herrn Rechtsanwalt Dr. Klaus von der Linden für sein jederzeit offenes Ohr und die zahlreichen konstruktiven Gespräche.

Frau Beatrice Pagel-Groba danke ich, dass sie trotz der nahenden Einreichung ihrer eigenen Dissertation das Manuskript zügig durchgesehen hat.

Horst und Martina Hedtstück danke ich von Herzen für die Übernahme meiner „Gevelsberger Patenschaft". Größter Dank gilt meinem Vater für sein großes Vertrauen und seine bedingungslose Unterstützung. Ohne ihn wäre die Realisierung dieser Arbeit nicht möglich gewesen. Mein Großvater, der meine Ausbildung gemeinsam mit meiner Großmutter stets unterstützt hat, konnte die Fertigstellung der Arbeit leider nicht mehr erleben. Seinem Andenken ist sie gewidmet.

Berlin, im März 2013 Marcel Kleemann

Inhaltsverzeichnis

A. Einleitung

Beim Lesen des Titels dieser Arbeit könnte man überrascht sein: Benötigt die Gesellschafterversammlung der GmbH denn überhaupt einen Versammlungsleiter? Schließlich haben doch die meisten GmbHs nur einen oder zwei Gesellschafter.[1]

Will man diese Frage beantworten, muss man zunächst einmal klarstellen, dass die Antwort unterschiedlich ausfallen kann, je nachdem, ob man sie rein tatsächlich oder ob man sie rechtlich begreift. In der Tat erübrigt sich zumindest bei der Einpersonen-GmbH die Frage nach der tatsächlichen Notwendigkeit eines Versammlungsleiters, der einzige Gesellschafter kann schon dem Wortsinne nach keine Gesellschafterversammlung abhalten. Zweifel an der fehlenden Notwendigkeit könnten aber bereits bei einer GmbH mit zwei Gesellschaftern aufkommen. Auch wenn man gemeinhin unter Versammlung das tatsächliche Zusammenkommen einer größeren Anzahl von Personen versteht, könnte es sich bei zwei zerstrittenen Gesellschaftern durchaus als hilfreich erweisen, einen neutralen Dritten zum „Versammlungsleiter" zu bestellen, um einen ordnungsgemäßen Ablauf des Zusammenkommens der Gesellschafter zur Beschlussfassung sicherzustellen. Je größer die Anzahl der Gesellschafter und damit der Kreis potenzieller Teilnehmer an der Gesellschafterversammlung ist, desto klarer wird die tatsächliche Notwendigkeit der Bestellung eines Versammlungsleiters. Immerhin beträgt der Anteil von GmbHs mit fünf und mehr Gesellschaftern 3%.[2] Auch wenn dieser Anteil relativ klein ist, ist die absolute Zahl solcher Gesellschaften beachtlich. Legt man einen Gesamtbestand von einer Million GmbHs zugrunde,[3] sind dies rund 30.000. Vergleichend sei angemerkt, dass der Gesamtbestand aller AGs in Deutschland 2011 lediglich bei 17.170 lag.[4]

Eindeutig lässt sich die Frage nach der Notwendigkeit eines Versammlungsleiters aus rechtlicher Perspektive beantworten: Das GmbHG schreibt keine Leitung der Gesellschafterversammlung vor.[5] Selbst Versammlungen, an denen eine dreistellige Zahl von Gesellschaftern teilnimmt,[6] bedürfen also nicht zwingend eines Versammlungsleiters. Darüber hinaus wird der Versammlungsleiter im GmbHG auch sonst an keiner Stelle erwähnt. Allerdings muss man beachten,

---

1 *Meyer*, GmbHR 2002, 177, 180 beziffert deren Anteil auf ca. 75%.

2 *Meyer*, GmbHR 2002, 177, 180.

3 *Kornblum*, GmbHR 2011, 692, 698 (1.000.105 GmbHs (ohne UGs) am 1.1.2011).

4 *Kornblum*, GmbHR 2011, 692, 699.

5 Ring/Grziwotz/*Krause*, § 48 Rn. 12; Bork/Schäfer/*Masuch*, § 48 Rn. 8; Gehrlein/Ekkenga/Simon/*Teichmann*, § 48 Rn. 17; AnwHdb-GmbHR/*Römermann*, § 15 Rn. 90.

6 Zur Existenz solcher Gesellschaften *Meyer*, GmbHR 2002, 177, 180 f.

dass zwar das GmbHG die Rolle des Versammlungsleiters ungeregelt lässt, es die Gesellschaften aber in der Hand haben, selbstständig Regelungen zur Versammlungsleitung in ihre Satzungen aufzunehmen. Sofern sie von dieser Möglichkeit weitgehend Gebrauch machen, müsste man ein praktisches Bedürfnis für die vorliegende Arbeit wohl verneinen. Bundesweite Zahlen zur Verbreitung von Satzungsbestimmungen zur Versammlungsleitung existieren soweit ersichtlich allerdings nicht. Einzig im Rahmen einer Auswertung[7] von 907 Satzungen bei den Amtsgerichten Hamburg-Mitte und Oldenburg (Niedersachsen) im Jahre 1997 registrierter GmbHs wurde u.a. die Verbreitung von Satzungsbestimmungen zur Versammlungsleitung untersucht. Lediglich 94 Satzungen bzw. 10,37% der Satzungen enthielten überhaupt Bestimmungen über die Versammlungsleitung. Dabei wurde der Versammlungsleiter in 39 Satzungen (41,49%) nicht unmittelbar bestimmt, sondern angeordnet, dass er in der Gesellschafterversammlung durch Mehrheitsbeschluss zu wählen ist. Acht Satzungen (8,51%) sprachen dem Geschäftsführer die Rolle des Versammlungsleiters zu. Die Zahlen legen nahe, dass es eine Vielzahl von Gesellschaften gibt, deren Gesellschafterversammlungen zweckmäßigerweise durch einen Versammlungsleiter geleitet werden sollten, deren Satzungen aber keine diesbezüglichen Anordnungen treffen. Dass auch sonst ein praktisches Bedürfnis für eine Auseinandersetzung mit dem Versammlungsleiter besteht, bestätigt sich zudem darin, dass er immer wieder Gegenstand ober- und höchstgerichtlicher Rechtsprechung[8] ist.

Aus der Diskrepanz zwischen tatsächlicher Notwendigkeit und fehlender gesetzlicher und statutarischer Verankerung ergibt sich eine Vielzahl von Fragen, die im Verlauf dieser Arbeit beantwortet werden soll. Um beurteilen zu können, unter welchen Voraussetzungen die Einsetzung eines Versammlungsleiters sinnvoll ist, muss zunächst Allgemeines zur Gesellschafterversammlung und insbesondere der Ablauf der Beschlussfassung dargestellt werden. Weil der Rechtsschutz der Gesellschafter gegen fehlerhafte Beschlüsse auch vom Vorhandensein des Versammlungsleiters abhängig sein kann, wird in diesem Zusammenhang bereits in der gebotenen Kürze das Beschlussmängelinstrumentarium in der GmbH dargestellt. Daran schließt sich die eigentliche Auseinandersetzung mit dem Versammlungsleiter an. Es wird u.a. erörtert, wer überhaupt als Versammlungsleiter in Betracht kommt, auf welchem Wege seine Bestellung möglich ist und ob und wie er wieder abberufen werden kann. Dem folgt eine

---

7 *Koch*, S. 20 ff.

8 Vgl. aus jüngerer Zeit etwa BGH, NZG 2009, 1309 (zum Mehrheitserfordernis für die Versammlungsleiterwahl); BGH, NJW 2010, 3027 (zu Stimmverboten des Gesellschafter-Versammlungsleiters); OLG München, DB 2005, 1566 (zur Bestimmung des Versammlungsleiters für mehrere Gesellschafterversammlungen).

ausführliche Darstellung der einzelnen Kompetenzen des Versammlungsleiters. Wegen der Bedeutung der Beschlussfeststellung ist ihr ein eigenes Kapitel gewidmet. Darin wird zunächst untersucht, unter welchen Voraussetzungen der Versammlungsleiter zur Beschlussfeststellung legitimiert ist. Anschließend wird dargestellt, welche inhaltlichen Elemente die Beschlussfeststellung hat und in welcher Form sie erfolgt. Zudem erfolgt ein kurzer Überblick über mögliche Fehler bei der Beschlussfeststellung. Da die Protokollierung von Gesellschafterbeschlüssen zum Aufgabenbereich des Versammlungsleiters gehört, aber in engem Zusammenhang mit der Beschlussfeststellung steht, wird sie umfassend erst an dieser Stelle erörtert. Zuletzt wird in diesem Kapitel untersucht, ob alternative Möglichkeiten der Beschlussfeststellung anzuerkennen sind. Das darauffolgende Kapitel befasst sich mit dem Rechtsschutz gegen Maßnahmen des Versammlungsleiters. Dabei wird auch erörtert, ob Maßnahmen des Versammlungsleiters zur Rechtswidrigkeit der gefassten Beschlüsse führen können. Die Arbeit schließt mit einer knappen Erörterung, ob und unter welchen Voraussetzungen der Gesellschaft Schadensersatzansprüche gegen den Versammlungsleiter zustehen können.

B. Die Gesellschafterversammlung der GmbH

I. Allgemeines

Der Begriff „Gesellschafterversammlung“ taucht im GmbHG allein in der amtlichen Inhaltsübersicht als Überschrift des § 48 GmbHG[9] auf. In § 48 Abs. 1 GmbHG heißt es, dass die Beschlüsse der Gesellschafter in Versammlungen gefasst werden. Die Gesellschafterversammlung wird an dieser Stelle somit als tatsächliches Geschehen verstanden. In ihr kommen die Gesellschafter zusammen, um ihre Rechte in Angelegenheiten der Gesellschaft auszuüben.[10] Gem. § 47 Abs. 1 GmbHG geschieht dies durch Ausübung des Stimmrechts zur Beschlussfassung.

Daneben wird die Gesellschafterversammlung auch in einem organschaftlichen Sinne verstanden. Weil die Gesellschaft regelmäßig kraft Beschlussfassung ihrer Gesellschafter in der Gesellschafterversammlung ihren kollektiven Willen bildet, ist sie Willensbildungsorgan.[11] Die Organqualität der Gesellschafterversammlung wird allerdings immer wieder bestritten.[12] Organ sei nicht die Gesellschafterversammlung, sondern die Gesellschafter in ihrer Gesamtheit.[13] Die Gesellschafterversammlung stelle lediglich eine Verfahrensweise der Beschlussfassung dar.[14] Im Ergebnis kann es jedoch für den Untersuchungsgegenstand dieser Arbeit dahingestellt bleiben, ob die Gesellschafterversammlung oder allein die Gesellschaftergesamtheit Organqualität hat. Im Mittelpunkt steht der Versammlungsleiter der Gesellschafterversammlung. In diesem Zusammenhang ist die Gesellschafterversammlung als tatsächliches Geschehen zu verstehen.

Das GmbHG sieht die Beschlussfassung in der Gesellschafterversammlung als Regelverfahren vor.[15] Auf diesem Wege wird ein Ort für Austausch und Diskussion geschaffen, der in der personalistisch geprägten GmbH notwendig ist und im optimalen Fall dazu führt, dass Vor- und Nachteile zu fassender Beschlüsse im Rahmen einer geordneten Diskussion aufgedeckt werden. Ein rein schriftliches Verfahren gem. § 48 Abs. 2 GmbHG ist rechtlich grundsätzlich zu-

---

9 BGBl. I 2008, 2026, 2031, 2046.

10 So für die HV GK-AktG/*Mülbert*, Vor §§ 118-147 Rn. 15.

11 *Hüffer*, § 118 Rn. 2; MK-GmbHG/*Stephan/Tieves*, § 35 Rn. 13; Baumbach/Hueck/*Zöllner*, § 45 Rn. 4, § 48 Rn. 2; *Hüffer*, FS 100 Jahre GmbHG (1992), S. 521 (536); *Schäfer*, § 34 Rn. 1; *Windbichler*, § 22 Rn. 1.

12 Saenger/Inhester/*Bergjan*, § 45 Rn. 5; Scholz/*K. Schmidt*, § 48 Rn. 1; *K. Schmidt*, Gesellschaftsrecht, § 33 V.2.a), S. 994 f.

13 Saenger/Inhester/*Bergjan*, § 45 Rn. 5.

14 Saenger/Inhester/*Bergjan*, § 45 Rn. 5; Scholz/*K. Schmidt*, § 48 Rn. 1.

15 BeckHdb-GmbH/*Fischer/Gerber*, § 4 Rn. 1.

lässig,[16] für Beschlussfassungen über umstrittene Themen aber weniger geeignet.[17] Bestimmte Beschlüsse können zudem überhaupt nicht außerhalb der Gesellschafterversammlung gefasst werden. So verlangt § 193 Abs. 1 Satz 2 UmwG, dass der Beschluss über den Formwechsel nur in einer Versammlung der Anteilsinhaber gefasst werden kann. Damit ist ausdrücklich eine Beschlussfassung im schriftlichen Umlaufverfahren ausgeschlossen.[18] Gleiches gilt gem. § 13 Abs. 1 Satz 2 UmwG für den Beschluss über den Verschmelzungsvertrag.[19]

II. Vergleich mit der Hauptversammlung der AG

Der Begriff „Hauptversammlung" bezeichnet eines der drei erforderlichen Organe der AG[20] und zugleich ein tatsächliches Geschehen[21]. In der Hauptversammlung entscheiden die Aktionäre gem. § 118 Abs. 1 Satz 1 AktG über die Angelegenheiten der Gesellschaft. Die Hauptversammlung ist das Organ, in dem die AG ihren internen Willen bildet.[22] Ihre Willensbildung vollzieht sich durch Beschlussfassung.[23] Insofern sind die Parallelen zur Gesellschafterversammlung der GmbH gegeben. Denn auch dort entscheidet die Gesellschafterversammlung über die Angelegenheiten der Gesellschaft durch Beschluss (vgl. §§ 47 Abs. 1, 48 Abs. 1 GmbHG). Unterschiede zwischen Gesellschafter- und Hauptversammlung ergeben sich vor allem daraus, dass das AktG die Organe der AG gleichberechtigt nebeneinanderstellt,[24] während das GmbHG die Gesellschafterversammlung (bzw. die Gesellschaftergesamtheit) als oberstes Organ mit grundsätzlich allumfassender Zuständigkeit vorsieht[25]. Die Zuständigkeit der Hauptversammlung beschränkt sich hingegen gem. § 119 Abs. 1 AktG auf ausdrücklich bestimmte Fälle. Der Hauptversammlung ist versagt, weitere Kompetenzen an sich zu ziehen oder in Kompetenzbereiche von Vorstand und Aufsichtsrat einzugreifen.[26] Die in § 119 Abs. 1 Nr. 1-8 AktG genannten Fälle sind nicht abschließen-

---

16 Vgl. *Blasche*, GmbHR 2010, 232.

17 Ähnlich Scholz/*K. Schmidt/Seibt*, § 48 Rn. 3.

18 Semler/Stengel/*Bärwaldt*, § 193 Rn. 8.

19 Semler/Stengel/*Gehling*, § 13 Rn. 14.

20 Spindler/Stilz/*Hoffmann*, § 118 Rn. 5 f.; *Hüffer*, § 118 Rn. 1.

21 GK-AktG/*Mülbert*, Vor §§ 118-147 Rn. 10.

22 Spindler/Stilz/*Hoffmann*, § 118 Rn. 1; *Hüffer*, § 118 Rn. 3.

23 *Hüffer*, § 118 Rn. 3.

24 BVerfG, NJW 2000, 349, 350; Spindler/Stilz/*Hoffmann*, § 118 Rn. 6; *Hüffer*, § 118 Rn. 4; MK-AktG/*Kubis*, § 118 Rn. 10; GK-AktG/*Mülbert*, Vor §§ 118-147 Rn. 43.

25 Scholz/*K. Schmidt*, § 45 Rn. 5; *Schäfer*, § 34 Rn. 3; *Windbichler*, § 22 Rn. 3.

26 Spindler/Stilz/*Hoffmann*, § 119 Rn. 1; MK-AktG/*Kubis*, § 119 Rn. 1.

der Natur, sondern lediglich beispielhaft genannt.[27] Darüber hinaus finden sich Hauptversammlungskompetenzen im UmwG und im HGB.[28] Exemplarisch muss die Hauptversammlung einem Verschmelzungsvertrag gem. § 13 Abs. 1 UmwG zustimmen. § 119 Abs. 2 AktG stellt klar, dass die Hauptversammlung grundsätzlich von der Geschäftsführung ausgeschlossen ist. Allerdings kann nach der Rechtsprechung des BGH der Vorstand bei besonders bedeutsamen Maßnahmen verpflichtet sein, zunächst die Hauptversammlung anzurufen und deren Zustimmung einzuholen.[29] Ungeschriebene Hauptversammlungskompetenzen sind allerdings nur „ausnahmsweise und in engen Grenzen anzuerkennen".[30] Der Vorstand ist nämlich das Leitungsorgan der AG.[31] Gem. § 76 Abs. 1 AktG leitet er die Gesellschaft unter eigener Verantwortung. Hauptversammlung und Aufsichtsrat haben ihm gegenüber kein Weisungsrecht.[32] Demgegenüber kann in der GmbH die Gesellschafterversammlung dem Geschäftsführer gem. § 37 Abs. 1 GmbHG Weisungen erteilen. Über Weisungen entscheidet die Gesellschafterversammlung allein durch Beschluss.[33] Für dessen Fassung reicht die einfache Mehrheit.[34] Mit dem Weisungsrecht korrespondiert die Folgepflicht des Geschäftsführers, die Weisungen auszuführen.[35]

III. Einberufung

Die §§ 49-51 GmbHG enthalten grundlegende Regeln zur Einberufung der Gesellschafterversammlung. Sie gelten jedoch nur, wenn die Satzung keine anderen Regeln aufstellt. Dass abweichende Satzungsregelungen zulässig sind, ergibt sich aus § 45 Abs. 2 GmbHG. Grundsätzlich beruft gem. § 49 Abs. 1 GmbHG der Geschäftsführer die Gesellschafterversammlung ein. Gem. § 51 Abs. 1 Satz 2 GmbHG ist die Einberufung mit einer Frist von mindestens einer Woche zu bewirken. Dabei ist für den Fristbeginn der Zeitpunkt maßgeblich, an

---

27 MK-AktG/*Kubis*, § 119 Rn. 9.

28 Spindler/Stilz/*Hoffmann*, § 119 Rn. 4.

29 BGHZ 83, 122 = NJW 1982, 1703 „Holzmüller"; BGHZ 159, 30 = NJW 2004, 1860 „Gelatine".

30 BGHZ 159, 30 = NJW 2004, 1860 „Gelatine".

31 Spindler/Stilz/*Fleischer*, § 76 Rn. 4.

32 BGH, NZG 2008, 507, 508; Spindler/Stilz/*Fleischer*, § 76 Rn. 57 f.; *Hüffer*, § 76 Rn. 10; MK-AktG/*Spindler*, § 76 Rn. 22.

33 Scholz/*K. Schmidt*, § 37 Rn. 31.

34 Scholz/*K. Schmidt*, § 37 Rn. 31.

35 Rowedder/Schmidt-Leithoff/*Koppensteiner/Gruber*, § 37 Rn. 26; Scholz/*K. Schmidt*, § 37 Rn. 30.

dem bei dem letzten Gesellschafter unter normalen Umständen mit dem Zugang der Einladung zu rechnen ist.[36] Ein gewisser Vorlauf ist für die Teilnehmer nötig, um die Anreise zu planen und etwaige kollidierende Termine zu verlegen.[37] Zudem soll jedem Gesellschafter ausreichend Zeit gegeben werden, sich auf die Gesellschafterversammlung vorzubereiten.[38] Um eine ausreichende Information sicherzustellen, bedarf es nicht nur der Ankündigung, dass eine Gesellschafterversammlung stattfindet. Vielmehr verlangt § 51 Abs. 2 GmbHG, dass bei der Einberufung auch der Zweck der Gesellschafterversammlung angegeben wird. Mit „Zweck" in § 51 Abs. 2 GmbHG und „Gegenstände" in §§ 50 Abs. 2, 51 Abs. 4 GmbHG sind Tagesordnungspunkte gemeint.[39] Die Formulierung des § 51 Abs. 2 GmbHG als Soll-Vorschrift und die Existenz des § 51 Abs. 4 GmbHG zeigen, dass die Einberufung ohne Angabe der Tagesordnung nicht unwirksam ist.[40] Vielmehr eröffnet § 51 Abs. 4 GmbHG die Möglichkeit, Beschlussgegenstände bis spätestens drei Tage vor der Versammlung anzukündigen. Aus dem Gesetz geht nicht hervor, wie ausführlich der Beschlussgegenstand benannt werden muss. In jedem Fall muss die Ankündigung der Beschlussgegenstände so detailliert sein, dass die Gesellschafter vor einer Überrumpelung geschützt sind.[41] So reicht etwa die Ankündigung „Verschiedenes" oder „Sonstiges" nicht aus, um unter diesem Tagesordnungspunkt Beschlüsse zu fassen.[42] Andererseits müssen bereits sämtlichen Gesellschaftern bekannte Tatsachen nicht erneut genannt werden.[43]

Zuletzt ermöglicht die sog. Vollversammlung auch dann die wirksame Beschlussfassung, wenn die Gesellschafterversammlung nicht ordnungsgemäß einberufen wurde (§ 51 Abs. 3 GmbHG). Eine Vollversammlung liegt vor, wenn alle Gesellschafter anwesend sind. Dabei ist nicht zwingend ihr persönliches Erscheinen erforderlich, sie können sich vertreten lassen.[44] Neben der physischen Präsenz ist das Einverständnis aller Gesellschafter mit der Abhaltung einer Ge-

---

36 BGH, NJW 1987, 2580, 2581; Baumbach/Hueck/*Zöllner*, § 51 Rn. 19.

37 Saenger/Inhester/*Bergjan*, § 51 Rn. 2

38 Saenger/Inhester/*Bergjan*, § 51 Rn. 2.

39 Michalski/*Römermann*, § 51 Rn. 66 f.; Scholz/*K. Schmidt/Seibt*, § 51 Rn. 18.

40 Michalski/*Römermann*, § 51 Rn. 64; Baumbach/Hueck/*Zöllner*, § 51 Rn. 18.

41 BGH, NZG 2000, 945, 946; BGH, NJW-RR 2003, 826, 828; Lutter/Hommelhoff/*Bayer*, § 51 Rn. 21.

42 OLG München, GmbHR 1994, 259; Scholz/*K. Schmidt/Seibt*, § 51 Rn. 19.

43 Scholz/*K. Schmidt/Seibt*, § 51 Rn. 19.

44 Saenger/Inhester/*Bergjan*, § 51 Rn. 17; Roth/Altmeppen/*Roth* § 51 Rn. 16; Michalski/*Römermann*, § 51 Rn. 92.

sellschafterversammlung zum Zwecke der Beschlussfassung erforderlich.[45] Widerspricht ein Gesellschafter der Beschlussfassung vor oder bei der Abstimmung, wird dieser Widerspruch so behandelt, als seien nicht sämtliche Gesellschafter anwesend.[46] Haben hingegen im Zeitpunkt der Abstimmung sämtliche Gesellschafter ausdrücklich oder konkludent auf die Rügeerhebung verzichtet, tritt die Heilungswirkung des § 51 Abs. 3 GmbHG ein.[47] Dabei ist die bloße Beteiligung an der Abstimmung nicht zwingend als konkludenter Rügeverzicht zu verstehen.[48] Rügt ein Gesellschafter zunächst die fehlerhafte Einberufung, beteiligt sich aber dann doch an der Abstimmung, so ist es eine Auslegungsfrage des Einzelfalls, ob die Stimmabgabe lediglich vorsorglich für den Fall erfolgte, dass die Gesellschafterversammlung doch ordnungsgemäß einberufen wurde, oder ob in der Stimmabgabe die konkludente Rücknahme der Rüge zu sehen ist.[49] Ein konkludentes Einverständnis mit der Beschlussfassung wird meistens anzunehmen sein, wenn der Gesellschafter sich an der Beschlussfassung beteiligt und für den Beschlussantrag stimmt.[50] Problematisch sind hingegen die Fälle, in denen der Gesellschafter gegen den Beschlussantrag stimmt oder sich der Stimme enthält.[51] Rügt der Gesellschafter die nichtordnungsgemäße Einberufung erst nach der Abstimmung, kann er damit den Eintritt der Heilungswirkung des § 51 Abs. 3 GmbHG jedenfalls nicht verhindern.[52]

IV. Teilnehmer

Ein Teilnahmerecht an der Gesellschafterversammlung steht allen Gesellschaftern kraft Gesetzes zu.[53] Es beinhaltet das Recht, zu Tagesordnungspunkten zu reden (Rederecht) und Anträge zu stellen (Antragsrecht).[54] Beim Teilnahmerecht handelt es sich um kein höchstpersönliches Recht, so dass sich der Gesell-

45 BGH, NJW 1987, 2580, 2581; Lutter/Hommelhoff/*Bayer*, § 51 Rn. 33; Saenger/Inhester/*Bergjan*, § 51 Rn. 17; Roth/Altmeppen/*Roth*, § 51 Rn. 16; *Wicke*, § 51 Rn. 9.

46 BGH, NJW 1987, 2580, 2581; Saenger/Inhester/*Bergjan*, § 51 Rn. 17.

47 BGH, NJW-RR 2003, 826, 828; Saenger/Inhester/*Bergjan*, § 51 Rn. 17.

48 BGH, DStR 1998, 348, 349; BGH, DStR 2009, 646.

49 Lutter/Hommelhoff/*Bayer*, § 51 Rn. 33; GK-GmbHG/*Hüffer*, § 51 Rn. 34.

50 Michalski/*Römermann*, § 51 Rn. 97 f.

51 Michalski/*Römermann*, § 51 Rn. 97 f.

52 BGH, NJW-RR 2003, 826, 828; Lutter/Hommelhoff/*Bayer*, § 51 Rn. 33.

53 Roth/Altmeppen/*Roth*, § 48 Rn. 4; Michalski/*Römermann*, § 48 Rn. 34; Scholz/*K. Schmidt/Seibt*, § 48 Rn. 13; Baumbach/Hueck/*Zöllner*, § 48 Rn. 6; *Grunewald*, 2.F. Rn. 91.

54 Lutter/Hommelhoff/*Bayer*, § 48 Rn. 10; Roth/Altmeppen/*Roth*, § 48 Rn. 7, 11; *Wicke*, § 48 Rn. 2.

schafter vertreten lassen kann.[55] Sofern er von dieser Möglichkeit Gebrauch macht, ist ihm die persönliche Teilnahme an der Gesellschafterversammlung verwehrt.[56] Der Bevollmächtigte hat kein eigenes Teilnahmerecht, sondern übt das des Gesellschafters aus.[57] Mit dem Teilnahmerecht korrespondiert keine Teilnahmepflicht.[58] Neben den Gesellschaftern existiert ein gesetzliches Teilnahmerecht für Mitglieder des Aufsichtsrats in der mitbestimmten GmbHG, das sich aus § 25 Abs. 1 Satz 1 Nr. 2 MitbestG i.V.m. § 118 Abs. 3 Satz 1 AktG bzw. aus § 1 Abs. 1 Nr. 3 DrittelbG i.V.m. § 118 Abs. 3 Satz 1 AktG ergibt.

Zur Teilnahme an der Gesellschafterversammlung ist zudem der Versammlungsleiter berechtigt, sofern ein solcher bereits vor Beginn der Gesellschafterversammlung existiert.[59] Dies ist etwa dann der Fall, wenn er in der Satzung oder einer Geschäftsordnung bestimmt ist oder in einer vorangegangenen Gesellschafterversammlung auch für künftige Gesellschafterversammlungen bestellt wurde. Sofern der Versammlungsleiter erst in der Gesellschafterversammlung durch Beschlussfassung der Gesellschafter in sein Amt gelangt und nicht bereits zuvor als Gesellschafter ein eigenes Teilnahmerecht hatte, erlangt er durch die Annahme der Versammlungsleitung ein eigenes Teilnahmerecht an der Gesellschafterversammlung.[60] Mit dem Teilnahmerecht des Versammlungsleiters korrespondiert eine Teilnahmepflicht (vgl. C.II.1., 2.).[61] Für den Hauptversammlungsleiter in der AG erklärt sich dies bereits aus seiner Notwendigkeit für die Beschlussfassung (vgl. D.I.). Nichts anderes gilt für den Leiter der Gesellschafterversammlung der GmbH. Dort ist er – sofern eine Satzungsregelung keine dahingehende Anordnung trifft – für die wirksame Beschlussfassung zwar nicht erforderlich. Sofern allerdings die Gesellschafter eine Versammlungsleitung für notwendig erachten und der Versammlungsleiter sich durch eine Annahmeerklärung zur Leitung der Gesellschafterversammlung verpflichtet, ist damit die Verpflichtung zur Teilnahme an der Gesellschafterversammlung verbunden.

Andere Personen haben grundsätzlich keinen durchsetzbaren Anspruch auf Teilnahme an der Gesellschafterversammlung. Dies gilt selbst für Geschäftsführer[62] und die Mitglieder eines fakultativen Aufsichtsrats[63] oder eines anderen

---

55 Michalski/*Römermann*, § 48 Rn. 47; Baumbach/Hueck/*Zöllner*, § 48 Rn. 8.

56 Michalski/*Römermann*, § 48 Rn. 51; *Wicke*, § 48 Rn. 2.

57 Baumbach/Hueck/*Zöllner*, § 48 Rn. 8.

58 Scholz/*K. Schmidt/Seibt*, § 48 Rn. 19.

59 Für den Leiter der HV MK AktG/*Kubis*, § 118 Rn. 106.

60 Für den Leiter der HV GK-AktG/*Mülbert*, § 118 Rn. 72.

61 Für den Leiter der HV MK-AktG/*Kubis*, § 118 Rn. 106.

62 Michalski/*Römermann*, § 48 Rn. 59; *Wicke*, § 48 Rn. 2; MünchHdb-GmbH/*Wolff*, § 39 Rn. 68.

statutarisch vorgesehenen Organs[64], sofern die Satzung für sie kein Teilnahmerecht vorsieht.[65] Die Gesellschafter können durch einfachen Mehrheitsbeschluss aber weitere Personen zur Gesellschafterversammlung zulassen.[66]

V. Beschlussfassung

1. Die Beschlussfassung in der Gesellschafterversammlung

a) Allgemeines

Die GmbH bildet ihren Willen gem. § 47 Abs. 1 GmbHG durch Beschlussfassung ihrer Gesellschafter. Über den förmlichen Ablauf der Versammlung und die Art und Weise der Beschlussfassung schweigt das GmbHG. Die Beschlussfassung in der Gesellschafterversammlung ist das Regelverfahren.[67] Die Gesellschafterversammlung ist beschlussfähig, wenn mindestens ein stimmberechtigter Gesellschafter oder ein wirksam Bevollmächtigter anwesend ist.[68] Der Beschlussfassung geht ein Beschlussantrag voraus.[69] Allein die Gesellschafter sind antragsbefugt, es sei denn, die Satzung räumt anderen Personen eine Antragsbefugnis ein.[70] Beschlussanträge müssen sich innerhalb der angekündigten Tagesordnungspunkte bewegen.[71] Solange dies der Fall ist, können sie auch erst in der Gesellschafterversammlung gestellt werden.[72] Die Gesellschafter stimmen durch ihre Stimmabgabe über den jeweiligen Antrag ab.[73] Eine bestimmte Form der Stimmabgabe ist gesetzlich nicht vorgesehen. Sofern die Satzung ebenfalls keine bestimmte Form vorschreibt, können die Gesellschafter grundsätzlich in beliebiger Weise abstimmen, sofern eindeutig zu erkennen ist, dass es sich um eine

---

63 Michalski/*Römermann*, § 48 Rn. 66; *Wicke*, § 48 Rn. 2; MünchHdb-GmbH/*Wolff*, § 39 Rn. 68.

64 Michalski/*Römermann*, § 48 Rn. 67; *Wicke*, § 48 Rn. 2.

65 Michalski/*Römermann*, § 48 Rn. 71; *Wicke*, § 48 Rn. 2.

66 Michalski/*Römermann*, § 48 Rn. 73; *Wicke*, § 48 Rn. 2; *Mutze*, GmbHR 1970, 33, 34.

67 BeckHdb-GmbH/*Fischer/Gerber*, § 4 Rn. 1.

68 Scholz/*K. Schmidt/Seibt*, § 48 Rn. 43; Baumbach/Hueck/*Zöllner*, § 48 Rn. 3; MünchHdb-GmbH/*Wolff*, § 39 Rn. 73.

69 MK-GmbHG/*Drescher*, § 47 Rn. 12; Michalski/*Römermann*, § 47 Rn. 22.

70 MK-GmbHG/*Drescher*, § 47 Rn. 17, 19; Michalski/*Römermann*, § 47 Rn. 28; Baumbach/Hueck/*Zöllner*, § 47 Rn. 13.

71 MK-GmbHG/*Drescher*, § 47 Rn. 20; Michalski/*Römermann*, § 47 Rn. 36.

72 MK-GmbHG/*Drescher*, § 47 Rn. 20; Scholz/*K. Schmidt/Seibt*, § 48 Rn. 47.

73 Baumbach/Hueck/*Zöllner*, § 47 Rn. 19.

Stimmabgabe handelt.[74] Nach erfolgter Stimmabgabe werden die Stimmen gezählt.[75] Ein Antrag ist angenommen, wenn die erforderliche Mehrheit erreicht ist. Damit ist grundsätzlich ein positiver Beschluss gefasst.[76] Erreicht der Antrag nicht die erforderliche Mehrheit, liegt nicht etwa kein Beschluss, sondern ein Beschluss mit dem den Antrag ablehnenden Inhalt vor.[77]

b) Mehrheitserfordernisse

Im Gegensatz zum Personengesellschaftsrecht herrscht im GmbH-Recht das Mehrheitsprinzip.[78] Der gesetzliche Regelfall ist gem. § 47 Abs. 1 GmbHG die einfache Mehrheit. Diese ist erreicht, wenn die Anzahl der Ja-Stimmen die Anzahl der Nein-Stimmen übersteigt. Gemeint ist also die Mehrheit der abgegebenen Stimmen.[79] Bei Stimmengleichheit ist der Antrag abgelehnt.[80] Die Mehrheit der abgegebenen Stimmen entspricht wegen § 47 Abs. 2 GmbHG regelmäßig der Mehrheit des vertretenen Kapitals, sofern die Satzung nichts anderes bestimmt. Für eine Reihe von Beschlüssen lässt das Gesetz die einfache Mehrheit nicht ausreichen. Vielmehr bedarf es zur Fassung solcher Beschlüsse qualifizierter Mehrheiten. So verlangen § 53 Abs. 2 Satz 1 GmbHG für Satzungsänderungen und § 60 Abs. 1 Nr. 2 GmbHG für die Auflösung der Gesellschaft jeweils eine Dreiviertelmehrheit. Auch das Umwandlungsrecht sieht qualifizierte Mehrheiten vor, z.B. für den Formwechsel (§§ 193 Abs. 1, 240 Abs. 1 UmwG) und die Verschmelzung (§§ 13 Abs. 1, 50 Abs. 1 UmwG).

c) Weitere Erfordernisse

Weitere Erfordernisse sind für das Zustandekommen eines Beschlusses grundsätzlich nicht vorhanden. Insbesondere bedarf es keiner förmlichen Feststellung des Beschlusses, etwa durch Protokollierung oder Verkündung des Beschlussergebnisses durch den Versammlungsleiter.[81] Lediglich für satzungsändernde Beschlüsse ist die notarielle Beurkundung gem. § 53 Abs. 2 Satz 1 Halbsatz 1 GmbHG vorgeschrieben. Bei der notariellen Beurkundung handelt es sich

---

74 Baumbach/Hueck/*Zöllner*, § 47 Rn. 19.

75 MK-GmbHG/*Drescher*, § 47 Rn. 45; Baumbach/Hueck/*Zöllner*, § 47 Rn. 21.

76 GK-GmbHG/*Hüffer*, § 47 Rn. 26.

77 Baumbach/Hueck/*Zöllner*, § 47 Rn. 23.

78 Scholz/*K. Schmidt*, § 47 Rn. 3; Baumbach/Hueck/*Zöllner*, § 47 Rn. 22.

79 Scholz/*K. Schmidt*, § 47 Rn. 3; Baumbach/Hueck/*Zöllner*, § 47 Rn. 23.

80 MK-GmbHG/*Drescher*, § 47 Rn. 46; Rowedder/Schmidt-Leithoff/*Koppensteiner/Gruber*, § 47 Rn. 9; Scholz/*K. Schmidt/Seibt*, § 48 Rn. 50; Baumbach/Hueck/*Zöllner*, § 47 Rn. 3, 23; *Zöllner*, FS Lutter (2000), S. 821.

81 Michalski/*Römermann*, § 47 Rn. 582 f.

um eine konstitutive Voraussetzung der Beschlussfassung.[82] Daneben existieren für bestimmte Arten von Beschlüssen Zustimmungserfordernisse. So bedarf es für den Entzug eines Sonderrechts regelmäßig der Zustimmung des betroffenen Gesellschafters.[83] Auch die Satzung kann weitere Erfordernisse aufstellen. Die Wirksamkeit eines Beschlusses kann etwa von der Feststellung durch den Versammlungsleiter[84] oder von der Protokollierung[85] abhängig gemacht werden. Zudem kann die Satzung die Wirksamkeit von Beschlüssen von der Zustimmung einzelner Gesellschafter, einzelner Gesellschaftergruppen oder aller Gesellschafter abhängig machen.[86]

2. Die Beschlussfassung in der Hauptversammlung der AG

Auch zur Beschlussfassung in der Hauptversammlung der AG ist zunächst einmal die Abstimmung über einen Antrag erforderlich. Darüber hinaus bestimmt das AktG, dass zur Beschlussfassung neben dem Erreichen der erforderlichen Anzahl an Stimmen die Feststellung des Vorsitzenden der Hauptversammlung über die Beschlussfassung erforderlich ist. Spricht das Gesetz vom Vorsitzenden der Hauptversammlung, meint es damit den Versammlungsleiter.[87] Die Beschlussfeststellung ist für die Beschlussfassung konstitutiv, ohne sie kann ein Beschluss nicht wirksam zustande kommen.[88] Daraus ergibt sich bereits, dass jede Hauptversammlung – mit Ausnahme der Hauptversammlung der Einmann-AG[89] – zur Beschlussfassung einen Versammlungsleiter benötigt. Die Beschlussfeststellung dient der Rechtsklarheit und -sicherheit. Durch sie erfahren die Teilnehmer der Hauptversammlung, dass und mit welchem Inhalt der Beschluss zustande gekommen ist. Hält ein Aktionär den Beschluss für fehlerhaft

82 MK-GmbHG/*Harbarth*, § 53 Rn. 67.

83 Baumbach/Hueck/*Zöllner/Noack*, § 53 Rn. 35.

84 *Haertlein*, FS Schwark (2009), S. 157 (175); *Oelrichs*, GmbHR 1995, 863, 864 f.

85 Baumbach/Hueck/*Zöllner*, § 48 Rn. 23.

86 Baumbach/Hueck/*Zöllner*, § 47 Rn. 30.

87 MK-AktG/*Kubis*, § 119 Rn. 105; GK-AktG/*Mülbert*, Vor §§ 118-147 Rn. 73.

88 Hölters/*Drinhausen*, § 130 Rn. 34; MK-AktG/*Kubis*, § 130 Rn. 62; GK-AktG/*Mülbert*, Vor §§ 118-147 Rn. 31; Spindler/Stilz/*Wicke*, § 130 Rn. 52; K. Schmidt/Lutter/*Ziemons*, § 130 Rn. 14; *Zöllner*, Schranken, S. 393; *Faßbender*, RNotZ 2009, 425, 444; *Grumann/Gillmann*, NZG 2004, 839, 841.

89 BayObLG, NJW 1973, 250; MK-AktG/*Kubis*, § 130 Rn. 61; GK-AktG/*Mülbert*, Vor §§ 118-147 Rn. 73; KK-AktG/*Noack/Zetzsche*, § 130 Rn. 220; *Bachmann*, NZG 2001, 961, 967.

und erhebt Klage, so ist Klagegegenstand der Beschluss mit dem Inhalt, den der Versammlungsleiter festgestellt hat.[90]

Eine explizite Kompetenzzuweisung an den Versammlungsleiter zur Beschlussfeststellung existiert im AktG nicht. Vielmehr setzt § 130 Abs. 2 Satz 1 AktG diese Kompetenz voraus. § 130 Abs. 1-4 AktG richtet sich an den Notar und bezweckt die Dokumentation der Willensbildung der Hauptversammlung.[91] Dabei handelt es sich um eine zwingende Norm, die nicht zur Disposition des Satzungsgebers steht.[92] Gem. § 130 Abs. 1 Satz 1 AktG muss jeder Hauptversammlungsbeschluss durch Aufnahme in die notarielle Niederschrift der Hauptversammlung beurkundet werden. Für nicht börsennotierte Gesellschaften sieht § 130 Abs. 1 Satz 3 AktG eine Erleichterung dergestalt vor, dass die Niederschrift nicht durch einen Notar erstellt werden muss, sondern stattdessen vom Aufsichtsratsvorsitzenden unterzeichnet werden kann.[93] Dies gilt nur, wenn nicht auch solche Beschlüsse gefasst werden, für deren Zustandekommen das Gesetz eine Dreiviertel- oder höhere Mehrheit verlangt.[94]

Unterbleibt die Protokollierung gänzlich, führt dies gem. § 241 Nr. 2 AktG zur Nichtigkeit des Beschlusses. Zur Nichtigkeit führt daneben gem. § 241 Nr. 2 AktG die fehlende Unterzeichnung durch den Notar (§ 130 Abs. 4 Satz 1 AktG) oder bei nicht börsennotierten Gesellschaften durch den Aufsichtsratsvorsitzenden (§ 130 Abs. 1 Satz 3 AktG). Auch das Fehlen der in § 130 Abs. 2 Satz 1 AktG genannten Mindestangaben in der Niederschrift, namentlich Ort und Tag der Verhandlung, Name des Notars, Art und Ergebnis der Abstimmung und Feststellung des Vorsitzenden über die Beschlussfassung, führt gem. § 241 Nr. 2 AktG zur Nichtigkeit der gefassten Beschlüsse. Eine Abschrift der Niederschrift samt Anlagen wird durch den Vorstand unverzüglich nach dem Ende der Hauptversammlung gem. § 130 Abs. 5 AktG zum Handelsregister eingereicht. In die beim Handelsregister hinterlegten Unterlagen kann jeder zu Informationszwecken gem. § 9 Abs. 1 Satz 1 HGB Einsicht nehmen. Ein berechtigtes Interesse ist nicht erforderlich. Auf der Geschäftsstelle des Registergerichts ist die Einsichtnahme gem. § 90 KostO sogar kostenlos möglich. Zuletzt ordnet § 130 Abs. 6 AktG für börsennotierte Gesellschaften die Veröffentlichung der festgestellten Abstimmungsergebnisse auf deren Internetseite an. Die Feststellung des

---

90 BGH, NZG 2006, 191; GK-AktG/*Mülbert*, Vor §§ 118-147 Rn. 31; Spindler/Stilz/*Würthwein*, § 241 Rn. 41.

91 Hölters/*Drinhausen*, § 130 Rn. 1; *Hüffer*, § 130 Rn. 1; MK-AktG/*Kubis*, § 130 Rn. 1; Spindler/Stilz/*Wicke*, § 130 Rn. 1; K. Schmidt/Lutter/*Ziemons*, § 130 Rn. 2.

92 Spindler/Stilz/*Wicke*, § 130 Rn. 1.

93 *Grumann/Gillmann*, NZG 2004, 839, 840.

94 *Grumann/Gillmann*, NZG 2004, 839, 840.

Beschlussergebnisses durch den Versammlungsleiter, die Protokollierung des Beschlusses, die Einreichung zum Handelsregister und – bei börsennotierten Gesellschaften – die Veröffentlichung der Beschlussergebnisse auf der Internetseite sind allesamt Maßnahmen, die zur Rechtsklarheit und -sicherheit beitragen. Auf diese Weise kommt es zu keinen Zweifeln darüber, dass ein Beschluss gefasst wurde und welchen Inhalt er hat.

VI. Rechtsnatur des Beschlusses

Der Beschluss ist ein regelmäßig mehrseitiges Rechtsgeschäft eigener Art.[95] Eine Willenserklärung ist er nicht.[96] Daraus folgt, dass auf den Beschluss die Regeln der §§ 119 ff. BGB nicht anwendbar sind.[97] Die Vernichtung eines Beschlusses im Wege der Anfechtung des Beschlusses ist somit nicht möglich. Anfechtbar ist aber nach allgemeinen Regeln die Stimmabgabe, denn diese ist empfangsbedürftige Willenserklärung.[98] Die wirksame Anfechtung der Stimmabgabe vernichtet zunächst einmal allein die Stimmabgabe selbst.[99] Auswirkungen auf die Wirksamkeit des Beschlusses hat sie zumindest dann nicht, wenn das Abstimmungsergebnis auch ohne die angefochtene Stimmabgabe nicht anders ausfällt.[100] Führt der Wegfall einer Stimme jedoch dazu, dass der Antrag nicht mehr die erforderliche Mehrheit der Stimmen erhielte und somit ein Beschluss dieses Inhalts nicht zustande käme, vernichtet die Anfechtung grundsätzlich auch den Beschluss.[101]

VII. Fehlerhafte Beschlüsse

Es stellt sich die Frage, zu welchen Rechtsfolgen die Fehlerhaftigkeit eines Beschlusses führt. Dabei ist zwischen verschiedenen Kategorien von fehlerhaften Beschlüssen zu unterscheiden.

---

95 MK-AktG/*Hüffer*, § 241 Rn. 8; *K. Schmidt*, Gesellschaftsrecht, § 15 I, S. 436.

96 *K. Schmidt*, Gesellschaftsrecht, § 15 I, S. 437.

97 *K. Schmidt*, Gesellschaftsrecht, § 15 I, S. 436.

98 BGHZ 14, 264, 267 = NJW 1954, 1563; MK-AktG/*Schröer*, § 133 Rn. 19; *Grunewald*, 2.F. Rn. 94; *K. Schmidt*, Gesellschaftsrecht, § 15 I, S. 437.

99 *K. Schmidt*, Gesellschaftsrecht, § 15 I, S. 437.

100 BGHZ 14, 264, 267 f. = NJW 1954, 1563.

101 Baumbach/Hopt/*Hopt*, § 119 Rn. 24.

1. Unwirksame Beschlüsse

Unwirksam ist ein Beschluss, wenn schon der Tatbestand nicht vollständig erfüllt ist.[102] Exemplarisch sei der Fall der fehlenden, aber konstitutiven Eintragung des Beschlusses in das Handelsregister genannt. Bei der Kategorie der unwirksamen Beschlüsse ist auf allgemeine Regeln zurückzugreifen, so dass zwischen schwebender und endgültiger Unwirksamkeit zu unterscheiden ist.[103] Im Beispiel ist der Beschluss erst dann wirksam, wenn er ins Handelsregister eingetragen ist. In der Zeit zwischen Annahme des Antrags durch das Willensbildungsorgan und Eintragung ist er schwebend unwirksam.[104] Verweigert das Registergericht die Eintragung endgültig, wird der Beschluss endgültig unwirksam. Die Fehlerhaftigkeit eines Beschlusses muss sich nicht in dessen Unwirksamkeit erschöpfen. Vielmehr kann der Beschluss zugleich unter weiteren Fehlern leiden.[105]

2. Nichtige Beschlüsse

Nichtigkeit bedeutet das Ausbleiben der gewollten Rechtswirkungen.[106] Auf die Nichtigkeit kann sich jedermann zu jeder Zeit berufen. Im Personengesellschaftsrecht und im Verein ist ein Beschluss entweder gültig oder nach §§ 134, 138 BGB nichtig.[107] Die Kategorie der nichtigen Beschlüsse existiert auch im Recht der AG. Allerdings führt nicht jeder Fehler, der unter §§ 134, 138 BGB subsumiert werden kann, zur Nichtigkeit eines Hauptversammlungsbeschlusses. Vielmehr werden die allgemeinen Regeln durch die zentrale aktienrechtliche Vorschrift § 241 AktG verdrängt.[108] Die Norm nennt die Fälle, in denen ein Beschluss *ipso iure* nichtig ist. Ergänzt wird der § 241 AktG durch § 250 AktG und § 253 AktG, weitere Nichtigkeitsgründe existieren nicht.[109] Auch in der AG kann sich jedermann zu jeder Zeit auf jede Weise auf die Nichtigkeit eines Hauptversammlungsbeschlusses berufen.[110] Er kann – muss aber nicht – auf die

---

102 Lutter/Hommelhoff/*Bayer*, Anh. § 47 Rn. 4; MK-AktG/*Hüffer*, § 241 Rn. 16; Baumbach/Hueck/*Zöllner*, Anh. § 47 Rn. 20.

103 MK-AktG/*Hüffer*, § 241 Rn. 18.

104 Rowedder/Schmidt-Leithoff/*Koppensteiner/Gruber*, § 47 Rn. 89.

105 MK-AktG/*Hüffer*, § 241 Rn. 20; *K. Schmidt*, Gesellschaftsrecht, § 15 I, S. 444.

106 MK-AktG/*Hüffer*, § 241 Rn. 14, 89; Spindler/Stilz/*Würthwein*, § 241 Rn. 29; *Hüffer*, ZGR 2001, 833, 837.

107 *Hüffer*, ZGR 2001, 833, 839; für die OHG Baumbach/Hopt/*Hopt*, § 119 Rn. 31; für den Verein BGH, NJW 1973, 235, 236; BGH, NJW 1975, 2101.

108 *Hüffer*, ZGR 2001, 833, 838.

109 MK-AktG/*Hüffer*, § 241 Rn. 7.

110 MK-AktG/*Hüffer*, § 241 Rn. 14; Spindler/Stilz/*Würthwein*, § 241 Rn. 6.

aktienrechtliche Nichtigkeitsklage gem. § 249 AktG zurückgreifen.[111] Ein Berufen auf die Nichtigkeit ist nur möglich, solange keine Heilung nach § 242 AktG eingetreten ist.[112]

3. Anfechtbare Beschlüsse

Neben die Kategorie der Nichtigkeit tritt im Recht der AG und der Genossenschaft die Anfechtbarkeit. AktG und GenG sehen die Anfechtbarkeit von Beschlüssen explizit vor. § 243 Abs. 1 AktG bestimmt, dass ein Beschluss der Hauptversammlung durch Klage angefochten werden kann, wenn er gegen Gesetz oder Satzung verstößt. Eine nahezu inhaltsgleiche Formulierung findet sich für Beschlüsse der Generalversammlung in § 51 Abs. 1 Satz 1 GenG, nach dem diese Beschlüsse im Falle einer Verletzung von Gesetz oder Satzung ebenfalls nur durch Klage angefochten werden können. Im Folgenden soll allerdings die aktienrechtliche Anfechtungsklage wegen ihrer großen Bedeutung für das Recht der GmbH im Mittelpunkt stehen.

Anfechtbarkeit ist als Vernichtbarkeit zu verstehen.[113] Verstößt der Beschluss gegen Gesetz oder Satzung, führt dies regelmäßig nur zu dessen Anfechtbarkeit und nicht etwa zur Nichtigkeit.[114] Leidet der Beschluss an einem Fehler, der nicht zu dessen Nichtigkeit führt, kann sich darauf allein der gem. § 245 AktG anfechtungsbefugte Aktionär berufen. Will er gegen den Beschluss vorgehen, so muss er gem. § 246 Abs. 1 AktG innerhalb eines Monats Anfechtungsklage erheben. Bei der Monatsfrist des § 246 Abs. 1 AktG handelt es sich um eine materiell-rechtliche Ausschlussfrist; eine Klageerhebung nach Fristablauf macht die Klage unbegründet.[115] Hat die Klage Erfolg, erklärt das Gericht den Beschluss gem. § 248 Abs. 1 Satz 1 AktG für nichtig. Das rechtskräftige Urteil führt damit rückwirkend zur Nichtigkeit des Beschlusses.[116] Dies stellt § 241 Nr. 5 AktG nochmals klar.[117] Dabei fühlt man sich an einen Verwaltungs-

---

111 Spindler/Stilz/*Dörr*, § 249 Rn. 4; MK-AktG/*Hüffer*, § 241 Rn. 14.

112 MK-AktG/*Hüffer*, § 241 Rn. 14, § 242 Rn. 2.

113 MK-AktG/*Hüffer*, § 241 Rn. 15; Rowedder/Schmidt-Leithoff/*Koppensteiner/Gruber*, § 47 Rn. 86.

114 Vgl. § 243 Abs. 1 AktG.

115 BGH, NJW 1998, 3344, 3345; MK-AktG/*Hüffer*, § 246 Rn. 36; *Hüffer*, ZGR 2001, 833, 850.

116 MK-AktG/*Hüffer*, § 241 Rn. 15; *Hüffer*, ZGR 2001, 833, 837.

117 MK-AktG/*Hüffer*, § 241 Rn. 71; KK-AktG/*Zöllner* § 241 Rn. 127; Henssler/Strohn/*Drescher*, § 241 AktG Rn. 40; a.A. GK-AktG/*K. Schmidt*, § 241 Rn. 69, der die Norm als zentrale Vorschrift für die Gestaltungswirkung sieht.

akt gem. § 35 VwVfG erinnert.[118] Gem. § 74 Abs. 1 Satz 2 VwGO muss gegen einen Verwaltungsakt innerhalb eines Monats Klage erhoben werden. Lässt man diese Frist verstreichen, führt dies zur Bestandskraft des Verwaltungsakts.[119] Diese einschneidende Rechtsfolge lässt sich mit dem öffentlichen Interesse am Bestandsschutz einer staatlichen Entscheidung begründen.[120] Der Gesetzgeber räumt diesem Interesse ein höheres Gewicht als dem des Bürgers an gerichtlicher Kontrolle ein. Ähnlich verhält es sich bei dem Hauptversammlungsbeschluss der AG: Das Bedürfnis nach Rechtssicherheit ist vor allem für die übrigen Aktionäre, die Gesellschaftsgläubiger und den Kapitalmarkt so groß, dass der Gesetzgeber dieses Interesse höher bewertet als das Interesse einzelner Aktionäre an einer jederzeitigen Berufungsmöglichkeit auf die Fehlerhaftigkeit eines Hauptversammlungsbeschlusses, der formell ordnungsgemäß zustande gekommen ist und an keinem nichtigkeitsbegründenden Fehler leidet.[121]

VIII. Rechtsschutz gegen fehlerhafte Beschlüsse

1. Sinngemäße Anwendung des aktienrechtlichen Beschlussmängelinstrumentariums

Wie in jedem Verband wird auch in der GmbH der Mehrheit die Möglichkeit gegeben, sich durch Beschlussfassung gegen die Minderheit durchzusetzen. Damit korrespondiert das Recht der Minderheit, dass nur solche Beschlüsse gefasst werden, die nicht gegen Gesetz oder Satzung verstoßen.[122] Im Kapitalgesellschaftsrecht existiert daher der Grundsatz, dass man sich gegen die Fehlerhaftigkeit eines Beschlusses zur Wehr setzen können muss.[123] Das GmbHG aber enthält keine Regelungen, auf welchem Wege ein Gesellschafter die Fehlerhaftigkeit eines Beschlusses geltend machen kann.[124] Der Gesetzgeber verzichtete bei der Schaffung des 1892 in Kraft getretenen GmbHG auf die Kodifizierung einer spezialgesetzlichen Anfechtungs- und Nichtigkeitsklage. Stattdessen verwies er auf allgemeine Grundsätze. Nach denen hat jeder Gesellschafter die Befugnis, „Gesellschaftsbeschlüsse wegen der Verletzung des Gesetzes oder des

118 *K. Schmidt*, Gesellschaftsrecht, § 15 I, S. 443.
119 Schoch/Schneider/Bier/*Meissner*, § 74 Rn. 2.
120 Schoch/Schneider/Bier/*Meissner*, § 74 Rn. 1.
121 *Raiser*, FS 100 Jahre GmbHG (1992), S. 587 (599 f.).
122 Spindler/Stilz/*Casper*, Vorbem. §§ 241 ff. Rn. 6; *Casper*, ZHR 163 (1999), 54, 68.
123 Spindler/Stilz/*Casper*, Vorbem. §§ 241 ff. Rn. 6.
124 Saenger/Inhester/*Puszkajler*, Anh. § 47 Rn. 1; *Casper*, ZHR 163 (1999), 54, 55.

Gesellschaftsvertrages durch Klage anzufechten".[125] Anschließende Reformvorhaben im GmbH-Recht strebten dennoch immer wieder die Kodifizierung eines Beschlussmängelinstrumentariums im GmbHG an. Dabei sollte in weiten Teilen das bewährte aktienrechtliche System übernommen werden. Bedeutende Änderungen waren lediglich insoweit angedacht, als dass die Erhebung eines Widerspruchs bereits in der Gesellschafterversammlung entsprechend § 245 Nr. 1 AktG nicht Voraussetzung der Anfechtungsbefugnis sein sollte und die starre Monatsfrist des § 246 Abs. 1 AktG durch eine flexiblere Regelung ersetzt werden sollte. Diese Reformvorhaben sind jedoch allesamt gescheitert. Das Scheitern steht allerdings in keinem Zusammenhang mit Bedenken gegen die Kodifizierung eines Beschlussmängelinstrumentariums im GmbHG. Mittlerweile ist treffend von einem Zustand gesetzgeberischer „Enthaltsamkeit"[126] die Rede, da die letzten ernsthaften Kodifizierungsvorhaben vierzig Jahre zurückliegen.

Dem Fehlen von Regelungen im GmbHG wird allerdings seit jeher durch eine entsprechende Anwendung der aktienrechtlichen Vorschriften begegnet. Im Recht der AG ist seit der zweiten Aktienrechtsreform 1884 gem. Art. 190a, 190b, 222 ADHGB die gerichtliche Geltendmachung der Fehlerhaftigkeit eines Beschlusses mit der Anfechtungsklage vorgesehen.[127] Diese Regelungen wurden zunächst in die §§ 271 ff. HGB und später in die §§ 195 ff. AktG 1937 ohne wesentliche Änderungen übernommen. Im Zuge dessen wurde auch die Nichtigkeitsklage erstmals durch §§ 195, 197 AktG 1937 gesetzlich normiert.[128] Seit der Aktienrechtsreform 1965 finden sich die Regelungen zum aktienrechtlichen Beschlussmängelverfahren in §§ 241 ff. AktG. Bereits das RG stellte 1914 fest, dass die Möglichkeit der Gesellschafter, „gesetzes- oder statutenwidrige Beschlüsse durch eine gegen die Gesellschaft gerichtete Klage anzufechten"[129], seit Bestehen der GmbH anerkannt sei und keiner weiteren Begründung bedürfe. Das RG sprach von einem Prinzip aller „rechtsfähigen Personenvereine und Gesellschaften".[130] Es nahm dabei Bezug auf eine Entscheidung des ROHG, die bereits vor der Kodifizierung der Anfechtungsklage im Aktienrecht für Aktionäre die Möglichkeit der Erhebung einer Anfechtungsklage vorgesehen hat.[131] Auch in späteren Entscheidungen wandte das RG die aktienrechtlichen Normen

125 Gesetzesbegründung GmbHG-E v. 11. 2. 1892, RT-Aktenstück Nr. 660, S. 3751 li. Sp.

126 Spindler/Stilz/*Casper*, Vorbem. §§ 241 ff. Rn. 6.

127 Spindler/Stilz/*Casper*, Vorbem. §§ 241 ff. Rn. 6; Michalski/*Römermann*, Anh. § 47 Rn. 2; *Casper*, ZHR 163 (1999), 54, 78 Fn. 98.

128 Spindler/Stilz/*Casper*, Vorbem. §§ 241 ff. Rn. 6; Michalski/*Römermann*, Anh. § 47 Rn. 2.

129 RGZ 85, 311, 313.

130 RGZ 85, 311, 313.

131 ROHG 1877 Band 23 Nr. 91.

auf GmbH-Beschlussmängelstreitigkeiten entsprechend an.[132] Der BGH führte die Rechtsprechung des RG fort. In einer frühen Entscheidung weist er explizit darauf hin, dass wegen der „sehr weitgehenden Ähnlichkeit der Sach- und Rechtslage“ die aktienrechtlichen Regeln über die Beschlussanfechtbarkeit und Beschlussnichtigkeit sinngemäß Anwendung finden.[133] Davon ist er bis heute nicht abgewichen. Auch die Literatur hat sich dieser Auffassung weitgehend angeschlossen.[134] Dem ist vor dem Hintergrund zuzustimmen, dass es sich bei dem aktienrechtlichen Beschlussmängelrecht um das einzige klar entwickelte und bewährte Konzept zur Geltendmachung von Beschlussmängeln handelt.[135]

2. Geltendmachung der Fehlerhaftigkeit eines Beschlusses

a) Interne Geltendmachung

Hält ein Gesellschafter einen Beschluss für fehlerhaft, wird er sich zunächst einmal an die Gesellschaft bzw. unmittelbar an die übrigen Gesellschafter wenden und die Fehlerhaftigkeit des Beschlusses rügen. Wenn sich die übrigen Gesellschafter durch das Vorbringen des Gesellschafters überzeugen lassen, ist ein gerichtliches Vorgehen gegen den Beschluss freilich nicht erforderlich. Der als fehlerhaft gerügte Beschluss kann durch einen Aufhebungsbeschluss außer Kraft gesetzt werden.[136] Die Treupflicht führt u.U. zu einer Verpflichtung der Gesellschafter, einen fehlerhaften Beschluss aufzuheben.[137] Für die Aufhebung eines Beschlusses ist die einfache Mehrheit erforderlich. Es kommt weder darauf an, mit welcher tatsächlichen Mehrheit der aufzuhebende Beschluss gefasst wurde, noch ist erforderlich, dass der Aufhebungsbeschluss die für den aufzuhebenden Beschluss gesetzlich erforderliche Mehrheit erreicht.[138] Rügt der Gesellschafter einen Verfahrensfehler, kann dieser Fehler des Ausgangsbeschlusses auch durch einen Bestätigungsbeschluss geheilt werden. Die erneute Beschlussfassung in

---

132 Vgl. etwa RGZ 166, 129, 131 f.; RGZ 172, 76, 77.

133 BGHZ 11, 231, 235 = NJW 1954, 385.

134 Lutter/Hommelhoff/*Bayer*, Anh. § 47 Rn. 1, 3; Rowedder/Schmidt-Leithoff/*Koppensteiner/Gruber*, § 47 Rn. 86; Saenger/Inhester/*Puszkajler*, Anh. § 47 Rn. 3; Roth/Altmeppen/*Roth*, § 47 Rn. 91; Michalski/*Römermann*, Anh. § 47 Rn. 17 ff.; Scholz/*K. Schmidt*, § 45 Rn. 35; *Wicke*, Anh. § 47 Rn. 1; a.A. GK-GmbHG/*Raiser*, Anh. § 47 Rn. 10 ff.; *Zöllner/Noack*, ZGR 1989, 525.

135 *Grunewald*, 2.F. Rn. 104.

136 Scholz/*K. Schmidt*, § 45 Rn. 33, 43; Baumbach/Hueck/*Zöllner*, § 47 Rn. 31.

137 Lutter/Hommelhoff/*Bayer*, Anh. § 47 Rn. 3; Scholz/*K. Schmidt*, § 45 Rn. 36, 43.

138 MK-GmbHG/*Drescher*, § 47 Rn. 66: GK-GmbHG/*Hüffer*, § 47 Rn. 38; Rowedder/Schmidt-Leithoff/*Koppensteiner/Gruber*, § 47 Rn. 14; Roth/Altmeppen/*Roth*, § 47 Rn. 12; Scholz/*K. Schmidt*, § 45 Rn. 33; Baumbach/Hueck/*Zöllner*, § 47 Rn. 31.

einem ordnungsgemäßen Verfahren führt zur Wirksamkeit des bereits inhaltlich im Ausgangsbeschluss Beschlossenen.[139]

b) Feststellungsklage

In der GmbH gibt es keine gesetzliche Notwendigkeit einer förmlichen Beschlussfeststellung.[140] Weil auch nur wenige Satzungen eine solche verlangen, findet sie in der Praxis selten statt.[141] Hat keine Beschlussfeststellung stattgefunden, kann es unklar sein, ob überhaupt ein Beschluss gefasst wurde.[142] Auch in diesem Fall empfiehlt es sich, zunächst einmal zu versuchen, intern eine Lösung herbeizuführen. Lässt sich die Unklarheit aber auch im Nachgang zur Gesellschafterversammlung nicht beseitigen, kann gerichtlich die wahre Rechtslage überprüft werden. Die Erhebung einer Anfechtungs- oder Nichtigkeitsklage in analoger Anwendung der aktienrechtlichen Vorschriften ist dafür jedoch nicht geeignet, weil beide Klagearten voraussetzen, dass ein Beschluss existiert und darüber Klarheit herrscht.[143] Vielmehr ist die Feststellungsklage gem. § 256 Abs. 1 ZPO die statthafte Klageart.[144] Mit der Feststellungsklage können auch Anfechtungsgründe geltend gemacht werden.[145] In der Praxis kommt ihr eine erhebliche Bedeutung zu.[146] Die Erhebung der Feststellungsklage ist nicht fristgebunden und unterliegt lediglich der Verwirkung.[147] Grundsätzlich richtet sich die Klage gegen die Gesellschaft.[148] Sofern ihre Voraussetzungen, insbesondere also das Feststellungsinteresse, vorliegen, kann sich die Klage ausnahmsweise

---

139 Scholz/*K. Schmidt*, § 45 Rn. 32.

140 *Lutz*, Rn. 131.

141 Michalski/*Römermann*, Anh. § 47 Rn. 590; Baumbach/Hueck/*Zöllner*, Anh. § 47 Rn. 19; *Bauschatz*, NZG 2002, 317, 318; *Raiser*, FS 100 Jahre GmbHG (1992), S. 587 (595).

142 Saenger/Inhester/*Puszkajler*, Anh. § 47 Rn. 5; Baumbach/Hueck/*Zöllner*, Anh. § 47 Rn. 181, Münch-Hdb-GmbH/*Wolff*, § 40 Rn. 8.

143 BGHZ 14, 25, 35 = NJW 1954, 1401; BGHZ 76, 154, 156 = NJW 1980, 1527; BGH, NJW 1996, 259; BGH, GmbHR 2008, 426, 427.

144 St. Rspr., BGHZ 76, 154 = NJW 1980, 1527; BGH, GmbHR 2008, 426, 427; BGH, NZG 2009, 1307, LS 1; Lutter/Hommelhoff/*Bayer*, Anh. § 47 Rn. 39; *Münnich*, GmbHR 2009, 1329.

145 BGH, NZG 2009, 1307, 1308; GK-GmbHG/*Raiser*, Anh. § 47 Rn. 280.

146 Baumbach/Hueck/*Zöllner*, Anh. § 47 Rn. 181.

147 BGH, GmbHR 2008, 426, 427; Lutter/Hommelhoff/*Bayer*, Anh. § 47 Rn. 39; Michalski/*Römermann*, Anh. § 47 Rn. 591; Scholz/*K. Schmidt*, § 45 Rn. 51; MK-GmbHG/*Wertenbruch*, Anh. § 47 Rn. 262; Baumbach/Hueck/*Zöllner*, Anh. § 47 Rn. 181.

148 GK-GmbHG/*Raiser*, Anh. § 47 Rn. 282; Michalski/*Römermann*, Anh. § 47 Rn. 593; MK-GmbHG/*Wertenbruch*, Anh. § 47 Rn. 262; Baumbach/Hueck/*Zöllner*, Anh. § 47 Rn. 182.

auch gegen einen Gesellschafter richten.[149] Bei Vorliegen der Voraussetzungen soll die Feststellungsklage sogar gegen Gesellschaftsfremde erhoben werden können.[150] Dass in dieser Konstellation ein Feststellungsinteresse besteht, dürfte aber die Ausnahme sein. Die teilweise vertretene Auffassung, dass das Feststellungsurteil nur inter partes wirkt,[151] ist abzulehnen. Vielmehr führt die große Ähnlichkeit der Feststellungsklage mit der positiven Beschlussfeststellungsklage dazu, dass das Feststellungsurteil gem. § 248 Abs. 1 Satz 1 AktG analog inter omnes wirkt.[152] Die Feststellungsklage ist gegenüber Anfechtungs- und Nichtigkeitsklage subsidiär.[153] Sobald der Gesellschafter also Anfechtungs- oder Nichtigkeitsklage erheben kann, fehlt ihm das für die Feststellungsklage gem. § 256 Abs. 1 ZPO erforderliche Feststellungsinteresse.[154]

c) Anfechtungsklage und Nichtigkeitsklage

aa) Einheitlicher Streitgegenstand

Kann der Streit über die vermeintliche Fehlerhaftigkeit des Beschlusses intern nicht beigelegt werden oder erscheint eine interne Geltendmachung von vornherein aussichtslos, kommt je nach Art des Fehlers, unter dem der Beschluss leidet, die Erhebung der Nichtigkeits- gem. § 249 AktG analog oder der Anfechtungsklage gem. § 246 AktG analog in Betracht. Während das Gericht im Falle eines stattgebenden Urteils im Anfechtungsprozess den Beschluss gem. § 248 Abs. 1 Satz 1 AktG analog für nichtig erklärt, stellt das Gericht mit einem stattgebenden Urteil im Nichtigkeitsprozess die Nichtigkeit des Beschlusses gem. § 249 Abs. 1 Satz 1 AktG analog fest. Trotz dieses Unterschieds haben Nichtigkeits- und Anfechtungsklage einen einheitlichen Streitgegenstand.[155] Sie verfolgen nämlich beide „die richterliche Klärung der Nichtigkeit des Gesellschafterbeschlusses mit Wirkung für und gegen jedermann“.[156] Es ist somit irre-

---

149 Baumbach/Hueck/*Zöllner*, Anh. § 47 Rn. 185.

150 Scholz/*K. Schmidt*, § 45 Rn. 51.

151 GK-GmbHG/*Raiser*, Anh. § 47 Rn. 284; Scholz/*K. Schmidt*, § 45 Rn. 51.

152 Michalski/*Römermann*, Anh. § 47 Rn. 597 f.; MK-GmbHG/*Wertenbruch*, Anh. § 47 Rn. 264; Baumbach/Hueck/*Zöllner*, Anh. § 47 Rn. 182.

153 Michalski/*Römermann*, Anh. § 47 Rn. 590.

154 MK-GmbHG/*Wertenbruch*, Anh. § 47 Rn. 171.

155 BGHZ 134, 364, 366 = NJW 1997, 1510, 1511; BGH, NJW 1999, 1638; BGHZ 152, 1, 4 f. = NJW 2002, 3465, 3466; Lutter/Hommelhoff/*Bayer*, Anh. § 47 Rn. 78; GK-GmbHG/*Raiser*, Anh. § 47 Rn. 216 ff.; Roth/Altmeppen/*Roth*, § 47 Rn. 154; Michalski/*Römermann*, Anh. § 47 Rn. 482; Scholz/*K. Schmidt*, § 45 Rn. 152; MK-GmbHG/*Wertenbruch*, Anh. § 47 Rn. 151; *Wicke*, Anh. § 47 Rn. 17; Baumbach/Hueck/*Zöllner*, Anh. § 47 Rn. 166; Henssler/Strohn/*Drescher*, § 246 AktG Rn. 29.

156 BGHZ 134, 364, 366 = NJW 1997, 1510; zustimmend MK-AktG/*Hüffer*, § 246 Rn. 21.

levant, ob der Kläger seine Klage als Nichtigkeits- oder als Anfechtungsklage bezeichnet.[157] Der Nichtigkeits- umfasst den Anfechtungsantrag[158] und umgekehrt.[159] Ob die Vorschrift des § 248 AktG oder die Vorschrift des § 249 AktG analoge Anwendung findet, ist eine vom Gericht zu beantwortende Rechtsfrage.[160]

bb) Nichtigkeitsklage gem. § 249 AktG analog

Mit der Nichtigkeitsklage gem. § 249 AktG analog kann der Kläger das Gericht feststellen lassen, dass der Gesellschafterbeschluss nichtig ist. Zur Bestimmung der Nichtigkeitsgründe ist auf § 241 AktG zurückzugreifen.[161] Die im AktG genannten Nichtigkeitsgründe sind abschließend.[162] Wegen der Unterschiede zwischen AG und GmbH lassen sich die genannten Gründe jedoch nicht ohne weiteres unreflektiert übertragen.[163] Im Nichtigkeitsprozess sind zunächst die Gesellschafter aktivlegitimiert.[164] Daneben können auch die Geschäftsführer[165] und die Mitglieder eines obligatorischen oder fakultativen Aufsichtsrats[166] oder eines Beirats[167] Nichtigkeitsklage erheben. Das Feststellungsinteresse des Gesellschafters ergibt sich aus der Mitgliedschaft.[168] Mit der Aktivlegitimation von Geschäftsführern und Aufsichts- bzw. Beiratsmitgliedern ist zudem das In-

---

157 Michalski/*Römermann*, Anh. § 47 Rn. 482; Baumbach/Hueck/*Zöllner*, Anh. § 47 Rn. 159.

158 BGHZ 134, 364, 366 = NJW 1997, 1510; MK-GmbHG/*Wertenbruc*h, Anh. § 47 Rn. 151, 155.

159 Baumbach/Hueck/*Zöllner*, Anh. § 47 Rn. 159.

160 BGHZ 134, 364, 366 f. = NJW 1997, 1510.

161 BGHZ 134, 364, 365 = NJW 1997, 1510.

162 Lutter/Hommelhoff/*Bayer*, Anh. § 47 Rn. 9; Rowedder/Schmidt-Leithoff/*Koppensteiner/Gruber*, § 47 Rn. 94; Saenger/Inhester/*Puszkajler*, Anh. § 47 Rn. 19; GK-GmbHG/*Raiser*, Anh. § 47 Rn. 33.

163 Vgl. dazu eingehend Baumbach/Hueck/*Zöllner*, Anh. § 47 Rn. 44 ff.

164 MK-GmbHG/*Wertenbruch*, Anh. § 47 Rn. 167.

165 Lutter/Hommelhoff/*Bayer*, Anh. § 47 Rn. 30; GK-GmbHG/*Raiser*, Anh. § 47 Rn. 215; Scholz/*K. Schmidt*, § 45 Rn. 134; MK-GmbHG/*Wertenbruch*, Anh. § 47 Rn. 169; a.A. Henssler/Strohn/*Drescher*, § 249 AktG Rn. 6.

166 Lutter/Hommelhoff/*Bayer*, Anh. § 47 Rn. 30; GK-GmbHG/*Raiser*, Anh. § 47 Rn. 215; Scholz/*K. Schmidt*, § 45 Rn. 134; MK-GmbHG/*Wertenbruch*, Anh. § 47 Rn. 170; Baumbach/Hueck/*Zöllner*, Anh. § 47 Rn. 69; für den obligatorischen Aufsichtsrat Rowedder/Schmidt-Leithoff/*Koppensteiner/Gruber*, § 47 Rn. 148; a.A. bzgl. fakultativen Aufsichtsrats Henssler/Strohn/*Drescher*, § 249 AktG Rn. 6.

167 Lutter/Hommelhoff/*Bayer*, Anh. § 47 Rn. 30; GK-GmbHG/*Raiser*, Anh. § 47 Rn. 215; MK-GmbHG/*Wertenbruch*, Anh. § 47 Rn. 170.

168 BGHZ 43, 261, 265 = NJW 1965, 1378; MK-GmbHG/*Wertenbruch*, Anh. § 47 Rn. 186.

teresse an der Feststellung der Nichtigkeit des Beschlusses gegeben.[169] Ein darüber hinausgehendes Feststellungsinteresse ist nicht erforderlich.[170]

cc) Anfechtungsklage gem. § 246 AktG analog

Leidet der Beschluss unter einem Fehler, ohne nichtig zu sein, kann der Gesellschafter den Beschluss gem. § 243 Abs. 1 AktG analog mit der Begründung anfechten, dass der Beschluss gegen Gesetz oder Satzung verstößt. Dazu steht ihm allein die Anfechtungsklage gem. § 246 AktG analog zur Verfügung.[171] Zur Erhebung der Anfechtungsklage sind im Gegensatz zur Nichtigkeitsklage ausschließlich die Gesellschafter befugt.[172] Die Klagebefugnis ist keine Prozessvoraussetzung der Anfechtungsklage, sondern Sachbefugnis, so dass ihr Fehlen zur Unbegründetheit der Klage führt.[173] Entgegen § 245 Nr. 1 AktG, der die Anfechtungsbefugnis des in der Hauptversammlung erschienenen Aktionärs von der Erklärung eines Widerspruchs zur Niederschrift abhängig macht, ist zur Bejahung der Anfechtungsbefugnis des GmbH-Gesellschafters ein förmlicher Widerspruch nicht erforderlich.[174] Richtige Beklagte ist gem. § 246 Abs. 2 Satz 1 AktG analog ausschließlich die GmbH.[175] Sie wird allein durch die Geschäftsführer vertreten.[176] Daran ändert entgegen § 246 Abs. 2 Satz 2 AktG auch das Vorhandensein eines Aufsichtsrats nichts.[177] In der AG muss die Anfechtungs-

---

169 MK-GmbHG/*Wertenbruch*, Anh. § 47 Rn. 186.

170 MK-GmbHG/*Wertenbruch*, Anh. § 47 Rn. 186.

171 BGHZ 104, 66 = NJW 1988, 1844; a.A. mit dem Konzept einer einredeweisen Geltendmachung *Zöllner/Noack*, ZGR 1989, 525.

172 BGHZ 76, 154, 159 = NJW 1980, 1527.

173 H.M. BGH, NZG 2007, 907, 908; *Hüffer*, § 245 Rn. 2; GK-GmbHG/*Raiser*, Anh. § 47 Rn. 167; Baumbach/Hueck/*Zöllner*, Anh. § 47 Rn. 135; a.A. MünchHdb-GmbH/*Wolff*, § 40 Rn. 61.

174 GK-GmbHG/*Raiser*, Anh. § 47 Rn. 106; Roth/Altmeppen/*Roth*, § 47 Rn. 141; Michalski/*Römermann*, Anh. § 47 Rn. 386, 392; *Wicke*, Anh. § 47 Rn. 18; Baumbach/Hueck/*Zöllner*, Anh. § 47 Rn. 136.

175 OLG Hamburg, ZIP 1991, 1430, 1432; OLG Rostock, NZG 2004, 191, 192; Lutter/Hommelhoff/*Bayer*, Anh. § 47 Rn. 32; Rowedder/Schmidt-Leithoff/*Koppensteiner/Gruber*, § 47 Rn. 149; GK-GmbHG/*Raiser*, Anh. § 47 Rn. 220; Scholz/*K. Schmidt*, § 45 Rn. 148; MK-GmbHG/*Wertenbruch*, Anh. § 47 Rn. 192; Henssler/Strohn/*Drescher*, § 249 AktG Rn. 8.

176 GK-GmbHG/*Raiser*, Anh. § 47 Rn. 220; MK-GmbHG/*Wertenbruch*, Anh. § 47 Rn. 194; Baumbach/Hueck/*Zöllner*, Anh. § 47 Rn. 165; MünchHdb-GmbH/*Wolff*, § 40 Rn. 59.

177 GK-GmbHG/*Raiser*, Anh. § 47 Rn. 220; MK-GmbHG/*Wertenbruch*, Anh. § 47 Rn. 194; Baumbach/Hueck/*Zöllner*, Anh. § 47 Rn. 165; MünchHdb-GmbH/*Wolff*, § 40 Rn. 59.

klage gem. § 246 Abs. 1 AktG innerhalb eines Monats nach der Beschlussfassung erhoben werden. Diese Regelung ist auf die GmbH nicht entsprechend anzuwenden.[178] Vielmehr ist die Klageerhebung innerhalb einer angemessenen Frist erforderlich. Dabei sind die Umstände des Einzelfalls zu berücksichtigen.[179] Die Frist des § 246 Abs. 1 AktG dient lediglich als Leitbild.[180] Demnach bildet die Monatsfrist zunächst einmal die Grenze nach unten. Sie kann also weder durch einen entsprechenden Beschluss der Gesellschafter noch durch eine entsprechende Satzungsregelung verkürzt werden.[181] Andererseits muss der Gesellschafter die Anfechtungsklage mit aller ihm zumutbaren Beschleunigung erheben.[182] Aus dem Leitbild der aktienrechtlichen Monatsfrist folgt, dass auch in der GmbH die Anfechtungsklage unter normalen Umständen innerhalb eines Monats erhoben werden muss. War der Gesellschafter aber „durch zwingende Umstände gehindert" und damit eine frühere Klageerhebung unzumutbar, ist eine Klageerhebung nach Ablauf der Monatsfrist unschädlich.[183] Will die Satzung der Rechtsunsicherheit begegnen, die eine die Umstände des Einzelfalls berücksichtigende Klagefrist erzeugt, kann sie eine (mindestens einmonatige) Ausschlussfrist zur Erhebung der Anfechtungsklage vorsehen.[184] Eine Klageerhebung nach Fristablauf macht die Anfechtungsklage nicht unzulässig, sondern unbegründet.[185]

dd) Urteilswirkungen

Wird die Anfechtungs- oder die Nichtigkeitsklage durch Sachurteil abgewiesen, ist verbindlich festgestellt, dass der Beschluss nicht nichtig ist.[186] Das Urteil wirkt lediglich inter partes.[187] Durch ein stattgebendes Urteil im Nichtigkeitsprozess stellt das Gericht fest, dass der Beschluss nichtig ist. Es handelt sich

---

178 BGHZ 111, 224, 226 = NJW 1990, 2625; GK-GmbHG/*Raiser*, Anh. § 47 Rn. 195; Baumbach/Hueck/*Zöllner*, Anh. § 47 Rn. 145.

179 BGHZ 101, 113, 117 = NJW 1987, 2514.

180 BGHZ 101, 113, 117 = NJW 1987, 2514; BGHZ 104, 66, 71 = NJW 1988, 1844; BGHZ 111, 224, 226 = NJW 1990, 2625.

181 BGHZ 104, 66, 71 f. = NJW 1988, 1844.

182 BGHZ 101, 113, 117 = NJW 1987, 2514; OLG Hamm, NZG 2004, 380.

183 BGHZ 101, 113, 117 = NJW 1987, 2514; BGH, NJW-RR 1989, 347, 349.

184 BGHZ 104, 66, 73 = NJW 1988, 1844; GK-GmbHG/*Raiser*, Anh. § 47 Rn. 197; Baumbach/Hueck/*Zöllner*, Anh. § 47 Rn. 152 (einschränkend bzgl. einer strikten Monatsfrist).

185 Rowedder/Schmidt-Leithoff/*Koppensteiner/Gruber*, § 47 Rn. 140; Michalski/*Römermann*, Anh. § 47 Rn. 471.

186 GK-GmbHG/*Raiser*, Anh. § 47 Rn. 262; Michalski/*Römermann*, Anh. § 47 Rn. 534.

187 Michalski/*Römermann*, Anh. § 47 Rn. 534; Baumbach/Hueck/*Zöllner*, Anh. § 47 Rn. 176.

also um kein Gestaltungs-, sondern um ein Feststellungsurteil.[188] Hat die Anfechtungsklage Erfolg, erklärt das Gericht den Beschluss gem. §§ 248 Abs. 1 Satz 1, 241 Nr. 5 AktG analog für nichtig. Das Urteil wirkt ex tunc, so dass der Beschluss so zu behandeln ist, als sei er niemals gefasst worden.[189] Das stattgebende Urteil im Anfechtungsprozess ist ein Gestaltungsurteil.[190] Unabhängig von diesem dogmatischen Unterschied wirkt sowohl das stattgebende Urteil im Anfechtungs- als auch im Nichtigkeitsprozess inter omnes, also für und gegen jedermann.[191]

---

188 BGHZ 134, 364, 366 = NJW 1997, 1510; Spindler/Stilz/*Dörr*, § 249 Rn. 19: Hölters/*Englisch*, § 249 Rn. 2; *Hüffer*, § 249 Rn. 10; MK-AktG/*Hüffer*, § 249 Rn. 24; MK-GmbHG/*Wertenbruch*, Anh. § 47 Rn. 247; Henssler/Strohn/*Drescher*, § 246 AktG Rn. 28, § 249 AktG Rn. 1; a.A. Michalski/*Römermann*, Anh. § 47 Rn. 481; Scholz/*K. Schmidt*, § 45 Rn. 45; *K. Schmidt*, JZ 1988, 729, 736.

189 *Hüffer*, § 248 Rn. 6; GK-GmbHG/*Raiser*, Anh. § 47 Rn. 265; MK-GmbHG/*Wertenbruch*, Anh. § 47 Rn. 249; Baumbach/Hueck/*Zöllner*, Anh. § 47 Rn. 178.

190 Spindler/Stilz/*Dörr*, § 248 Rn. 6; Hölters/*Englisch*, § 248 Rn. 8; *Hüffer*, § 248 Rn. 4.

191 Für die Nichtigkeitsklage Lutter/Hommelhoff/*Bayer*, Anh. § 47 Rn. 30; Michalski/*Römermann*, Anh. § 47 Rn. 538; MK-GmbHG/*Wertenbruch*, Anh. § 47 Rn. 250; *Wicke*, Anh. § 47 Rn. 11; für die Anfechtungsklage Michalski/*Römermann*, Anh. § 47 Rn. 538; Baumbach/Hueck/*Zöllner*, Anh. § 47 Rn. 177.

C. Der Versammlungsleiter

I. Bestellung des Versammlungsleiters

1. Zulässigkeit

Das GmbHG schreibt die Leitung der Gesellschafterversammlung nicht vor.[192] Im Gegensatz zum Aktienrecht[193] ist der Versammlungsleiter daher kein zwingender Bestandteil einer beschlussfähigen Gesellschafterversammlung. Die Bestellung eines Versammlungsleiters ist aber generell, d.h. in jeder Versammlung, vorbehaltlich gesetzlicher oder statutarischer Vorschriften zulässig. Sie ergibt sich aus dem allgemeinen verbandsrechtlichen Grundsatz der Selbstorganisation, nach dem eine jede Versammlung ihre Angelegenheiten selber regeln kann.[194] Das Parlamentsrecht etwa ordnet die Bestellung des Versammlungsleiters den Angelegenheiten der Geschäftsordnung zu, da sie sich auf die geschäftliche Behandlung der zur Beratung anstehenden Gegenstände bezieht.[195] Im Gegensatz zur mit Außenwirkung versehener Gesetzgebung handelt es sich dabei um inneres Organisationsrecht.[196] Dieser Gedanke ist auf privatrechtliche Verbände übertragbar, so dass sämtliche Angelegenheiten zur Geschäftsordnung gehören, die sich mit Ablauf und Verfahren der Versammlung des Verbands beschäftigen.[197]

2. Zweckmäßigkeit

In der Gesellschafterversammlung diskutieren die Gesellschafter über die Führung und die Entwicklung des Unternehmens. Dabei treffen oftmals unterschiedliche persönliche Interessen und Einschätzungen aufeinander. Darum ist sie sehr konfliktanfällig.[198] Weil die Fähigkeit einer Versammlung zur Selbstorganisation mit steigender Teilnehmerzahl abnimmt,[199] ist die Versammlungslei-

---

192 Ring/Grziwotz/*Krause*, § 48 Rn. 12; Bork/Schäfer/*Masuch*, § 48 Rn. 8; Gehrlein/Ekkenga/Simon/*Teichmann*, § 48 Rn. 17; AnwHdb-GmbHR/*Römermann*, § 15 Rn. 90.

193 Hölters/*Drinhausen*, Anh. § 129 Rn. 1; *Hüffer*, § 129 Rn. 18; MK-AktG/*Kubis*, § 119 Rn. 105; GK-AktG/*Mülbert*, Vor §§ 118-147 Rn. 73; Spindler/Stilz/*Wicke*, Anh. § 119 Rn. 1; *Wicke*, NZG 2007, 771.

194 *Ihrig*, FS Goette (2011), S. 205 (209).

195 *Troßmann/Roll*, § 29 Rn. 3.

196 *Achterberg*, S. 322.

197 So für die HV *Kuhnt*, FS Lieberknecht (1997), S. 45 (50).

198 *Wiester*, GmbHR 2008, 189.

199 MK-BGB/*Reuter*, § 32 Rn. 13.

tung in der Publikums-GmbH erforderlich.[200] Zweckmäßig ist sie bereits bei der Mehr-Personen-GmbH.[201] Auch in Gesellschaften mit einer geringen Anzahl von Gesellschaftern[202] und sogar in Zweipersonen-Gesellschaften[203] ist die Einsetzung eines Versammlungsleiters sinnvoll. Dies gilt umso mehr, wenn zwischen den beiden Gesellschaftern Uneinigkeit zu erwarten ist.

In den meisten Gesellschafterversammlungen wird ohnehin faktisch einer der Anwesenden die Rolle des Versammlungsleiters übernehmen, indem er etwa versucht, die Diskussion in geordnete Bahnen zu lenken und formal ordnungsgemäße Beschlüsse herbeizuführen.[204] Sinnvoll ist es aber, den Versammlungsleiter durch Satzungs- oder Geschäftsordnungsregelung oder Gesellschafterbeschluss zu bestimmen und ihm damit die Kompetenzen zu verschaffen, die er zur Sicherstellung eines ordnungsgemäßen Ablaufs der Gesellschafterversammlung benötigt. Denn wenn der nur faktisch als Versammlungsleiter auftretende Teilnehmer der Gesellschafterversammlung Maßnahmen ergreift, mit denen nicht alle Teilnehmer einverstanden sind, wird die Frage aufkommen, ob er solche Kompetenzen überhaupt besitzt.

3. Rechtsstellung

Der Versammlungsleiter ist kein Organ der Gesellschaft.[205] Er ist vielmehr Funktionsgehilfe der Gesellschafterversammlung.[206] Der Versammlungsleitung liegt ein Auftrag gem. §§ 662 ff. BGB oder ein Geschäftsbesorgungsvertrag gem. § 675 BGB zugrunde.[207] Während die Ausführung des Auftrags gem. § 662 BGB unentgeltlich erfolgt, zeichnet sich die Geschäftsbesorgung durch ihre Entgeltlichkeit aus.[208] Ist der Versammlungsleiter zugleich Gesellschafter, wird die Versammlungsleitung in aller Regel unentgeltlich erfolgen, so dass ihr ein Auftrag zugrunde liegt. Gleiches gilt für den Geschäftsführer oder das Aufsichtsratsmitglied. Ist ein Gesellschaftsfremder als Versammlungsleiter bestellt, wird er diese Aufgabe regelmäßig nicht unentgeltlich übernehmen. In diesen

---

200 GK-GmbHG/*Hüffer*, § 48 Rn. 29 („empfehlenswert").

201 Lutter/Hommelhoff/*Bayer*, § 48 Rn. 15; Scholz/*K. Schmidt/Seibt*, § 48 Rn. 32.

202 A.A. Baumbach/Hueck/*Zöllner*, § 48 Rn. 16.

203 *Wiester*, GmbHR 2008, 189, 191.

204 *Hoffmann/Köster*, GmbHR 2003, 1327, 1328.

205 MK-AktG/*Kubis*, § 119 Rn. 121; Michalski/*Römermann*, § 48 Rn. 105; Scholz/*K. Schmidt/Seibt*, § 48 Rn. 32; *Bachmann*, AG 1999, 210, 211 Fn. 24; a.A. GK-AktG/*Mülbert*, Vor §§ 118-147 Rn. 86.

206 Scholz/*K. Schmidt/Seibt*, § 48 Rn. 32; *Bachmann*, AG 1999, 210, 211 Fn. 24.

207 *Marsch-Barner*, FS Brambring (2011), S. 267 (281).

208 NK-BGB/*Schulte-Nölke*, § 675 Rn. 4.

Fällen liegt der Versammlungsleitung ein Geschäftsbesorgungsvertrag zugrunde. Der Konstruktion eines speziellen körperschaftsrechtlichen Rechtsverhältnisses bedarf es nicht.[209]

4. Anforderungen an die Person

a) Allgemeine Anforderungen

Zum Versammlungsleiter kann nur eine unbeschränkt geschäftsfähige Person bestimmt werden.[210] Ein Geschäftsunfähiger kann schon den der Versammlungsleitung zugrunde liegenden Auftrag oder Geschäftsbesorgungsvertrag nicht wirksam abschließen. Naturgemäß kommen vor allem natürliche Personen in Betracht. Doch auch eine juristische Person kann zum Versammlungsleiter bestellt werden, wobei aus praktischen Erwägungen von solchen Konstellationen abzusehen ist. Ist z.B. die A-GmbH als Mehrheitsgesellschafterin der B-GmbH für die Gesellschafterversammlungen der B-GmbH zum Versammlungsleiter bestellt, wird sie von ihrem Geschäftsführer vertreten, der faktisch dann als Versammlungsleiter tätig wird. Verfügt die A-GmbH jedoch über zwei Geschäftsführer, die nur gemeinschaftlich zur Geschäftsführung befugt sind, ergibt sich die Problematik, wie die Versammlungsleitung der Gesellschafterversammlung der B-GmbH ablaufen soll. Völlig unpraktikabel dürfte die Versammlungsleitung durch die beiden Geschäftsführer sein. Vor allem aber besteht kein praktisches Bedürfnis für die Einsetzung einer juristischen Person als Versammlungsleiter. Es ist nämlich ohne weiteres möglich, die Auswahlentscheidung über die Person des Versammlungsleiters auf einen Dritten, also auch auf eine juristische Person, zu übertragen.

b) Gesellschafter

Zunächst kommt jeder Gesellschafter als Versammlungsleiter in Betracht. Gegen die generelle Zulässigkeit der Versammlungsleitung durch einen Gesellschafter könnte aber sprechen, dass der Versammlungsleiter neben der Leitungs- und Ordnungsgewalt u.U. die Kompetenz hat, Beschlüsse mit (vorläufiger) Verbindlichkeit auszustatten. Die Gesellschafter haben stets ein Interesse an einem Abstimmungsergebnis, das ihrem persönlichen Stimmverhalten entspricht. Es besteht also die Gefahr, dass der Versammlungsleiter die ihm durch seine Funktion gegebenen Einwirkungs- und Manipulationsmöglichkeiten ausnutzt, um die Abstimmung in eine ihm genehme Richtung zu lenken. Insbesondere in Gesell-

---

209 So aber Michalski/*Römermann*, § 48 Rn. 105; Baumbach/Hueck/*Zöllner*, § 48 Rn. 19.
210 K. Schmidt/Lutter/*Ziemons*, § 129 Rn. 42.

schaften, in denen sich die Gesellschafter in zwei zerstrittenen Lagern gegenüberstehen, ist zu befürchten, dass diese Bedenken von der vermeintlich nicht durch den Versammlungsleiter repräsentierten Seite geteilt und artikuliert werden. Dies kann bereits zu Beginn der Gesellschafterversammlung zu einem weiteren Konflikt führen, der einem konstruktiven Verlauf der Gesellschafterversammlung im Wege steht.

Obwohl diese Bedenken nicht von der Hand zu weisen sind, lässt sich ein Ausschluss der Gesellschafter von der Versammlungsleitung dogmatisch nicht begründen. Zwar steht einer Inkompatibilität nicht entgegen, dass allein die Gesellschafter über ein originäres Teilnahmerecht an der Gesellschafterversammlung verfügen und es daher naheliegt, den Versammlungsleiter aus diesem Teilnehmerkreis zu rekrutieren. Denn zwingend ist dies im Hinblick darauf nicht, dass der Versammlungsleiter durch seine Bestellung ein eigenes Teilnahmerecht erhält (vgl. B.IV.). Somit ist der Weg auch für solche Personen frei, die eigentlich über kein Teilnahmerecht verfügen. Einem Ausschluss der Gesellschafter vom Amt des Versammlungsleiters steht vielmehr der Grundsatz der Selbstorganisation entgegen. Es gehört zur Geschäftsordnungskompetenz der Gesellschafterversammlung, ihre Angelegenheiten selbstständig zu regeln. Dies gilt jedenfalls dann, wenn Gesetz oder Satzung keine vorrangigen Regelungen treffen. Wie bereits festgestellt, enthält das GmbHG keine Regelungen zur Versammlungsleitung. Sofern die Satzung ebenfalls zur Person des Versammlungsleiters schweigt, ist es die Aufgabe der Gesellschafterversammlung, einen Versammlungsleiter zu bestimmen. Dabei kann sie auch auf einen Gesellschafter zurückgreifen. Dies kann auch der Mehrheitsgesellschafter sein.[211] Die Größe des Geschäftsanteils ist irrelevant.

Praktische Erwägungen sprechen ebenfalls gegen einen Ausschluss der Gesellschafter von der Versammlungsleitung. Dieser würde nämlich dazu führen, dass viele Gesellschaften ihre Gesellschafterversammlungen ohne Versammlungsleiter durchführen werden, weil kein fakultatives Organ wie Aufsichts- oder Beirat existiert und die Kosten für eine externe Versammlungsleitung gescheut werden.

In der Zweipersonen-Gesellschaft sollte die Versammlungsleitung jedoch aus Gründen der Neutralität keinem der beiden Gesellschafter übertragen werden. Dies gilt zumindest dann, wenn sich im Hinblick auf Tagesordnungspunkte Konflikte abzeichnen. Unzulässig ist es aber auch dann nicht, dass einer der beiden Gesellschafter zum Versammlungsleiter bestellt wird.

---

211 Scholz/*K. Schmidt/Seibt*, § 48 Rn. 33.

Andererseits ist die Gesellschafterstellung keine Voraussetzung für die Versammlungsleitung, so dass sich die Auswahl potenzieller Versammlungsleiter nicht allein auf den Gesellschafterkreis beschränkt.[212]

c) Aufsichts- oder Beiratsvorsitzender

Als Versammlungsleiter bietet sich insbesondere der Vorsitzende eines Aufsichts- oder Beirats an.[213] In der AG hat sich die Bestellung des Aufsichtsratsvorsitzenden zum Versammlungsleiter bewährt, so dass in der Praxis der Hauptversammlung dem Aufsichtsratsvorsitzenden in aller Regel die Leitung obliegt.[214] In der Praxis der GmbH steht der Bestellung des Aufsichtsratsvorsitzenden zum Versammlungsleiter entgegen, dass in vielen Gesellschaften schon gar kein Aufsichtsrat vorhanden ist. Obligatorisch ist die Errichtung eines Aufsichtsrats nur, wenn sie spezialgesetzlich angeordnet ist. Eine solche Anordnung findet sich etwa in den Mitbestimmungsgesetzen, also DrittelbG, MitbestG, Montan-MitbestG und MitbestErgG.[215] Wird eine Kapitalanlagegesellschaft i.S.d. § 6 Abs. 1 Satz 1 InvG als GmbH betrieben, hat diese gem. § 6 Abs. 2 Satz 1 InvG ebenfalls zwingend einen Aufsichtsrat zu bilden. Da § 6 Abs. 2 Satz 2 InvG auf die §§ 95-114 AktG und damit auch auf § 107 Abs. 1 Satz 1 AktG verweist, hat ein solcher obligatorischer Aufsichtsrat auch zwingend einen Aufsichtsratsvorsitzenden.

Vom obligatorischen Aufsichtsrat ist der fakultative zu unterscheiden. Von einem solchen spricht man, wenn die Satzung ihn vorsieht, ohne dass die Errichtung bereits gesetzlich vorgeschrieben ist.[216] Die Zulässigkeit der Errichtung eines Aufsichtsrats durch Anordnung in der Satzung ergibt sich aus § 52 Abs. 1 GmbHG. Sofern ein fakultativer Aufsichtsrat besteht, muss dieser mangels Verweises in § 52 Abs. 1 GmbHG auf § 107 Abs. 1 Satz 1 AktG nicht zwingend einen Vorsitzenden bestimmen.[217]

---

212 Lutter/Hommelhoff/*Bayer*, § 48 Rn. 15; Michalski/*Römermann*, § 48 Rn. 100; Scholz/*K. Schmidt/Seibt*, § 48 Rn. 33; Oppenländer/Trölitzsch/*Jaeger*, § 19 Rn. 39; *Böttcher/Grewe*, NZG 2002, 1086, 1088; *Werner*, GmbHR 2006, 127, 128; für die AG GK-AktG/*Mülbert*, Vor §§ 118-147 Rn. 75; K. Schmidt/Lutter/*Ziemons*, § 129 Rn. 37; *Wilsing/von der Linden*, ZIP 2009, 641, 646.

213 GK-GmbHG/*Hüffer*, § 48 Rn. 30; *Böttcher/Grewe*, NZG 2002, 1086, 1088.

214 Hölters/*Drinhausen*, Anh. § 129 Rn. 2; MK-AktG/*Kubis*, § 119 Rn. 106; GK-AktG/*Mülbert*, Vor §§ 118-147 Rn. 76; Spindler/Stilz/*Wicke*, Anh. § 119 Rn. 2; K. Schmidt/Lutter/*Ziemons*, § 129 Rn. 37; *Ek*, Rn. 234; *Heller*, AG 2008, 493; *Priester*, DNotZ 2006, 403, 412; *Wilsing/von der Linden*, ZIP 2009, 641, 642.

215 Michalski/*Giedinghagen*, § 52 Rn. 2.

216 Michalski/*Giedinghagen*, § 52 Rn. 1.

217 MK-GmbHG/*Spindler*, § 52 Rn. 405.

Ohnehin ist die Verbindung von Aufsichtsratsvorsitz und Versammlungsleitung auch in der AG nicht zwingend.[218] Insofern spricht nichts gegen die Bestimmung eines beliebigen Aufsichtsratsmitglieds zum Versammlungsleiter. Aus der Aufsichtsratszugehörigkeit allein ergibt sich die Aufgabe zur Versammlungsleitung aber nicht, so dass es eines separaten Bestellungsakts bedarf.[219] Besteht statt eines Aufsichtsrats ein Beirat,[220] kommt ebenso eines seiner Mitglieder als Versammlungsleiter in Betracht.[221]

d) Geschäftsführer

Rechtlich zulässig soll nach allg.M. auch die Übertragung der Versammlungsleitung auf den Geschäftsführer sein.[222] Eine Unterscheidung zwischen Gesellschaftergeschäftsführer und Fremdgeschäftsführer wird dabei nicht vorgenommen. Trotz der generellen Zulässigkeit werden oftmals Zweifel an der Zweckmäßigkeit der Bestellung eines Geschäftsführers zum Versammlungsleiter erhoben.[223] Fraglich ist, ob nicht eine generelle Inkompatibilität von Geschäftsführerstellung und Versammlungsleitung vorliegt. Diese Überlegung ist anzustellen, weil es in der AG nach h.M. nicht möglich ist, ein Vorstandsmitglied zum Hauptversammlungsleiter zu bestellen.[224] Dies gilt unabhängig davon, ob das Vorstandsmitglied zugleich Aktionär ist.[225]

Teilweise wird die Inkompatibilität von Geschäftsführerstellung und Versammlungsleiteramt mit der fehlenden Gewähr für eine neutrale Verhandlungsführung begründet.[226] Dieses Argument trägt an dieser Stelle ebenso wenig wie bezüglich der Vereinbarkeit von Gesellschafterstellung und Versammlungslei-

---

218 *Hüffer*, § 129 Rn. 18.

219 Für den Aufsichtsrat der AG Spindler/Stilz/*Wicke*, Anh. § 119 Rn. 2; K. Schmidt/Lutter/*Ziemons*, § 129 Rn. 37; *Heller*, AG 2008, 493.

220 Zum Beirat ausführlich MK-GmbHG/*Spindler*, § 52 Rn. 641 ff.; zu den Unterschieden zwischen Aufsichts- und Beirat knapp Michalski/*Giedinghagen*, § 52 Rn. 1.

221 GK-GmbHG/*Hüffer*, § 48 Rn. 30; *Böttcher/Grewe*, NZG 2002, 1086, 1088.

222 GK-GmbHG/*Hüffer*, § 48 Rn. 30; Michalski/*Römermann*, § 48 Rn. 101; Scholz/*K. Schmidt/Seibt*, § 48 Rn. 33; *Vogel*, S. 143; MünchHdb-GmbH/*Wolff*, § 39 Rn. 72; *Böttcher/Grewe*, NZG 2002, 1086, 1088; *Werner*, GmbHR 2006, 127, 128.

223 GK-GmbHG/*Hüffer*, § 48 Rn. 30; Scholz/*K. Schmidt/Seibt*, § 48 Rn. 33; *Koch*, S. 220; *Böttcher/Grewe*, NZG 2002, 1086, 1088; *Werner*, GmbHR 2006, 127, 128.

224 Hölters/*Drinhausen*, Anh. § 129 Rn. 2; *Hüffer*, § 129 Rn. 18; K. Schmidt/Lutter/*Ziemons*, § 129 Rn. 43; *Wilsing/von der Linden*, ZIP 2009, 641, 644 f.; nach Größe der HV differenzierend *Wicke*, NZG 2007, 771; a.A. *Reinicke*, S. 124 ff.; *Max*, AG 1991, 77, 78.

225 GK-AktG/*Mülbert*, Vor §§ 118-147 Rn. 75.

226 GK-AktG/*Mülbert*, Vor §§ 118-147 Rn. 75.

teramt (vgl. dazu bereits C.I.4.b). Der Versammlungsleiter ist bei der Ausübung seines Amtes nicht völlig frei. Er darf vielmehr seine Maßnahmen nur nach pflichtgemäßem Ermessen treffen.[227] Die bloß abstrakte Gefahr einer parteiischen Leitung der Gesellschafterversammlung reicht nicht aus, um eine Inkompatibilität zu begründen.

Andererseits vermag es nicht zu überzeugen, dass als Versammlungsleiter „naturgemäß" der Geschäftsführer zur Verfügung stehen soll.[228] Dies gilt gerade vor dem Hintergrund, dass die GmbH-rechtliche Literatur vollständig auf eine Begründung der Vereinbarkeit von Geschäftsführung und Versammlungsleitung verzichtet.

Um eine (In-)Kompatibilität anzunehmen, müsste sie funktional begründet werden können. In der AG soll die „Kontrollfunktion" der Hauptversammlung der Versammlungsleitung durch ein Vorstandsmitglied entgegenstehen.[229] Dieses Argument verfängt allerdings nicht in der GmbH, weil die Kontrolle des Vorstands gem. § 111 Abs. 1 AktG alleinige Aufgabe des Aufsichtsrats ist.[230] In der GmbH hingegen ist die Kontrolle der Geschäftsführer gem. § 46 Nr. 6 GmbHG Aufgabe der Gesellschafterversammlung. Dabei bleibt es auch in der mitbestimmten Gesellschaft. Die Gesellschafterversammlung und der Aufsichtsrat stehen dann als Kontrollinstanzen nebeneinander.[231] Eng mit § 46 Nr. 6 GmbHG verknüpft ist die Zuständigkeit der Gesellschafterversammlung, den Geschäftsführer gem. § 46 Nr. 5 GmbHG zu entlasten.[232]

Im Rahmen ihrer Kontrollbefugnis kann die Gesellschafterversammlung den Geschäftsführer anhören.[233] Der Geschäftsführer muss dabei der Gesellschafterversammlung Bericht erstatten und zur Beantwortung ihrer Fragen zur Verfügung stehen. Die GmbH-rechtliche Literatur erkennt zwar diese organisatorische Überforderung an, folgert daraus jedoch keine Inkompatibilität, sondern allein, dass die Versammlungsleitung durch den Geschäftsführer unpraktikabel ist.[234] Auch die Tatsache, dass der versammlungsleitende Geschäftsführer einerseits die Ordnungsgewalt in der Versammlung innehat, andererseits als Geschäftsführer gegenüber den Gesellschaftern weisungsgebunden ist, stehe zwar einer wirkungsvollen Ausübung der Leitungs- und Ordnungsgewalt entgegen, führe aber

227 Semler/Volhard/Reichert/*Fischer/Pickert*, § 9 Rn. 74.

228 *Vogel*, S. 143.

229 AG Frankfurt a.M., AG 1989, 304.

230 *Hoffmann-Becking*, ZHR 172 (2008), 231; *Wilsing/von der Linden*, ZIP 2009, 641, 645.

231 Scholz/*K. Schmidt*, § 46 Rn. 111.

232 Scholz/*K. Schmidt*, § 46 Rn. 89.

233 GK-GmbHG/*Hüffer*, § 46 Rn. 80.

234 GK-GmbHG/*Hüffer*, § 48 Rn. 30; Scholz/*K. Schmidt/Seibt*, § 48 Rn. 33; *Koch*, S. 220; *Böttcher/Grewe*, NZG 2002, 1086, 1088; *Werner*, GmbHR 2006, 127, 128.

nicht zur Inkompatibilität.[235] Die Weisungsgebundenheit des Geschäftsführers umfasst aber ohnehin nicht Maßnahmen der Versammlungsleitung. Die Gesellschafter können dem Geschäftsführer allein im Bereich der Geschäftsführung Weisungen erteilen.[236] Die Versammlungsleitung aber ist kein Teil der Geschäftsführung, da der Bereich der körperschaftsrechtlichen Beziehungen grundsätzlich von der Geschäftsführung ausgeschlossen ist.[237] Somit können die Gesellschafter dem Geschäftsführer, sofern eine Versammlungsleitung durch ihn überhaupt zulässig ist, in seiner Funktion als Versammlungsleiter keine Weisungen erteilen.

Die Rechenschaftspflicht der Geschäftsführung gegenüber der Anteilseignerversammlung existiert auch im Aktienrecht. Gem. § 131 Abs. 1 Satz 1, Abs. 2 Satz 1 AktG hat der Vorstand den Aktionären in der Hauptversammlung nach dem Grundsatz einer gewissenhaften und getreuen Rechenschaft über solche Angelegenheiten der Gesellschaft Auskunft zu erteilen, die zur sachgemäßen Beurteilung der Tagesordnung erforderlich sind. Diese Rechenschaftspflicht wird teilweise in der aktienrechtlichen Literatur zur Begründung der Inkompatibilität von Vorstandsamt und Versammlungsleiterstellung herangezogen.[238]

Dass trotz dieser Parallelität in Aktien- und GmbH-Recht in der Literatur je nach Rechtsform verschiedene Konsequenzen gezogen werden, überrascht. Zugleich deutet es daraufhin, dass eine Inkompatibilität von einer Mitgliedschaft im Geschäftsführungsorgan und der Leitung der Anteilseignerversammlung nicht zwingend ist. Im Ergebnis lässt sich eine Inkompatibilität von GmbH-Geschäftsführung und Versammlungsleitung dogmatisch nicht begründen, da der Grundsatz der Selbstorganisation entgegensteht. Die bloße Unzweckmäßigkeit einer Versammlungsleitung durch den Geschäftsführer vermag diesen Grundsatz nicht zu durchbrechen. Ob dies für die Hauptversammlung der AG mit einem typischerweise großen Teilnehmerkreis anders zu beurteilen ist, muss hier nicht entschieden werden. Zudem sprechen auch praktische Erwägungen gegen eine generelle Inkompatibilität. In kleinen Gesellschaften, in denen sämtliche Gesellschafter zugleich Geschäftsführer sind, würde eine Inkompatibilität eine interne Versammlungsleitung vollständig verhindern.

---

235 GK-GmbHG/*Hüffer*, § 48 Rn. 30; Michalski/*Römermann*, § 48 Rn. 101; Scholz/*K. Schmidt/Seibt*, § 48 Rn. 33.

236 Henssler/Strohn/*Oetker*, § 37 GmbHG Rn. 3.

237 Henssler/Strohn/*Oetker*, § 37 GmbHG Rn. 3.

238 *Wilsing/von der Linden*, ZIP 2009, 641, 645.

e) Externer Versammlungsleiter

Auch ein Gesellschaftsfremder kann die Leitung der Gesellschafterversammlung übernehmen.[239] Hier bietet sich insbesondere der Syndikusanwalt an,[240] da es zur Versammlungsleitung rechtlicher Bewertungen bedarf.

Gerade in kleineren Gesellschaften dürfte aus Kostengründen auf eine externe Versammlungsleitung oftmals verzichtet werden. Man muss allerdings bedenken, dass eine Leitung der Gesellschafterversammlung durch einen erfahrenen und mit fundierten gesellschaftsrechtlichen Kenntnissen versehenen Versammlungsleiter möglicherweise spätere langwierige und kostenintensive gerichtliche Auseinandersetzungen verhindern kann. Im Ergebnis bietet es sich gerade für Gesellschafterversammlungen an, die aufgrund ihrer Konfliktträchtigkeit einen turbulenten Verlauf zu nehmen drohen, die Kosten eines externen Versammlungsleiters in Kauf zu nehmen. Oftmals wird dies im Ergebnis die kostengünstigere Alternative sein.

f) Notar

Vom Amt des Versammlungsleiters ist der Notar ausgeschlossen, der eine Niederschrift der Gesellschafterversammlung anzufertigen hat.[241] Das Amt des Versammlungsleiters ist mit der Urkundsfunktion des Notars inkompatibel.[242] Die Beurkundung gefasster Gesellschafterbeschlüsse unter öffentlichem Glauben verbietet es dem Notar, an Vorgängen, die er beurkundet, selbst beteiligt zu sein.[243] Übernimmt der Notar trotz dieser Inkompatibilität die Versammlungsleitung, ist es ihm wegen § 3 Abs. 1 Satz 1 Nr. 1 BeurkG[244] bzw. § 3 Abs. 1 Satz 1 Nr. 7 BeurkG[245] untersagt, die Niederschrift über die Gesellschafterversammlung anzufertigen.

---

239 Michalski/*Römermann*, § 48 Rn. 100; *Böttcher/Grewe*, NZG 2002, 1086, 1088; *Haertlein*, FS Schwark (2009), S. 157 (174).

240 *Böttcher/Grewe*, NZG 2002, 1086, 1088.

241 Für die HV Hölters/*Drinhausen*, Anh. § 129 Rn. 2; *Hüffer*, § 129 Rn. 18; MK-AktG/*Kubis*, § 119 Rn. 106; GK-AktG/*Mülbert*, Vor §§ 118-147 Rn. 75; Spindler/Stilz/*Wicke*, Anh. § 118 Rn. 2; K. Schmidt/Lutter/*Ziemons*, § 129 Rn. 43; Semler/Volhard/Reichert/*Fischer/Pickert*, § 9 Rn. 5; MünchHdb-AG/*Semler*, § 36 Rn. 36; *Wilsing/von der Linden*, ZIP 2009, 641, 645.

242 GK-AktG/*Mülbert*, Vor §§ 118-147 Rn. 75.

243 *Wilsing/von der Linden*, ZIP 2009, 641, 645.

244 K. Schmidt/Lutter/*Ziemons*, § 129 Rn. 43.

245 *Wilsing/von der Linden*, ZIP 2009, 641, 645.

g) Zusammenfassung

Der Kreis potenzieller Versammlungsleiter ist denkbar weit. Es kommt grundsätzlich jede geschäftsfähige Person in Betracht. Dabei ist es unerheblich, ob der Kandidat Gesellschafter oder Organ der Gesellschaft ist oder mit ihr in einer wie auch immer gearteten Rechtsbeziehung steht. Zulässig, wenn auch unzweckmäßig, ist demnach auch die Übertragung der Versammlungsleitung auf den Geschäftsführer. Ausgeschlossen ist lediglich der Notar, der mit der Beurkundung der Gesellschafterversammlung betraut ist.

5. Bestimmung durch die Satzung

a) Begriff der Satzung

Satzungsbestimmungen zur Versammlungsleitung sind grundsätzlich zulässig.[246] Die Satzung ist das verbandsrechtliche Organisationsstatut der Gesellschaft.[247] Das GmbHG verwendet den Begriff „Satzung" nicht, sondern spricht stattdessen vom „Gesellschaftsvertrag". Ein inhaltlicher Unterschied zum im Vereins- und Aktienrecht verwendeten Begriff „Satzung" besteht nicht, so dass die Begriffe synonym verwendet werden können.[248]

Es ist zwischen echten und unechten Satzungsbestandteilen zu unterscheiden.[249] Die Einordnung einer Bestimmung zur Versammlungsleitung in die Kategorie der echten oder unechten Satzungsbestandteile ist vor allem wegen unterschiedlicher Anforderungen an die Änderung der Bestimmung, z.B. bei der Abwahl des Versammlungsleiters, relevant.[250] Dabei existiert keine einheitliche Terminologie, so dass teilweise etwa „korporative" von „nichtkorporativen" oder „materielle" von „formellen" Satzungsbestandteilen abgegrenzt werden. Inhaltlich ist dasselbe gemeint.[251]

---

246 Lutter/Hommelhoff/*Bayer*, § 48 Rn. 15; HK-GmbHR/*Fichtelmann*, § 48 Rn. 10; GK-GmbHG/*Hüffer*, § 48 Rn. 30; Michalski/*Römermann*, § 48 Rn. 95; Scholz/*K. Schmidt/Seibt*, § 48 Rn. 32; Baumbach/Hueck/*Zöllner*, § 48 Rn. 16; MünchHdb-GmbH/*Wolff*, § 39 Rn. 72; *Haertlein*, FS Schwark (2009), S. 157 (174); *Werner*, GmbHR 2006, 127, 128.

247 Saenger/Inhester/*Pfisterer*, § 3 Rn. 2; GK-GmbHG/*Ulmer*, § 53 Rn. 7.

248 Saenger/Inhester/*Pfisterer*, § 3 Rn. 2; Scholz/*Priester/Veil*, § 53 Rn. 4; GK-GmbHG/*Ulmer*, § 53 Rn. 7; MK-GmbHG/*Wicke*, § 3 Rn. 101.

249 Michalski/*Michalski*, § 3 Rn. 86; Scholz/*Priester/Veil*, § 53 Rn. 6; GK-GmbHG/*Ulmer*, § 53 Rn. 8 f.; Baumbach/Hueck/*Zöllner/Noack*, § 53 Rn. 6; *Wicke*, DNotZ 2006, 419.

250 Michalski/*Michalski*, § 3 Rn. 87; *Wicke*, DNotZ 2006, 419, 420 ff.

251 GK-GmbHG/*Ulmer*, § 53 Rn. 9; *Priester*, DB 1979, 681.

Echte Satzungsbestandteile sind solche, die die „Grundlagen der Gesellschaft, ihre Beziehungen zu den Gesellschaftern sowie die Rechtsstellung ihrer Organe" betreffen.[252]

Innerhalb der echten Satzungsbestandteile ist zwischen obligatorischen und fakultativen echten Satzungsbestimmungen zu unterscheiden: § 3 Abs. 1 GmbHG zählt den zwingenden Mindestinhalt der Satzung abschließend auf; bei diesen Bestimmungen handelt es sich um obligatorische Satzungsbestandteile.[253]

Fakultative echte Satzungsbestimmungen sind solche, die nicht zwingend in der Satzung enthalten sein müssen, zu ihrer Wirksamkeit aber der Aufnahme in die Satzung bedürfen.[254] So bestimmt § 3 Abs. 2 GmbHG, dass die zeitliche Beschränkung der Gesellschaft und die Auferlegung von Nebenpflichten in die Satzung aufgenommen werden müssen. Gleiches gilt gem. § 5 Abs. 4 Satz 1 GmbHG für Sacheinlagen. Bei Sonderrechten handelt es sich ebenfalls um fakultative echte Satzungsbestimmungen.[255]

§ 3 Abs. 2 GmbHG lässt sich darüber hinaus die Zulässigkeit von unechten Satzungsbestimmungen entnehmen.[256] Unechte Satzungsbestandteile sind solche, die zwar in der Satzung enthalten sind, ihre Wirksamkeit davon aber nicht abhängt.[257] Dabei kann es sich um schuldrechtliche Vereinbarungen, einfache Gesellschafterbeschlüsse oder rein tatsächliche Angaben handeln.[258] Handelt es sich z.B. um Vereinbarungen mit Dritten, sind sie zwingend schuldrechtlicher Natur und können darum keine echten, sondern allein unechte Satzungsbestandteile sein.[259]

Oftmals ist die Einordnung in die Kategorie der echten oder der unechten Satzungsbestimmung jedoch nicht zwingend. Dann ist es eine Frage der Gestaltung im Einzelfall, um welche Art von Satzungsbestimmung es sich handelt.[260] Dabei ist auf den Rechtsfolgewillen der Gesellschafter abzustellen.[261] Allein aus der Tatsache, dass eine Regelung auch außerhalb der Satzung wirksam hätte getroffen werden können, ergibt sich nicht, dass es sich bei der Bestimmung um

---

252 GK-GmbHG/*Ulmer*, § 53 Rn. 8; *Priester*, DB 1979, 681, 682.

253 Baumbach/Hueck/*Fastrich*, § 3 Rn. 5; Michalski/*Michalski*, § 3 Rn. 2; Saenger/Inhester/*Pfisterer*, § 3 Rn. 1; *Wicke*, DNotZ 2006, 419, 426.

254 Baumbach/Hueck/*Fastrich*, § 3 Rn. 24; Michalski/*Michalski*, § 3 Rn. 1; Saenger/Inhester/*Pfisterer*, § 3 Rn. 3; MK-GmbHG/*Wicke*, § 3 Rn. 57.

255 Michalski/*Michalski*, § 3 Rn. 76 f.

256 Saenger/Inhester/*Pfisterer*, § 3 Rn. 1.

257 Saenger/Inhester/*Pfisterer*, § 3 Rn. 3.

258 *Wicke*, DNotZ 2006, 419, 422.

259 Michalski/*Michalski*, § 3 Rn. 88; *Priester*, DB 1979, 681, 682.

260 Michalski/*Michalski*, § 3 Rn. 89; *Priester*, DB 1979, 681, 682.

261 GK-GmbHG/*Ulmer*, § 53 Rn. 14.

einen unechten Satzungsbestandteil handelt.[262] Die Aufnahme einer Regelung in die Satzungsurkunde ist vielmehr ein Indiz, dass die Gesellschafter eine echte Satzungsbestimmung bezwecken.[263]

b) Satzungsbestimmungen zur Versammlungsleitung

Inhaltlich besteht im Hinblick auf Satzungsbestimmungen zur Versammlungsleitung eine weitgehende Gestaltungsfreiheit der Gesellschafter.[264] Darum ist eine Vielzahl verschiedener Satzungsbestimmungen denkbar, die (auch) die Versammlungsleitung betreffen. Die Regelung kann sich darin erschöpfen, dass die Leitung der Gesellschafterversammlung durch einen Versammlungsleiter angeordnet wird. Die Bestimmung des Versammlungsleiters wird dann der Gesellschafterversammlung überlassen. Andererseits kann sie auch einer bestimmten Person die Versammlungsleitung übertragen, z.B. Gesellschafter A, oder die Versammlungsleitung an eine bestimmte Position oder Eigenschaft knüpfen, etwa den Vorsitz des Beirats oder die Inhaberschaft des größten Geschäftsanteils. Dabei ist zu bedenken, dass die Übertragung der Versammlungsleitung auf einen bestimmten Gesellschafter diesem u.U. ein Sonderrecht einräumt (vgl. dazu sodann C.I.5.c). Eine solche Regelung ist verhältnismäßig starr, weil im Fall einer dauerhaften Verhinderung des Versammlungsleiters, z.B. durch Erkrankung oder Tod, eine Satzungsänderung erforderlich wird. Flexibler ist eine Regelung, die die Versammlungsleitung von einer bestimmten Eigenschaft oder Position abhängig macht. Knüpft man etwa die Versammlungsleitung an den Vorsitz des Beirats, führt auch ein Wechsel an der Spitze des Beirats nicht dazu, dass kein statutarisch bestimmter Versammlungsleiter mehr vorhanden ist. Dies bedeutet zugleich aber, dass bei der Besetzung des Beiratsvorsitzes berücksichtigt werden sollte, dass der Beiratsvorsitzende zugleich Versammlungsleiter der Gesellschafterversammlungen ist. Darüber hinaus kann die Satzung dem Versammlungsleiter besondere Befugnisse einräumen oder ihn in seinen Kompetenzen beschneiden.

Es ist eine Frage der Auslegung im Einzelfall, ob es sich bei der jeweiligen Bestimmung zur Versammlungsleitung um einen echten oder unechten Satzungsbestandteil handelt. Weil § 3 Abs. 1 GmbHG die Leitung der Gesellschafterversammlung nicht verlangt, handelt es sich bei Bestimmungen über die Ver-

---

262 Michalski/*Michalski*, § 3 Rn. 87.

263 Michalski/*Hoffmann*, § 53 Rn. 14; Michalski/*Michalski*, § 3 Rn. 87, 89; Scholz/*Priester/Veil*, § 53 Rn. 16; GK-GmbHG/*Ulmer*, § 53 Rn. 14; Rowedder/Schmidt-Leithoff/*Schnorbus*, § 53 Rn. 5; Baumbach/Hueck/*Zöllner/Noack*, § 53 Rn. 16; *Priester*, DB 1979, 681, 684.

264 Saenger/Inhester/*Pfisterer*, § 3 Rn. 5.

sammlungsleitung nicht um obligatorische Satzungsbestimmungen. In Betracht kommt die Kategorie der fakultativen echten oder der unechten Satzungsbestimmungen.

Zu den fakultativen echten Satzungsbestimmungen gehören Regelungen über die Beschlussfassung der Gesellschafter.[265] Denn mit den §§ 46-51 GmbHG bestehen gesetzliche Regelungen, die die Gesellschafterversammlung zum Gegenstand haben. Aus § 45 Abs. 2 GmbHG ergibt sich, dass diese gesetzlichen Regelungen dispositiv sind. Wollen die Gesellschafter von diesen abweichen, ist dafür eine Satzungsbestimmung erforderlich.[266] Bestimmungen zur Versammlungsleitung sind aber regelmäßig keine Regelungen über die Beschlussfassung. Ob ein Versammlungsleiter vorhanden oder nicht vorhanden ist, ändert nichts an den Anforderungen an die Beschlussfassung. Auch die förmliche Beschlussfeststellung durch den Versammlungsleiter betrifft nicht die Beschlussfassung selbst, sondern hat Auswirkungen, auf welche Art und Weise sich Gesellschafter auf die vermeintliche Rechtswidrigkeit eines Beschlusses berufen können. Eine Regelung zur Beschlussfassung liegt aber dann vor, wenn die Beschlussfassung von der förmlichen Feststellung durch den Versammlungsleiter abhängig gemacht wird. Eine solche Satzungsregelung ist fakultativer echter Satzungsbestandteil.

Auch Regelungen, die die Formalien der Gesellschafterversammlung einschließlich ihrer Einberufung betreffen, sind stets fakultative echte Satzungsbestandteile.[267] Damit sind aber nicht Regelungen über die Versammlungsleitung gemeint, sondern nur solche Regelungen über die Formalien der Gesellschafterversammlung, die von den gesetzlichen Vorschriften der §§ 47-51 GmbHG abweichen. Die §§ 47-51 GmbHG aber haben die Versammlungsleitung ebenso wenig zum Gegenstand wie andere Normen des GmbHG.

Wenn in Zusammenhang mit Regelungen zur Versammlungsleitung nicht zugleich von satzungsdisponiblem Gesetzesrecht abgewichen wird, bedürfen diese Regelungen zu ihrer Wirksamkeit also keiner Aufnahme in die Satzung. In aller Regel handelt es sich somit bei Satzungsbestimmungen, die die Versammlungsleitung der Gesellschafterversammlung betreffen, nicht um zwingend echte Satzungsbestandteile.

---

265 Scholz/*Priester/Veil*, § 53 Rn. 9; *Wicke*, DNotZ 2006, 419, 429.

266 Michalski/*Michalski*, § 3 Rn. 1; Saenger/Inhester/*Pfisterer*, § 3 Rn. 3; MK-GmbHG/*Wicke*, § 3 Rn. 57.

267 Scholz/*Priester/Veil*, § 53 Rn. 9; GK-GmbHG/*Ulmer*, § 53 Rn. 17; *Wicke*, DNotZ 2006, 419, 429.

Dieses Ergebnis entspricht auch der allg.M., nach der der Versammlungsleiter in der Gesellschafterversammlung bestimmt werden kann.[268] Dies wäre nicht möglich, wenn Regelungen zur Versammlungsleitung zwingend in die Satzung aufgenommen werden müssten.

Sofern Regelungen zur Versammlungsleitung in die Satzung aufgenommen wurden, indiziert dies aber, dass die Gesellschafter korporationsrechtliche Regelungen gewollt haben.[269] Von einem unechten Satzungsbestandteil ist nur dann auszugehen, wenn dies eindeutig aus der Satzung hervorgeht. Dies ist etwa dann der Fall, wenn Regelungen ausdrücklich als unechte Satzungsbestimmungen bezeichnet werden. Auch wenn die Satzungsbestimmung unter dem Vorbehalt steht, dass die Gesellschafterversammlung in der Versammlung keine andere Regelung trifft, liegt ein unechter Satzungsbestandteil vor.

Man könnte zudem in Betracht ziehen, dass es sich bei einer Satzungsbestimmung, die einen Externen mit der Versammlungsleitung beauftragt, zwingend um einen unechten Satzungsbestandteil handelt. Vereinbarungen mit Dritten können nämlich allein schuldrechtlicher und nicht korporationsrechtlicher Natur sein.[270] Schließlich verpflichtet die Satzung als Gesellschaftsverfassung allein die Gesellschafter. Zwingend unechte Satzungsbestandteile sind aber allein solche Vereinbarungen, an denen Dritte unmittelbar beteiligt sind. Enthält die Satzung eine Regelung, in der ein gesellschaftsfremder Dritter zum Versammlungsleiter bestimmt wird, kommt dadurch noch kein Vertrag mit dem Dritten über die Versammlungsleitung zustande. Dazu fehlt es an einer Einbeziehung des Dritten, der in dieser Konstellation gar keine Willenserklärung abgibt. Anders wäre es, wenn ein zwischen der Gesellschaft und dem Dritten in schriftlicher Form geschlossener Auftrag oder Geschäftsbesorgungsvertrag über die Versammlungsleitung in die Satzungsurkunde aufgenommen würde. Dies wäre zwingend ein unechter Satzungsbestandteil.

Im Ergebnis lässt sich festhalten, dass es sich bei Satzungsbestimmungen über die Versammlungsleitung in aller Regel weder um zwingend echte noch um zwingend unechte Satzungsbestandteile handelt. Sofern bereits die Satzung Regelungen über die Versammlungsleitung enthält, indiziert dies aber, dass es sich bei diesen Regelungen um echte Satzungsbestandteile handelt.

---

268 Lutter/Hommelhoff/*Bayer*, § 48 Rn. 15; GK-GmbHG/*Hüffer*, § 48 Rn. 29; Roth/Altmeppen/*Roth*, § 48 Rn. 8; Michalski/*Römermann*, § 48 Rn. 97; Scholz/*K. Schmidt/Seibt*, § 48 Rn. 33; Baumbach/Hueck/*Zöllner*, § 48 Rn. 16; *Wicke*, § 48 Rn. 3.

269 Michalski/*Michalski*, § 3 Rn. 87.

270 Michalski/*Michalski*, § 3 Rn. 88; *Priester*, DB 1979, 681, 682.

c) Das Sonderrecht zur Versammlungsleitung

Sofern die Satzung einen Gesellschafter zum Versammlungsleiter bestimmt, kann diese Regelung dem Gesellschafter ein Sonderrecht verleihen.[271] Dabei ist § 35 BGB auf das Recht der GmbH entsprechend anwendbar.[272] Bei einem Sonderrecht handelt es sich um eine durch die Satzung eingeräumte Vorzugsstellung.[273] Lediglich Gesellschafter können Inhaber von Sonderrechten sein.[274] Ob eine Satzungsregelung, die den Versammlungsleiter bestimmt, dem Gesellschafter ein Sonderrecht einräumt, ist durch Auslegung zu ermitteln.[275] Sofern die Satzung nicht einem namentlich genannten Gesellschafter die Versammlungsleitung überträgt, sondern diese etwa an den größten Geschäftsanteil oder das höchste Lebensalter knüpft, spricht dies gegen die Einräumung eines Sonderrechts.[276] Denn durch Veränderungen im Gesellschafterbestand kann die Person des Versammlungsleiters wechseln. Vielmehr ist davon auszugehen, dass es sich dann um eine reine Verfahrensregelung handelt.[277]

Die Frage danach, ob einem Gesellschafter, dem die Versammlungsleitung übertragen ist, ein Sonderrecht eingeräumt ist, stellt sich also nur für die Fälle, in denen die Satzung einen namentlich genannten Gesellschafter zum Versammlungsleiter bestimmt. Allein das soll aber wiederum nicht ausreichen, um bereits das Vorliegen eines Sonderrechts zu bejahen.[278]

6. Regelung in der Geschäftsordnung der Gesellschafterversammlung

Wenn eine Geschäftsordnung für die Gesellschafterversammlung besteht, kann sie Regelungen über die Versammlungsleitung enthalten.[279] Bei ihr handelt es sich um eine außerhalb der Satzung stehende Nebenordnung.[280] Deshalb kann sie nur solche Regelungen enthalten, die zu ihrer Wirksamkeit keiner Aufnahme

---

271 GK-GmbHG/*Hüffer*, § 48 Rn. 30; *Eickhoff*, Rn. 246; *Böttcher/Grewe*, NZG 2002, 1086, 1089.

272 BGH, NJW-RR 1989, 542, 543.

273 MK-BGB/*Reuter*, § 35 Rn. 3; Staudinger/*Weick*, § 35 Rn. 8; *Böttcher/Grewe*, NZG 2002, 1086, 1089.

274 Jauernig/*Jauernig*, § 35 Rn. 1; MK-BGB/*Reuter*, § 35 Rn. 3.

275 BGH, NJW 1969, 131; *Böttcher/Grewe*, NZG 2002, 1086, 1089.

276 GK-GmbHG/*Hüffer*, § 48 Rn. 31.

277 *Böttcher/Grewe*, NZG 2002, 1086, 1089.

278 Für den Fall der Geschäftsführerbestellung in der Satzung BGH, NJW 1969, 131; a.A. *Böttcher/Grewe*, NZG 2002, 1086, 1089.

279 Lutter/Hommelhoff/*Bayer*, § 48 Rn. 15; Roth/Altmeppen/*Roth*, § 48 Rn. 8; Michalski/*Römermann*, § 48 Rn. 91; Scholz/*K. Schmidt/Seibt*, § 48 Rn. 32.

280 Roth/Altmeppen/*Roth*, § 3 Rn. 59.

in die Satzung bedürfen.[281] Die Zulässigkeit einer Geschäftsordnung ergibt sich aus dem Recht eines jeden Organs, seine Aufgaben selbst zu organisieren.[282] Für den Erlass ihrer Geschäftsordnung ist deshalb die Gesellschafterversammlung zuständig.

Es stellt sich die Frage, welche Mehrheitserfordernisse für Erlass und Änderung einer Geschäftsordnung erforderlich sind. Eine gesetzliche Regelung zur erforderlichen Mehrheit bei Beschlussfassungen über die Geschäftsordnung der Gesellschafterversammlung ist nicht vorhanden. Insofern liegt es nahe, zur Bestimmung der erforderlichen Mehrheit auf § 47 Abs. 1 GmbHG zurückzugreifen. Danach wäre die einfache Mehrheit erforderlich. Im Aktienrecht finden sich jedoch bezüglich der Geschäftsordnung des Vorstands und der Hauptversammlung in § 77 Abs. 2 Satz 3 AktG und § 129 Abs. 1 Satz 1 AktG Vorschriften, die qualifizierte Mehrheitserfordernisse aufstellen. Es ist zu untersuchen, ob die Gründe, die den Gesetzgeber dazu bewogen haben, qualifizierte Mehrheitserfordernisse für die Geschäftsordnungen von Vorstand und Hauptversammlung der AG aufzustellen, auf die Geschäftsordnung der Gesellschafterversammlung der GmbH zu übertragen sind.

§ 77 Abs. 2 Satz 3 AktG sieht vor, dass sich der Vorstand einer AG seine Geschäftsordnung nur einstimmig geben kann. Das Einstimmigkeitserfordernis wird mit der Wichtigkeit einer auf Dauer, dem ordnungsgemäßen Funktionieren der Vorstandsarbeit dienenden Regelung begründet.[283]

Im Hinblick auf die Erfordernisse der Errichtung bestehen zwischen der Geschäftsordnung des Vorstandes einer AG und der Geschäftsordnung einer Gesellschafterversammlung einer GmbH jedoch Unterschiede. Grundsätzlich gilt für die Geschäftsordnung, dass Gesetz und Satzung Vorrang genießen.[284] § 77 Abs. 2 Satz 2 AktG ordnet an, dass bereits in der Satzung Fragen der Geschäftsordnung bindend geregelt werden können. Sofern in der Satzung von dieser Befugnis Gebrauch gemacht wurde, ist eine abweichende Regelung in der Geschäftsordnung nicht mehr möglich.[285] Es ist dem Vorstand also verwehrt, über in der Satzung geregelte Einzelfragen in Geschäftsordnungsangelegenheiten anders zu entscheiden. Über Satzungsänderungen entscheidet in der AG nämlich nicht der Vorstand, sondern gem. § 119 Abs. 1 Nr. 5 AktG die Hauptversamm-

---

281 Roth/Altmeppen/*Roth*, § 3 Rn. 59.

282 MK-AktG/*Spindler*, § 77 Rn. 42 (für die GO-Kompetenz des Vorstands der AG); *Bezzenberger*, ZGR 1998, 352, 353 f., 361; *U.H. Schneider*, FS Mühl (1981), S. 633 (636).

283 MK-AktG/*Spindler*, § 77 Rn. 42.

284 *U.H. Schneider*, FS Mühl (1981), S. 633 (639).

285 *Hüffer*, § 77 Rn. 19; MK-AktG/*Spindler*, § 77 Rn. 52.

lung. Die Erlass- und Änderungskompetenz für die Satzung der AG und die Geschäftsordnung des Vorstands fallen somit auseinander.

Anders ist dies hingegen bezüglich der Geschäftsordnung der Gesellschafterversammlung einer GmbH: Dort nämlich sind sowohl für die Änderung der Satzung, als auch für den Erlass oder die Änderung einer Geschäftsordnung der Gesellschafterversammlung die Gesellschafter zuständig. Sofern es an einer verschärfenden Satzungsregelung (§ 53 Abs. 2 Satz 2 GmbHG) fehlt, ist für eine Satzungsänderung gem. § 53 Abs. 2 Satz 1 Halbsatz 2 GmbHG eine Dreiviertelmehrheit erforderlich. Weil aber bereits in der Satzung verbindliche Regeln über den Ablauf der Gesellschafterversammlung getroffen werden können, wäre das Erfordernis von Einstimmigkeit zum Erlass und zur Änderung einer Geschäftsordnung der Gesellschafterversammlung wirkungslos. Schließlich könnten bereits mit einer satzungsändernden Mehrheit identische Regeln in der Satzung getroffen werden. Für den Erlass und die Änderung der Geschäftsordnung der Gesellschafterversammlung einer GmbH ist somit keine Einstimmigkeit erforderlich.

§ 129 Abs. 1 Satz 1 AktG bestimmt, dass sich die Hauptversammlung mit einer Dreiviertelmehrheit des vertretenen Grundkapitals eine Geschäftsordnung geben kann. Dieses Mehrheitserfordernis wurde durch Einführung des § 129 Abs. 1 Satz 1 durch das Gesetz zur Kontrolle und Transparenz im Unternehmensbereich (KonTraG)[286] aufgestellt. Bereits zuvor war anerkannt, dass sich die Hauptversammlung einer AG eine Geschäftsordnung geben kann.[287] Bis zur Einführung des § 129 Abs. 1 Satz 1 AktG war zum Erlass einer Geschäftsordnung nach dem Grundsatz der einfachen Stimmenmehrheit in § 133 Abs. 1 AktG keine Dreiviertelmehrheit erforderlich.[288] Der Gesetzgeber wollte jedoch mit der Einführung des Erfordernisses einer satzungsändernden Mehrheit eine breite Zustimmungsbasis auf Aktionärsebene schaffen.[289] Dies zeigt bereits, dass es sich bei dem Mehrheitserfordernis des § 129 Abs. 1 Satz 1 AktG nicht um eine dogmatisch zwingende Entscheidung handelt, deren Erwägungen sich ohne weiteres auf die Gesellschafterversammlung der GmbH übertragen ließen.

Für Gesellschafterbeschlüsse in der GmbH gilt gem. § 47 Abs. 1 GmbHG das Prinzip der einfachen Stimmenmehrheit. Für Satzungsänderungen hingegen ist gem. § 53 Abs. 2 Satz 1 Halbsatz 2 GmbHG mindestens eine Mehrheit von drei Vierteln der abgegebenen Stimmen erforderlich. Insofern kommt als Mehrheitserfordernis für den Erlass einer Geschäftsordnung der Gesellschafterver-

---

286 BGBl. I 1998, 786.

287 *Bezzenberger*, ZGR 1998, 352, 353.

288 *Bezzenberger*, ZGR 1998, 352, 365.

289 Vgl. RegE zum KonTraG v. 23. 1.1998, BT-Drs. 13/9712, S. 19 re. Sp.

sammlung entweder die einfache Mehrheit oder aber die satzungsändernde Mehrheit in Betracht. Zum Teil wird vertreten, dass der Erlass einer Geschäftsordnung als innergesellschaftliche Rechtsetzung der Satzung näher stehe als einem Beschluss, der lediglich einen Einzelfall regele.[290] Deshalb sei auch für den Erlass einer Geschäftsordnung die satzungsändernde Mehrheit erforderlich.[291] Dem muss allerdings entgegengehalten werden, dass die Geschäftsordnung der Gesellschafterversammlung ausschließlich solche Regelungen enthält, die die Gesellschafter auch durch eine Vielzahl von Beschlüssen in einer Gesellschafterversammlung treffen könnten. Denn Regelungen über den Ablauf einer Gesellschafterversammlung sind keine gem. § 3 GmbHG zwingenden Satzungsbestandteile. Diese Regelungen müssen nicht in die Satzung aufgenommen werden, so dass die einfache Mehrheit ausreichend ist. Auch der Hinweis auf die singuläre Regelung eines Beschlusses verfängt nicht. So ist beispielsweise die Bestimmung des Versammlungsleiters durch einfachen Gesellschafterbeschluss auch für folgende Gesellschafterversammlungen zulässig.[292] Insofern ist die Geschäftsordnung der Gesellschafterversammlung bei Lichte betrachtet nichts mehr als die Zusammenfassung von Verfahrensregeln, über die die Gesellschafter auch in der Gesellschafterversammlung durch einfachen Gesellschafterbeschluss entscheiden können. Aus diesem Grunde ist für den Erlass und die Änderung einer solchen Geschäftsordnung die einfache Stimmenmehrheit ausreichend.[293] Diese Einschätzung wird auch durch einen Vergleich mit der Geschäftsordnung des Aufsichtsrats der AG bestätigt. § 82 Abs. 2 AktG setzt die Zulässigkeit einer solchen voraus, ohne ein besonderes Mehrheitserfordernis für Erlass oder Änderung aufzustellen. Nach allg.M. kann der Aufsichtsrat darüber mit einfacher Stimmenmehrheit entscheiden.[294] Dies entspricht der grundsätzlich für Aufsichtsratsbeschlüsse gem. § 108 Abs. 1 AktG erforderlichen Mehrheit.[295] Auch in der AG kann sich also ein Organ bei Fehlen einer Norm, die explizit eine qualifizierte Mehrheit verlangt, mit der einfachen Mehrheit eine Geschäftsordnung geben.

---

290 *U.H. Schneider*, FS Mühl (1981), S. 633 (647).

291 Für die GO der Geschäftsführer *U.H. Schneider*, FS Mühl (1981), S. 633 (647).

292 OLG München, DB 2005, 1566; zustimmend Michalski/*Römermann*, § 48 Rn. 109; MünchHdb-GmbH/*Wolff*, § 39 Rn. 72; *Römermann*, GmbHR 2005, 627, 628.

293 MK-GmbHG/*Liebscher*, § 48 Rn. 104; Roth/Altmeppen/*Roth*, § 48 Rn. 8; Michalski/*Römermann*, § 48 Rn. 90; Scholz/*K. Schmidt/Seibt*, § 48 Rn. 30.

294 BGH, NJW 1975, 1412; MK-AktG/*Habersack*, § 107 Rn. 163; *Hüffer*, § 107 Rn. 23; *Bezzenberger*, ZGR 1998, 352, 356.

295 Hölters/*Hambloch-Gesinn/Gesinn*, § 108 Rn. 23; *Hüffer*, § 108 Rn. 6; Henssler/Strohn/*Henssler*, § 108 AktG Rn. 5.

Die Gesellschafterversammlung kann gem. § 47 Abs. 1 GmbHG durch Beschlussfassung mit einfacher Mehrheit Regelungen zur Versammlungsleitung in ihrer Geschäftsordnung treffen. Eine bindende Wirkung kommt der Geschäftsordnung der Gesellschafterversammlung allerdings nicht zu, weil sie kein Teil der Satzung ist.[296] Sie kann darum mit einfacher Mehrheit in der Gesellschafterversammlung geändert werden.[297]

7. Wahl in der Gesellschafterversammlung

a) Allgemeines

Sofern die Satzung zur Versammlungsleitung schweigt und eine Geschäftsordnung nicht vorhanden ist oder eine vorhandene Geschäftsordnung keine einschlägigen Regelungen trifft, kann in der Gesellschafterversammlung Beschluss darüber gefasst werden, ob eine Versammlungsleitung installiert werden soll.[298] Insbesondere ergibt sich aus dem Schweigen der Satzung nicht im Wege der Auslegung, dass die Gesellschafterversammlung ohne einen Versammlungsleiter abgehalten werden soll.

Der Antrag, einen Versammlungsleiter zu wählen, muss nicht bereits in der Einladung zur Gesellschafterversammlung bekanntgemacht werden, da es sich um einen Gegenstand handelt, der nur den Ablauf der Gesellschafterversammlung betrifft.[299] Sinn des § 51 Abs. 4 GmbHG, der die Ankündigung der Tagesordnungspunkte vorschreibt, ist es, dass sich die Gesellschafter „sachgerecht auf den Beschlussgegenstand vorbereiten und ordnungsgemäß an der Abstimmung teilnehmen können".[300] Bei Ablaufentscheidungen ist eine Vorbereitung auf den Beschlussgegenstand aber nicht notwendig, vielmehr ergibt sich die Notwendigkeit für die Beschlussfassung über eine Geschäftsordnungsfrage oftmals erst aus der konkreten Situation in der Gesellschafterversammlung. Wäre auch die Ankündigung von Ablaufentscheidungen notwendig, könnte die Gesellschafterver-

---

296 Michalski/*Römermann*, § 48 Rn. 90; Scholz/*K. Schmidt/Seibt*, § 48 Rn. 30.

297 Michalski/*Römermann*, § 48 Rn. 90.

298 Allg.M. Lutter/Hommelhoff/*Bayer*, § 48 Rn. 15; GK-GmbHG/*Hüffer*, § 48 Rn. 29; Roth/Altmeppen/*Roth*, § 48 Rn. 8; Michalski/*Römermann*, § 48 Rn. 97; Scholz/*K. Schmidt/Seibt*, § 48 Rn. 33; Gehrlein/Ekkenga/Simon/*Teichmann*, § 48 Rn. 17; *Wicke*, § 48 Rn. 3; Baumbach/Hueck/*Zöllner*, § 48 Rn. 16; *Vogel*, S. 144; *Haertlein*, FS Schwark (2009), S. 157 (174).

299 Roth/Altmeppen/*Roth*, § 51 Rn. 10; Michalski/*Römermann*, § 51 Rn. 72; *Wicke*, § 51 Rn. 4; für die AG MK-AktG/*Kubis*, § 119 Rn. 111; Spindler/Stilz/*Wicke*, Anh. § 119 Rn. 3; *Seeling/Zwickel*, DStR 2009, 1097, 1100.

300 BGH, NJW-RR 2000, 1278. 1279; siehe auch OLG Düsseldorf, NZG 2008, 1180, 1182; Henssler/Strohn/*Hillmann*, § 51 GmbHG Rn. 15.

sammlung in der laufenden Versammlung nicht angemessen auf plötzlich auftretende Ereignisse reagieren.

Der Versammlungsleiter kann durch Beschlussfassung in der Gesellschafterversammlung auch für künftige Gesellschafterversammlungen bestellt werden.[301] Dagegen bestehen schon deshalb keine Bedenken, weil der auf diesem Wege für mehrere Versammlungen bestellte Versammlungsleiter bereits zu Beginn der nächsten Gesellschafterversammlung durch einfachen Gesellschafterbeschluss wieder abgewählt werden kann (vgl. dazu C.II.3.b). Die Bestellung für mehrere Versammlungen muss jedoch ausdrücklich im Beschlussantrag genannt werden.[302] Ohne eine explizite Bestellung für weitere Gesellschafterversammlungen endet das Mandat mit der Beendigung der Gesellschafterversammlung, in der der Versammlungsleiter gewählt wurde.

Ein Anspruch auf Bestellung eines Versammlungsleiters besteht für den einzelnen Gesellschafter nicht. Die Gesellschafterversammlung trifft Entscheidungen bezüglich ihres Ablaufs durch Beschlussfassung. Da das Gesetz einen Versammlungsleiter nicht zwingend vorschreibt, gilt dieser Grundsatz auch für die Wahl des Versammlungsleiters.

Das Bestellungsverfahren des Versammlungsleiters erfordert neben der Beschlussfassung der Gesellschafter eine Annahmeerklärung des Gewählten.[303] Dabei besteht grundsätzlich keine Pflicht, die Versammlungsleitung anzunehmen. Dies gilt gesellschaftsrechtlich unabhängig davon, ob es sich um einen Gesellschafter, den Geschäftsführer oder einen Gesellschaftsfremden handelt. Nichts anderes gilt für Mitglieder eines Aufsichts- oder Beirats, sofern ein solcher vorhanden ist. Da es sich bei der Versammlungsleitung nicht um ein Amt handelt, das sich aus der Zugehörigkeit zum Aufsichts- oder Beirat ergibt,[304] kann sich aus dieser Zugehörigkeit auch nicht die Pflicht ergeben, die Wahl zum Versammlungsleiter anzunehmen.[305] In Betracht kommt aber eine Pflichtverletzung des zugrunde liegenden Auftrags oder Geschäftsbesorgungsvertrages, sofern ein solcher bereits vor der Beschlussfassung geschlossen wurde.

---

301 OLG München, DB 2005, 1566; Michalski/*Römermann*, § 48 Rn. 109; Henssler/Strohn/*Hillmann*, § 48 GmbHG Rn. 13; MünchHdb-GmbH/*Wolff*, § 39 Rn. 72; *Werner*, GmbHR 2006, 127, 128; a.A. HK-GmbHR/*Fichtelmann*, § 48 Rn. 12 (soweit die Satzung dies nicht ausdrücklich erlaubt); *Hoffmann/Köster*, GmbHR 2003, 1327, 1329; wohl auch MK-GmbHG/*Liebscher*, § 48 Rn. 107.

302 *Werner*, GmbHR 2006, 127, 128.

303 GK-AktG/*Mülbert*, Vor §§ 118-147 Rn. 77.

304 Für die AG Spindler/Stilz/*Wicke*, Anh. § 119 Rn. 2; K. Schmidt/Lutter/*Ziemons*, § 129 Rn. 37; *Heller*, AG 2008, 493.

305 A.A. GK-AktG/*Mülbert*, Vor §§ 118-147 Rn. 81.

b) Mehrheitserfordernis

Welche Mehrheit für die Bestimmung des Versammlungsleiters erforderlich ist, ist umstritten. Da das GmbHG schon keinen Versammlungsleiter vorsieht, bestimmt es freilich nicht, welche Mehrheit für seine Wahl erforderlich ist.

Nach einer Ansicht kann der Versammlungsleiter nur durch einstimmig gefassten Beschluss aller anwesenden Gesellschafter bestimmt werden.[306] Das Einstimmigkeitserfordernis diene dem Minderheitenschutz. Es wird damit begründet, dass im Falle eines bloßen Mehrheitserfordernisses die Gesellschaftermehrheit wegen der umfangreichen Kompetenzen des Versammlungsleiters ihre Macht beträchtlich erhöhen könne.[307]

Diese Auffassung verkennt allerdings, dass durch die Einsetzung eines Versammlungsleiters Minderheitsrechte gar nicht betroffen sind. Der Versammlungsleiter ist zur Gleichbehandlung aller Gesellschafter unabhängig von ihrer Kapitalbeteiligung verpflichtet.[308] In der AG wird zur Herleitung dieser Pflicht des Versammlungsleiters auf das aktienrechtliche Gleichbehandlungsgebot (§ 53a AktG) verwiesen.[309] Das Gleichbehandlungsgebot gilt als allgemein anerkannter Grundsatz des Gesellschaftsrechts auch in der GmbH.[310] Es ist gerade Aufgabe des Versammlungsleiters, die Minderheit vor einer Beeinträchtigung durch die Mehrheit zu schützen.[311] Eine ordnungsgemäße Versammlungsleitung sichert insgesamt die Wahrnehmung der Gesellschafterrechte.[312] Auch wenn ein Versammlungsleiter vorhanden ist, kann der einzelne Gesellschafter zudem durch einen Geschäftsordnungsantrag weiterhin Einfluss auf den Ablauf der Versammlung nehmen.[313]

Auch in praktischer Hinsicht ist ein Einstimmigkeitserfordernis nicht zielführend.[314] Denn unstreitig kann der Versammlungsleiter in der Satzung bestimmt werden. Für eine Satzungsänderung ist gem. § 53 Abs. 2 Satz 1 GmbHG eine Dreiviertelmehrheit erforderlich. Der Versammlungsleiter kann somit durch einen satzungsändernden Beschluss ohnehin mehrheitlich bestimmt werden.

---

306 OLG Frankfurt a.M., NZG 1999, 406; *Zöllner/Noack*, ZGR 1989, 525, 528; so auch noch Baumbach/Hueck/*Zöllner*, 17. Aufl. 2000, § 48 Rn. 8.

307 OLG Frankfurt a.M., NZG 1999, 406; *Zöllner/Noack*, ZGR 1989, 525, 528.

308 Für den Leiter der HV BGHZ 184, 239, 246 = NJW 2010, 1604; MK-AktG/*Kubis*, § 119 Rn. 122; MünchHdb-AG/*Semler*, § 36 Rn. 42, *Dietrich*, NZG 1998, 921, 923.

309 MK-AktG/*Kubis*, § 119 Rn. 122; *Dietrich*, NZG 1998, 921, 923.

310 *Hüffer*, § 53a Rn. 1; Henssler/Strohn/*Drescher*, § 243 AktG Rn. 25.

311 Für den Leiter der HV *Dietrich*, NZG 1998, 921, 923; *Stützle/Walgenbach*, ZHR 155 (1991), 516, 521 f.

312 Michalski/*Römermann*, § 48 Rn. 94.

313 OLG München, DB 2005, 1566.

314 So auch MK-GmbHG/*Liebscher*, § 48 Rn. 107.

Dass dafür eine Bekanntmachung in der Tagesordnung und die Eintragung der Satzungsänderung in das Handelsregister erforderlich sind, erhöht zwar den organisatorischen Aufwand, ändert aber nichts an der Möglichkeit, dass die Einsetzung eines Versammlungsleiters in diesem Fall durch Mehrheitsbeschluss bestimmt werden kann.

Zu Recht wird es deshalb ganz überwiegend für ausreichend erachtet, dass der Versammlungsleiter durch einen Geschäftsordnungsbeschluss in Form eines einfachen Mehrheitsbeschlusses in der Gesellschafterversammlung bestimmt wird.[315] Dies entspricht zum einen dem Grundsatz, dass in der GmbH zur Beschlussfassung nach § 47 Abs. 1 GmbHG die einfache Mehrheit erforderlich ist.[316] Zum anderen entspricht dies der allg.M. für den parallel gelagerten Fall im Aktienrecht. Auch dort ist zur Bestimmung des Versammlungsleiters ein ad hoc-Beschluss mit einfacher Mehrheit ausreichend.[317]

In der Praxis kann das einfache Mehrheitserfordernis zu der Situation führen, dass ein Mehrheitsgesellschafter mit seinen Stimmen eine von ihm instruierte Person oder sich selbst zum Versammlungsleiter wählt. Es stellt sich die Frage, ob in dieser Konstellation die Gefahr einer parteiischen Versammlungsleitung die Rechte von Minderheitsgesellschaftern nicht zu sehr gefährdet. Dabei muss man jedoch berücksichtigen, dass im Falle des Fehlens eines Versammlungsleiters die Gesellschafterversammlung in Geschäftsordnungsfragen durch Beschlussfassung mit einfacher Mehrheit entscheidet. Würde man also durch ein qualifiziertes Mehrheitserfordernis die Bestellung des Mehrheitsgesellschafters als Versammlungsleiter verhindern, wäre in der Sache nichts gewonnen, weil

---

315 BGH, NZG 2009, 1309; OLGR Celle 1998, 340; OLG München, GmbHR 2005, 624, 625; Lutter/Hommelhoff/*Bayer*, § 48 Rn. 15; Saenger/Inhester/*Bergjan*, § 48 Rn. 10; HK-GmbHR/*Fichtelmann*, § 48 Rn. 11; GK-GmbHG/*Hüffer*, § 48 Rn. 30; Ring/Grziwotz/*Krause*, § 48 Rn. 11; Bork/Schäfer/*Masuch*, § 48 Rn. 8; Meyer-Landrut/Miller/Niehus/*Meyer-Landrut*, § 48 Rn. 12; Michalski/*Römermann*, § 48 Rn. 94; Scholz/*K. Schmidt/Seibt*, § 48 Rn. 33; Gehrlein/Ekkenga/Simon/*Teichmann*, § 48 Rn. 17; BeckHdb-GmbH/*Fischer/Gerber*, § 4 Rn. 52; Henssler/Strohn/*Hillmann*, § 48 GmbHG Rn. 13; AnwHdb-GmbHR/*Römermann*, § 15 Rn. 91; *Vogel*, S. 144; *Böttcher/Grewe*, NZG 2002, 1086, 1089; *Haertlein*, FS Schwark (2009), S. 157 (174); *Werner*, GmbHR 2006, 127, 128; ebenso für die Leitung der Generalversammlung der GmbH in Österreich OGH, Urteil vom 16. 6. 2011, 6 Ob 99/11v; *Fantur*, FS Krejci (2001), S. 581 (587).

316 Michalski/*Römermann*, § 48 Rn. 93; *Böttcher/Grewe*, NZG 2002, 1086, 1089; *Werner*, GmbHR 2006, 127, 128.

317 MK-AktG/*Kubis*, § 119 Rn. 111; GK-AktG/*Mülbert*, Vor §§ 118–147 Rn. 77; Spindler/Stilz/*Wicke*, Anh. § 119 Rn. 3.

der Mehrheitsgesellschafter den Inhalt sämtlicher Geschäftsordnungsbeschlüsse ohnehin bestimmen kann.

c) Stimmverbote bei der Versammlungsleiterwahl

Die Gesellschafter treffen Entscheidungen typischerweise nicht allein mit Blick auf das Gesellschaftsinteresse, sondern lassen sich auch von privaten Sonderinteressen leiten.[318] Unproblematisch ist dies, wenn sich Gesellschaftsinteresse und Sonderinteresse des Gesellschafters decken. Es ist irrelevant, ob der Gesellschafter z.B. bei der Beschlussfassung über die Weisung des Geschäftsführers zum Abschluss eines für die Gesellschaft günstigen Geschäfts deshalb für den Antrag stimmt, weil er sich eine höhere Gewinnausschüttung verspricht, oder ob seine Entscheidung allein die Verbesserung der wirtschaftlichen Lage der Gesellschaft bezweckt. Doch auch für den Fall, dass das Gesellschaftsinteresse mit dem Sonderinteresse des Gesellschafters kollidiert, unterliegt der Gesellschafter bei der Abstimmung nicht zwingend einem Stimmverbot. Ein allgemeines Stimmverbot für jedweden Fall von Interessenkollisionen existiert nämlich nicht.[319] § 47 Abs. 4 GmbHG nennt aber vier Fälle, in denen es dem Gesellschafter untersagt ist, Einfluss auf die Willensbildung der Gesellschaft auszuüben.[320] In diesen Fällen muss man typischerweise davon ausgehen, dass der Gesellschafter seinen Sonderinteressen Vorrang vor dem Gesellschaftsinteresse einräumt. Durch das Stimmverbot wird also die Richtigkeit der Willensbildung in der Gesellschaft geschützt.[321] Ihm liegt das Verbot des Insichgeschäfts (§ 181 BGB) und der Rechtsgedanke zugrunde, dass niemand als Richter in eigener Sache tätig sein kann.[322]

Fraglich ist, ob ein Gesellschafter bei der Wahl des Versammlungsleiters einem sich aus § 47 Abs. 4 GmbHG ergebenden Stimmverbot unterliegen kann. Danach hat ein Gesellschafter kein Stimmrecht, wenn er durch die Beschlussfassung entlastet oder von einer Verbindlichkeit befreit werden soll (Satz 1) oder wenn die Beschlussfassung die Vornahme eines Rechtsgeschäfts oder die Einleitung oder Erledigung eines Rechtsstreits ihm gegenüber betrifft (Satz 2). Bei der Versammlungsleiterwahl ist keiner der beiden in Satz 1 genannten Fälle einschlägig. Weder wird ein Gesellschafter durch seine Wahl zum Versammlungsleiter entlastet, noch wird er dadurch von einer Verbindlichkeit befreit. Ebenso

318 MK-GmbHG/*Drescher*, § 47 Rn. 132.
319 *Lohr*, NZG 2002, 551.
320 MK-GmbHG/*Drescher*, § 47 Rn. 128.
321 MK-GmbHG/*Drescher*, § 47 Rn. 128.
322 BGH, NZG 2010, 1022, 1023; *Lohr*, NZG 2002, 551; einschränkend Baumbach/Hueck/*Zöllner*, § 47 Rn. 76.

wenig betrifft die Wahl des Versammlungsleiters die Einleitung oder Erledigung eines Rechtsstreits. Denkbar erscheint allein, dass § 47 Abs. 4 Satz 2 Alt. 1 GmbHG einschlägig ist. Denn die Beschlussfassung über die Einsetzung des Gesellschafters als Versammlungsleiter könnte die Vornahme eines Rechtsgeschäfts betreffen. Dann müsste die Bestellung eines Gesellschafters zum Versammlungsleiter die Vornahme eines Rechtsgeschäfts i.S.d. § 47 Abs. 4 Satz 2 Alt. 1 GmbHG sein. Ein Rechtsgeschäft „besteht aus einer oder mehreren Willenserklärungen, die allein oder in Verbindung mit anderen Tatbestandsmerkmalen eine Rechtsfolge herbeiführen, weil sie gewollt ist".[323] Durch die Wahl zum Versammlungsleiter steht der Gesellschafter zur Gesellschaft in einem Auftragsverhältnis. Der Begriff des Rechtsgeschäfts ist jedoch zu weit, so dass er innerhalb des § 47 Abs. 4 Satz 2 Alt. 1 GmbHG teleologisch reduziert werden muss.[324] Es muss der Zweck des Stimmverbots berücksichtigt werden, nämlich der Schutz des Gesellschaftsinteresses vor Sonderinteressen des Gesellschafters.[325] § 47 Abs. 4 Satz 2 Alt. 1 GmbH umfasst nicht solche Rechtsgeschäfte, die der Wahrnehmung der mitgliedschaftlichen Befugnisse des Gesellschafters dienen.[326] In diesen Fällen tritt der Gesellschafter der Gesellschaft gerade nicht als Dritter gegenüber.[327] Vielmehr verfolgt er mit seiner Stimmabgabe typischerweise mitgliedschaftliche Interessen, so dass gesellschaftsfremde Sonderinteressen nicht die Bildung des Gesellschaftswillens beeinträchtigen.[328] Durch die Wahl zum Versammlungsleiter vertritt der Gesellschafter typischerweise kein privates Sonderinteresse, sondern das Gesellschaftsinteresse an einer ordnungsgemäßen Arbeitsweise seiner Organe im Allgemeinen und einem ordnungsgemäßen Ablauf der Gesellschafterversammlung im Speziellen.

Diese Ansicht wird durch einen Vergleich mit der Wahl des Gesellschaftergeschäftsführers untermauert. Dabei unterliegt der Gesellschafter, über dessen Wahl zum Geschäftsführer Beschluss gefasst wird, keinem Stimmverbot.[329] Zwar unterscheidet sich die Wahl zum Geschäftsführer von der Wahl zum Versammlungsleiter insofern, als dass der Geschäftsführer im Gegensatz zum Versammlungsleiter Organqualität besitzt. Dies vermag eine unterschiedliche Be-

---

323 Palandt/*Ellenberger*, Überblick vor § 104 Rn. 2.

324 GK-GmbHG/*Hüffer*, § 47 Rn. 151; Baumbach/Hueck/*Zöllner*, § 47 Rn. 80; a.A. Saenger/Inhester/*Bergjan*, § 47 Rn. 29.

325 GK-GmbH/*Hüffer*, § 47 Rn. 152; *Zöllner*, Schranken, S. 231.

326 BGHZ 18, 205, 210 = NJW 1955, 1716; GK-GmbHG/*Hüffer*, § 47 Rn. 151.

327 BGHZ 51, 209, 215 f. = NJW 1969, 841; GK-GmbHG/*Hüffer*, § 47 Rn. 151.

328 GK-GmbH/*Hüffer*, § 47 Rn. 152; *Zöllner*, Schranken, S. 231.

329 BGHZ 18, 205, 210 = NJW 1955, 1716; BGHZ 51, 209, 215 f. = NJW 1969, 841; Saenger/Inhester/*Bergjan*, § 47 Rn. 29; GK-GmbHG/*Hüffer*, § 47 Rn. 151; Michalski/*Römermann*, § 47 Rn. 234, 245; *Wicke*, § 47 Rn. 19.

handlung allerdings nicht zu rechtfertigen. Denn ebenso wie es sich bei der Wahl des Geschäftsführers um ein innergesellschaftliches Rechtsgeschäft handelt, zu dem die Gesellschafter befugt sind, betrifft die Wahl zum Versammlungsleiter ein innergesellschaftliches Rechtsgeschäft. Weil es sich um eine Verfahrensentscheidung der Gesellschafterversammlung handelt, die nicht einmal Einfluss auf andere Gesellschaftsorgane hat, besteht kein Zweifel, dass es sich um ein sozialrechtliches Geschäft handelt. Die Wahl eines Gesellschafters zum Versammlungsleiter betrifft nicht die Vornahme eines Rechtsgeschäfts gegenüber einem Gesellschafter i.S.d. § 47 Abs. 4 Satz 2 Alt. 1 GmbHG. Der Gesellschafter, der zum Versammlungsleiter gewählt werden soll, unterliegt bei der Beschlussfassung darüber keinem Stimmverbot gem. § 47 Abs. 4 Satz 2 Alt. 1 GmbHG.

Allerdings gilt § 47 Abs. 4 GmbHG nicht allein für die Abstimmung über den Beschlussgegenstand, sondern bereits für Verfahrensentscheidungen, die Einfluss auf die spätere Beschlussfassung haben können.[330] Hat die Versammlungsleiterwahl bereits Einfluss auf spätere Beschlussfassungen, unterliegt der Gesellschafter also bereits bei der Versammlungsleiterwahl einem Stimmverbot, wenn er bezüglich einer oder mehrerer Beschlussgegenstände einem Stimmverbot unterliegt. Einfluss auf die spätere Beschlussfassung hat etwa die Absetzung eines Beschlussgegenstands von der Tagesordnung oder dessen Vertagung.[331] Soll also über die Absetzung oder die Vertagung beschlossen werden, darf der Gesellschafter bereits bei dieser Beschlussfassung nicht abstimmen, wenn er bezüglich des abzusetzenden oder zu vertagenden Beschlussgegenstandes einem Stimmverbot unterliegt. Dies leuchtet ein, weil bereits die Verfahrensentscheidung wie eine Entscheidung in der Sache wirkt.

Fraglich ist, ob auch die Wahl des Versammlungsleiters einen solchen Einfluss auf die Abstimmung über spätere Beschlussgegenstände haben kann. Dies müsste bejaht werden, wenn der Versammlungsleiter über die Vertagung oder Absetzung von Tagesordnungspunkten anstelle der Gesellschafterversammlung entscheiden könnte. Denn dann würde der in der Sache einem Stimmverbot unterliegende Gesellschafter durch seine Wahl zum Versammlungsleiter die Kompetenz erlangen, durch eine Verfahrensentscheidung, namentlich die Absetzung oder Vertagung eines Tagesordnungspunkts, Einfluss auf die spätere Sachentscheidung zu nehmen. Die Einsetzung eines Versammlungsleiters ändert jedoch nichts daran, dass die Kompetenz zur Absetzung und Vertagung von Tagesord-

330 BGH, NJW 1973, 1039, 1040; GK-GmbHG/*Hüffer*, § 47 Rn. 185; Michalski/*Römermann*, § 47 Rn. 171; Baumbach/Hueck/*Zöllner*, § 47 Rn. 102.

331 GK-GmbHG/*Hüffer*, § 47 Rn. 185; Michalski/*Römermann*, § 47 Rn. 171; Baumbach/Hueck/*Zöllner*, § 47 Rn. 102.

nungspunkten bei den Gesellschaftern liegt (vgl. C.III.4.e). Eine Ausweitung der Reichweite des Stimmverbots auf die Versammlungsleiterwahl lässt sich somit nicht mit einer möglichen Kompetenzverschiebung für die Absetzung und Vertagung von Tagesordnungspunkten begründen.

Auswirkungen auf die spätere Beschlussfassung könnte die Wahl des Versammlungsleiters insofern haben, als dass der Versammlungsleiter den späteren Beschluss vorläufig verbindlich feststellen kann. Er kann dann nur noch im Wege der Anfechtungsklage angegriffen werden. Im Rahmen der Beschlussfeststellung verfügt der Versammlungsleiter nicht nur über die Kompetenz, die Stimmen zu zählen, sondern er entscheidet zudem darüber, ob Stimmen wegen des Vorliegens eines Stimmverbots nicht berücksichtigt werden (vgl. dazu ausführlich D.V.1.). Damit eröffnen sich dem Versammlungsleiter Manipulationsmöglichkeiten.

Denkbar ist etwa folgendes Szenario: Ein Gesellschafter, dessen Ausschluss aus der Gesellschaft einer der bekannt gemachten Tagesordnungspunkte ist, wird unter Berücksichtigung seiner Stimmen zum Versammlungsleiter gewählt. Als es zur Beschlussfassung über seinen Ausschluss aus der Gesellschaft kommt, stimmt er trotz des Stimmverbots mit und entscheidet in seiner Funktion als Versammlungsleiter, dass seine Stimmen gültig sind. Dadurch erreicht der Beschlussantrag zum Ausschluss des Gesellschafters nicht das erforderliche Quorum. Ohne die Berücksichtigung seiner Stimmen wäre der Beschluss hingegen zustande gekommen, so dass er damit aus der Gesellschaft ausgeschlossen worden wäre.

Dieser Fall ist zwar denkbar, aber ungeeignet, um ein Stimmverbot für die Versammlungsleiterwahl zu konstruieren. Orientiert man sich an dem unstreitig vorliegenden Stimmverbot bei der Beschlussfassung über die Absetzung eines Tagesordnungspunkts, bezüglich dessen der Gesellschafter einem Stimmverbot unterliegt, wird der Unterschied deutlich: Unterläge der Gesellschafter nicht bereits bei der vorangehenden Verfahrensentscheidung einem Stimmverbot, könnte der Gesellschafter rechtmäßig mit seinen Stimmen dafür sorgen, den Tagesordnungspunkt abzusetzen. Das Stimmverbot führt in diesem Fall gerade dazu, dass eine Verfälschung des Gesellschaftsinteresses verhindert wird. Gibt der Gesellschafter nämlich trotz des Vorliegens eines Stimmverbots seine Stimmen ab, so sind diese nichtig.[332] Sofern die Nichtberücksichtigung der verbotswidrig abgegebenen Stimmen Auswirkungen auf die Beschlussfassung gehabt hätte, ist der Beschluss anfechtbar oder die tatsächliche Rechtslage durch Feststellungsklage überprüfbar.[333]

---

332 Allg.M., vgl. nur Baumbach/Hueck/*Zöllner*, § 47 Rn. 104.

333 Baumbach/Hueck/*Zöllner*, § 47 Rn. 104.

Anders ist die Situation hingegen bei der Verfahrensentscheidung über die Wahl des Versammlungsleiters. Da der Versammlungsleiter bei der Feststellung von Beschlussergebnissen kein Ermessen, sondern die gesetzlichen Regelungen in § 47 GmbHG einzuhalten hat,[334] ermöglicht die Wahl desjenigen Gesellschafters zum Versammlungsleiter, der bezüglich späteren Beschlussgegenständen einem Stimmverbot unterliegt, nicht die Berücksichtigung privater Sonderinteressen zulasten des Gesellschaftsinteresses, ohne dass sich der Versammlungsleiter zugleich rechtswidrig verhält. Im Beispielsfall wäre der Beschluss mit dem Inhalt, dass der Gesellschafter nicht aus der Gesellschaft ausgeschlossen wurde, darum anfechtbar (vgl. zur Anfechtbarkeit E.III.2.a).

Zudem sprechen auch praktische Erwägungen dafür, dass bei der Wahl des Versammlungsleiters ein Gesellschafter nicht deshalb einem Stimmverbot unterliegt, weil er bezüglich eines späteren Tagesordnungspunkts einem Stimmverbot unterliegt. Zum einen kann es Tagesordnungen geben, in denen jeder Gesellschafter bei einem oder mehreren Tagesordnungspunkten einem Stimmverbot unterliegt. Doch auch in Gesellschafterversammlungen, in denen nicht jeder Gesellschafter einem Stimmverbot unterliegt, hätte die Annahme eines Stimmverbots bereits bei der Versammlungsleiterwahl praktische Konsequenzen. Ob ein Stimmverbot bezüglich eines Tagesordnungspunkts vorliegt, wird in vielen Fällen nicht eindeutig zu beurteilen sein. Hätte das Vorliegen eines Stimmverbots bezüglich des Tagesordnungspunkts bereits Auswirkungen auf die Wahl des Versammlungsleiters, würden bereits zu diesem Zeitpunkt Diskussionen auftreten, die nicht nur zu einer Verzögerung der Gesellschafterversammlung führen, sondern zudem zu einem Verhärten der Fronten beitragen würden. Dem lässt sich zwar entgegenhalten, dass ein Streit über das Vorliegen von Stimmverboten ohnehin bei der späteren Sachabstimmung entstehen würde. Allerdings fehlt es bei einer Vorverlagerung auf die Versammlungsleiterwahl gerade an einem Versammlungsleiter, der durch die Ergreifung geeigneter Ordnungsmaßnahmen zur Deeskalation beitragen könnte.

Bei der Wahl zum Versammlungsleiter unterliegen die Gesellschafter keinem Stimmverbot. Dies gilt auch für solche Gesellschafter, die bei späteren Tagesordnungspunkten einem Stimmverbot unterliegen.[335]

334 BGH, NZG 2010, 1022, 1023.

335 A.A. *Haertlein*, FS Schwark (2009), S. 157 (178).

II. Beendigung des Amtes

1. Niederlegung durch den Versammlungsleiter

Der Versammlungsleiter kann unabhängig davon, ob er durch die Satzung, durch eine Regelung in der Geschäftsordnung der Gesellschafterversammlung oder durch Gesellschafterbeschluss in sein Amt gelangt ist, die Versammlungsleitung jederzeit niederlegen.[336] Die jederzeitige Möglichkeit zur Niederlegung der Versammlungsleitung bezieht sich allein auf die Wirksamkeit. Davon ist die Frage zu unterscheiden, ob der Versammlungsleiter durch die Amtsniederlegung seine Pflichten aus dem zugrunde liegenden Auftrag oder Geschäftsbesorgungsvertrag verletzt.

Liegt der Versammlungsleitung ein Auftrag zugrunde, kann der Versammlungsleiter diesen Auftrag grundsätzlich gem. § 671 Abs. 1 Halbsatz 2 BGB jederzeit kündigen. Er muss gem. § 671 Abs. 2 Satz 1 BGB allerdings dafür Sorge tragen, dass „der Auftraggeber für die Besorgung des Geschäfts anderweit Fürsorge treffen kann". Legt der Versammlungsleiter in der laufenden Versammlung sein Amt nieder, muss also sichergestellt sein, dass ein anderer Versammlungsteilnehmer für das Amt des Versammlungsleiters zur Verfügung steht. Auch wenn der Versammlungsleiter sein Amt zur Unzeit niederlegt, verletzt er seine Pflichten aus dem Auftrag gem. § 671 Abs. 2 Satz 1 BGB nicht, sofern ein wichtiger Grund für die Kündigung vorliegt. Ein wichtiger Grund liegt vor, wenn dem Versammlungsleiter „unter Berücksichtigung der Umstände des Einzelfalls und unter Abwägung der beiderseitigen Interessen die Fortsetzung des Vertragsverhältnisses nicht zugemutet werden kann".[337] In Betracht kommt etwa eine plötzliche Erkrankung des Versammlungsleiters.[338]

Gleiches gilt für den Versammlungsleiter, dessen Bestellung ein entgeltlicher Geschäftsbesorgungsvertrag gem. § 675 BGB zugrunde liegt. Eine jederzeitige Kündigungsmöglichkeit ergibt sich in diesem Fall zwar nicht aus § 671 Abs. 1 BGB, weil dieser nicht analog anwendbar ist.[339] § 675 Abs. 1 BGB verweist nämlich gerade nicht auf § 671 Abs. 1 BGB. Die Kündigungsmöglichkeiten richten sich vielmehr nach Dienstvertragsrecht, also nach den §§ 620 ff.

---

336 Für die GmbH Lutter/Hommelhoff/*Bayer*, § 48 Rn. 15; Scholz/*K. Schmidt/Seibt*, § 48 Rn. 34; Gehrlein/Ekkenga/Simon/*Teichmann*, § 48 Rn. 17; für die AG Hölters/*Drinhausen*, Anh. § 129 Rn. 3; NK-AktG/*Heidel*, Vor §§ 129-132 Rn. 10; MK-AktG/*Kubis*, § 119 Rn. 120; Spindler/Stilz/*Wicke*, Anh. § 119 Rn. 4.

337 MK-BGB/*Seiler*, § 671 Rn. 14.

338 Erman/*Berger*, § 671 Rn. 5; MK-BGB/*Seiler*, § 671 Rn. 14.

339 MK-BGB/*Heermann*, § 675 Rn. 25.

BGB.[340] Gem. § 621 Nr. 5 BGB kann ein Dienstverhältnis, dessen Vergütung nicht nach Zeitabschnitten bemessen ist, jederzeit gekündigt werden. Für diesen Fall bestimmt § 675 Abs. 1 Halbsatz 2 BGB, dass die Vorschrift des § 671 Abs. 2 BGB Anwendung findet. Liegt also kein wichtiger Grund für eine Kündigung zur Unzeit vor, handelt der Versammlungsleiter unabhängig von der Art des der Versammlungsleitung zugrunde liegenden Vertrags pflichtwidrig.[341]

Legt der Versammlungsleiter sein Amt nieder, ist die Position des Versammlungsleiters unbesetzt. Enthält die Satzung oder die Geschäftsordnung eine Regelung über die Niederlegung des Amtes durch den bisherigen Versammlungsleiter, so ist die angeordnete Rechtsfolge maßgeblich. Ist eine solche Regelung nicht vorhanden, steht es den Gesellschaftern frei, ob sie die Gesellschafterversammlung ohne Versammlungsleiter durch- bzw. weiterführen oder einen neuen Versammlungsleiter wählen.

2. Verhinderung des Versammlungsleiters

Das Nichterscheinen zur Gesellschafterversammlung ist keine Amtsniederlegung. Das unentschuldigte Nichterscheinen des Versammlungsleiters stellt jedoch einen wichtigen Grund für seine Abberufung dar.[342] Fehlt der Versammlungsleiter entschuldigt, ist nach der Art seiner Berufung zu differenzieren. Wurde der Versammlungsleiter durch Gesellschafterbeschluss bestimmt, können die Gesellschafter durch Beschluss entscheiden, ob sie ihn abberufen, einen Stellvertreter bestimmen oder die Versammlung ohne Versammlungsleiter durchführen. Wurde der Versammlungsleiter hingegen statutarisch bestimmt, greift zunächst einmal die Satzungsregelung. Bestimmt sie einen Stellvertreter, übernimmt der die Versammlungsleitung. Schweigt sie hingegen über seine Vertretung, können die Gesellschafter ad hoc einen kommissarischen Versammlungsleiter bestellen, weil die Anordnung in der Satzung, dass die Gesellschafterversammlung durch einen Versammlungsleiter geleitet werden soll, dahingehend auszulegen ist, dass im Falle der Verhinderung des eigentlich bestimmten Versammlungsleiters eine andere Person die Versammlungsleitung übernehmen soll.

---

340 Erman/*Berger*, § 675 Rn. 22; MK-BGB/*Heermann*, § 675 Rn. 25.

341 So im Ergebnis für den Versammlungsleiter der HV auch NK-AktG/*Heidel*, Vor §§ 129-132 Rn. 10; GK-AktG/*Mülbert*, Vor §§ 118-147 Rn. 84, ohne auf die Unzeit abzustellen.

342 MK-AktG/*Kubis*, § 118 Rn. 106.

3. Abberufung durch die Gesellschafterversammlung

a) Grundsätzliches

Praktisch bedeutsamer als die Amtsniederlegung durch den Versammlungsleiter ist die Frage nach der Möglichkeit der Abberufung des Versammlungsleiters durch die Gesellschafterversammlung. Solange ein Versammlungsleiter grundsätzlich zur Verfügung steht, kann die Gesellschafterversammlung keinen neuen Versammlungsleiter bestellen.[343] Vor der Wahl eines neuen Versammlungsleiters steht also zunächst die Abberufung des alten Versammlungsleiters. Dabei muss zwischen der Abberufung des Versammlungsleiters, der bereits durch die Satzung oder Geschäftsordnung bestimmt ist, und desjenigen, dem erst durch einen Gesellschafterbeschluss in der Gesellschafterversammlung die Versammlungsleitung übertragen worden ist, unterschieden werden. Den folgenden Überlegungen liegen dabei stets Sachverhalte zugrunde, in denen Satzung und Geschäftsordnung keine Regelungen zur Abberufung des Versammlungsleiters enthalten. Wären entsprechende Satzungs- oder Geschäftsordnungsregelungen vorhanden, würde sich danach das Verfahren der Abberufung bestimmen.

b) Die Abberufung des durch Mehrheitsbeschluss gewählten Versammlungsleiters

Der durch Mehrheitsbeschluss in der Gesellschafterversammlung gewählte Versammlungsleiter kann durch Mehrheitsbeschluss wieder abberufen werden.[344] Sieht die Satzung keine qualifizierte Mehrheit für die Aufhebung von Beschlüssen vor, ist dafür gem. § 47 Abs. 1 GmbHG die einfache Mehrheit ausreichend. Nicht möglich ist es, im Bestellungsbeschluss für die Abwahl des Versammlungsleiters ein qualifiziertes Mehrheitserfordernis aufzustellen. Zwar kann vom Grundsatz der einfachen Stimmenmehrheit abgewichen werden, allerdings erfordert dies gem. § 45 Abs. 2 GmbHG eine Bestimmung in der Satzung.[345] Denn gem. § 47 Abs. 1 GmbHG gilt in Ermangelung abweichender Satzungsbestimmungen der Grundsatz der einfachen Stimmenmehrheit. Ein Beschluss, in dem für den Abberufungsbeschluss des Versammlungsleiters ein an-

---

343 GK-AktG/*Mülbert*, Vor §§ 118-147 Rn. 79.

344 Für die GmbH MK-GmbHG/*Liebscher*, § 48 Rn. 8; Michalski/*Römermann*, § 48 Rn. 99; *Eickhoff*, Rn. 246; Semler/Volhard/Reichert/*Fischer/Pickert*, § 9 Rn. 17; *Vogel*, S. 144; MünchHdb-GmbH/*Wolff*, § 39 Rn. 72; *Böttcher/Grewe*, NZG 2002, 1086, 1088; wohl auch GK-GmbHG/*Hüffer*, § 48 Rn. 31; für die AG Hölters/*Drinhausen*, Anh. § 129 Rn. 4; MK-AktG/*Kubis*, § 119 Rn. 119; *Butzke*, ZIP 2005, 1164, 1165; *Ihrig*, FS Goette (2011), S. 205 (217).

345 BGH, NJW-RR 1990, 99.

deres Mehrheitserfordernis aufgestellt wird, verstieße deshalb gegen Gesetz oder Satzung.

Str. ist allerdings, ob die Abberufung jederzeit möglich[346] oder vom Vorliegen eines wichtigen Grundes[347] abhängig ist. Das Erfordernis eines wichtigen Grundes wird damit begründet, dass der Versammlungsleiter sonst aus sachfremden Überlegungen abgewählt werden könnte.[348] Ein solches Erfordernis lässt sich allerdings dogmatisch nicht begründen. Bei der Abberufung des Versammlungsleiters handelt es sich um den *actus contrarius* der Bestellung,[349] so dass das Verfahren der Abberufung dem Verfahren der Bestellung entspricht.[350] Darum kann der Versammlungsleiter jederzeit durch einfachen Mehrheitsbeschluss seines Amtes enthoben werden, ohne dass es eines wichtigen Grundes bedarf.[351] Das Mandat des in der Gesellschafterversammlung bestimmten Versammlungsleiters ist folglich sehr schwach. Es steht zu befürchten, dass der Versammlungsleiter von seinen Kompetenzen, bei dem ihm ein Ermessensspielraum zusteht, nur sehr begrenzt Gebrauch machen wird, weil er befürchten muss, durch einen einfachen Gesellschafterbeschluss seines Amtes enthoben zu werden, ohne dass es einer sachlichen Rechtfertigung bedarf.

c) Die Abberufung des durch die Geschäftsordnung bestimmten Versammlungsleiters

Da die Geschäftsordnung der Gesellschafterversammlung außerhalb der Satzung steht, hat sie für die Gesellschafterversammlung keine bindende Wir-

---

346 Für die GmbH MK-GmbHG/*Liebscher*, § 48 Rn. 8; Michalski/*Römermann*, § 48 Rn. 99; *Eickhoff*, Rn. 246; Semler/Volhard/Reichert/*Fischer/Pickert*, § 9 Rn. 17; MünchHdb-GmbH/*Wolff*, § 39 Rn. 72; *Böttcher/Grewe*, NZG 2002, 1086, 1088; wohl auch GK-GmbHG/*Hüffer*, § 48 Rn. 31; für die AG Hölters/*Drinhausen*, Anh. § 129 Rn. 4; MK-AktG/*Kubis*, § 119 Rn. 119; *Martens*, S. 47; *Butzke*, ZIP 2005, 1164, 1165; *Ihrig*, FS Goette (2011), S. 205 (217); *Kuhnt*, FS Lieberknecht (1997), S. 45 (58 f.).

347 Für die AG KK-AktG/*Zöllner*, § 119 Rn. 48; *Martens*, S. 47; *Kuhnt*, FS Lieberknecht (1997), S. 45 (58 f.).

348 Für die AG *Kuhnt*, FS Lieberknecht (1997), S. 45 (58 f.).

349 *Wilsing/von der Linden*, ZIP 2010, 2321, 2328.

350 Semler/Volhard/Reichert/*Fischer/Pickert*, § 9 Rn. 16; MünchHdb-AG/*Semler*, § 36 Rn. 38.

351 Dies bejahend für die GmbH MK-GmbHG/*Liebscher*, § 48 Rn. 8; Michalski/*Römermann*, § 48 Rn. 99; *Eickhoff*, Rn. 246; Semler/Volhard/Reichert/*Fischer/Pickert*, § 9 Rn. 17; MünchHdb-GmbH/*Wolff*, § 39 Rn. 72; *Böttcher/Grewe*, NZG 2002, 1086, 1088; wohl auch GK-GmbHG/*Hüffer*, § 48 Rn. 31; für die AG Hölters/*Drinhausen*, Anh. § 129 Rn. 4; MK-AktG/*Kubis*, § 119 Rn. 119; *Butzke*, ZIP 2005, 1164, 1165; *Ihrig*, FS Goette (2011), S. 205 (217).

kung.[352] Sie kann also jederzeit durch einfachen Gesellschafterbeschluss in der laufenden Gesellschafterversammlung geändert werden.[353] Da Regelungen der Geschäftsordnung stets Verfahrensfragen betreffen, müssen Änderungen dieser Regelungen nicht in der Tagesordnung bekannt gemacht werden (vgl. dazu auch C.I.7.a).[354] Für den Versammlungsleiter bedeutet dies, dass ihm die Bestellung in der Geschäftsordnung ein ebenso schwaches Mandat verschafft wie die Bestellung durch einen ad hoc gefassten Gesellschafterbeschluss. Er kann somit jederzeit durch einen mit einfacher Mehrheit gefassten Beschluss abberufen werden, ohne dass dies vom Vorliegen eines sachlichen Grundes abhängig ist.

d) Die Abberufung des statutarisch bestimmten Versammlungsleiters

aa) Die Abberufung durch Satzungsänderung

Ordnet die Satzung an, dass die Gesellschafterversammlung durch einen Versammlungsleiter geleitet werden muss, und bestimmt zugleich, wer der Versammlungsleiter ist, ohne dessen Abwahl zu regeln, kann sich die Gesellschafterversammlung über diese Satzungsbestimmung nicht durch Beschlussfassung mit einfacher Mehrheit hinwegsetzen. Andererseits ist die Satzung nicht unabänderlich. Dies ist die zentrale Aussage des § 53 Abs. 1 GmbHG.[355] Die Satzung kann durch einen Gesellschafterbeschluss, der gem. § 53 Abs. 2 Satz 1 GmbHG mit einer Dreiviertelmehrheit gefasst werden muss, geändert werden. Der Beschluss muss zudem notariell beurkundet werden. Wirksam wird die Satzungsänderung erst mit der gem. § 54 Abs. 3 GmbHG konstitutiven Eintragung. Soll die Satzung geändert werden, muss dies bei der Einladung zur Gesellschafterversammlung gem. § 51 Abs. 2 GmbHG angekündigt werden.[356]

Besteht hinsichtlich der Abberufung des Versammlungsleiters keine Eile, etwa weil der statutarisch bestimmte Versammlungsleiter bereits im Vorfeld der Gesellschafterversammlung angekündigt hat, dass er nach der Gesellschafterversammlung nicht mehr zur Verfügung stehen wird, bereitet das Verfahren zur Änderung der Satzung keine Probleme. Dann kann bereits in der Einladung zur Gesellschafterversammlung angekündigt werden, dass wegen des baldigen Ausscheidens des Versammlungsleiters eine Änderung der Satzung notwendig ist, und der Notar zu der Gesellschafterversammlung hinzugezogen werden. Gleiches gilt, wenn der Versammlungsleiter zwar nicht aus eigenem Willen sein Amt niederlegt, sondern die Gesellschafter einen Austausch des Versammlungs-

---

352 Michalski/*Römermann*, § 48 Rn. 90; Scholz/*K. Schmidt/Seibt*, § 48 Rn. 30.

353 Michalski/*Römermann*, § 48 Rn. 90.

354 *Seeling/Zwickel*, DStR 2009, 1097, 1100.

355 Michalski/*Hoffmann*, § 53 Rn. 2.

356 Lutter/Hommelhoff/*Bayer*, § 53 Rn. 10.

leiters für zweckmäßig erachten, der amtierende Versammlungsleiter sich jedoch stets pflichtgemäß verhalten hat und die Satzungsänderung deshalb nicht eilt.

Soll der Versammlungsleiter jedoch abberufen werden, weil er pflichtvergessen seinen Aufgaben nicht ordnungsgemäß nachkommt, ist es der Gesellschafterversammlung nicht zuzumuten, die Leitung der laufenden Gesellschafterversammlung in seinen Händen zu belassen. Es stellt sich darum die Frage, ob eine Möglichkeit besteht, den durch die Satzung bestimmten Leiter der Gesellschafterversammlung in der laufenden Gesellschafterversammlung mit sofortiger Wirkung abzuberufen. Teilweise wird dies verneint.[357] Für den im Aktienrecht parallel liegenden Fall des pflichtvergessenen Hauptversammlungsleiters wird ebenfalls vereinzelt vertreten, dass eine ad hoc-Abwahl des satzungsmäßigen Versammlungsleiters durch die Hauptversammlung nicht in Frage kommt.[358] Vielmehr sei dies allein im Wege der Satzungsänderung – unter Einhaltung der notwendigen Formalien – möglich. Zur Beanstandung pflichtwidrigen Verhaltens des Versammlungsleiters stünden den Aktionären die Beschlussmängelklagen zur Verfügung.[359]

bb) Die Abberufung durch Geschäftsordnungsbeschluss

Überwiegend wird der Hauptversammlung aber eine Abberufungsmöglichkeit zugebilligt, ohne dass es dafür einer förmlichen Satzungsänderung bedarf.[360] Sofern eine Abberufungsmöglichkeit des Versammlungsleiters durch die Hauptversammlung besteht, besteht diese Abberufungsmöglichkeit auch für den parallelen Fall der Gesellschafterversammlung der GmbH.

Dass die Fälle parallel liegen, erkennt man bereits daran, dass die aktienrechtliche Literatur die Abberufungsmöglichkeit teilweise mit dem im GmbH-Recht entwickelten Institut der Satzungsdurchbrechung begründet.[361] Sofern die Begründung für den Hauptversammlungsleiter trägt, wird sie also erst recht beim Gesellschafterversammlungsleiter tragen. Bei einer Satzungsdurchbre-

---

357 GK-GmbHG/*Hüffer*, § 48 Rn. 31.

358 *Ihrig*, FS Goette (2011), S. 205 (217); *Krieger*, AG 2006, 355; *Wilsing/von der Linden*, ZIP 2010, 2321, 2327.

359 *Ihrig*, FS Goette (2011), S. 205 (217); *Wilsing/von der Linden*, ZIP 2010, 2321, 2328.

360 OLG Bremen, AG 2010, 256 LS 1; LG Köln, AG 2005, 696, 701; Hölters/*Drinhausen*, Anh. § 129 Rn. 5; MK-AktG/*Kubis*, § 119 Rn. 112; GK-AktG/*Mülbert*, Vor §§ 118-147 Rn. 83; Spindler/Stilz/*Wicke*, Anh. § 119 Rn. 4; Semler/Volhard/Reichert/*Fischer/Pickert*, § 9 Rn. 23; *Butzke*, ZIP 2005, 1164, 1166; *von Falkenhausen/Kocher*, BB 2005, 1068, 1069; *Martens*, WM 1981, 1010, 1015; *Max*, AG 1991, 77, 86; *Rose*, NZG 2007, 241, 243.

361 *Martens*, S. 47 f.; *Kuhnt*, FS Lieberknecht (1997), S. 45 (60 ff.).

chung handelt es sich um einen Beschluss, der im Widerspruch zur Satzung steht, ohne Satzungsänderung zu sein.[362] Es wird diskutiert, ob satzungsdurchbrechende Beschlüsse erleichterten Wirksamkeitsvoraussetzungen unterliegen.[363] Dabei ist zwischen punktuellen und zustandsbegründenden Satzungsdurchbrechungen zu unterscheiden: Während erstere sich lediglich auf einen Einzelfall beschränken, handelt es sich bei der zweiten Kategorie um solche Satzungsdurchbrechungen, die einen Zustand von zumindest einiger Dauer begründen, der nicht mit der Satzung vereinbar ist.[364] Zustandsbegründende Satzungsdurchbrechungen sind nur wirksam, wenn die formellen Voraussetzungen der §§ 53 f. GmbHG vorliegen.[365] Bei punktuellen Satzungsdurchbrechungen ist es hingegen str., ob auf das Erfordernis der Registereintragung verzichtet werden kann.[366] In jedem Fall müsste aber die Abberufung des Versammlungsleiters in der Tagesordnung bekannt gemacht[367] und die Beschlussfassung notariell beurkundet werden[368]. An der Ankündigung fehlt es aber typischerweise, wenn der Versammlungsleiter sich in der Versammlung erstmals pflichtwidrig verhält. Liegt eine Vollversammlung vor, kann zwar auf die Ankündigung der Abberufung verzichtet werden. Allerdings wird es dann zumeist an der Anwesenheit eines Notars scheitern. Das Institut der Satzungsdurchbrechung taugt zur Herleitung einer Abberufungsmöglichkeit weder durch die Haupt- noch durch die Gesellschafterversammlung.[369]

Zur dogmatischen Begründung könnte man aber auf allgemeines verbandsrechtliches Gewohnheitsrecht zurückgreifen.[370] Danach benötigt jede Mitgliederversammlung eine „verfahrensmäßige Leitung".[371] Dieses verbandsrechtliche Institut steht nicht außerhalb der Satzung, sondern muss bei deren Auslegung berücksichtigt werden.[372] Die Satzung ist objektiv auszulegen.[373] Neben dem

362 Michalski/*Hoffmann*, § 53 Rn. 35.

363 Michalski/*Hoffmann*, § 53 Rn. 35.

364 BGHZ 123, 15, 19 = NJW 1993, 2246; MK-GmbHG/*Harbarth*, § 53 Rn. 48; Michalski/*Hoffmann*, § 53 Rn. 35.

365 BGHZ 123, 15, 19 = NJW 1993, 2246; MK-GmbHG/*Harbarth*, § 53 Rn. 49; Michalski/*Hoffmann*, § 53 Rn. 37.

366 Dafür MK-GmbHG/*Harbarth*, § 53 Rn. 51; Scholz/*Priester/Veil*, § 53 Rn. 30a; dagegen Michalski/*Hoffmann*, § 53 Rn. 36.

367 Scholz/*Priester/Veil*, § 53 Rn. 30a.

368 *Rose*, NZG 2007, 241, 242.

369 Für die HV *Rose*, NZG 2007, 241, 242.

370 MK-AktG/*Kubis*, § 119 Rn. 121; *Rose*, NZG 2007, 241, 242.

371 MK-AktG/*Kubis*, § 119 Rn. 121; *Rose*, NZG 2007, 241, 243.

372 Im Ergebnis trotz der Differenzierung zwischen Auslegung und Gewohnheitsrecht auch *Rose*, NZG 2007, 241, 243.

Wortlaut sind auch Sinn und Zweck und Systematik der Satzungsklausel zu berücksichtigen.[374] Zwar lässt sich das Fehlen einer Regelung zur Abberufung des Versammlungsleiters isoliert betrachtet auch in die Richtung deuten, dass sie durch die Bestimmung des Versammlungsleiters gerade verhindern will, dass der Versammlungsleiter anders als durch eine förmliche Satzungsänderung abberufen wird.[375] Eine Satzungsregelung über die Vertretung des Versammlungsleiters spricht zudem dafür, dass die Wahl des Versammlungsleiters in der Versammlung vermieden werden soll, und deshalb liegt es nahe, dass auch die Kompetenz zur Abberufung des Versammlungsleiters nicht bei der Versammlung verbleiben soll.[376]

Verstünde man dies jedoch schrankenlos, würde man bei der Auslegung gerade nicht das gewohnheitsrechtliche Prinzip berücksichtigen, dass jede Mitgliederversammlung einer verfahrensmäßigen Leitung bedarf. Berücksichtigt man hingegen dieses Prinzip, kommt zwar grundsätzlich eine Abberufung durch die Mitgliederversammlung nicht in Betracht. In Ausnahmefällen, in denen die verfahrensmäßige Leitung nicht mehr sichergestellt und ein Festhalten am statutarischen Versammlungsleiter unzumutbar ist, will die Satzung der Gesellschafterversammlung die Abberufung aber nicht verweigern. Im Ergebnis ergibt sich die Möglichkeit, den statutarischen Versammlungsleiter aus wichtigem Grund abzuberufen, somit durch die Auslegung der Satzung.[377]

Soll demgegenüber sichergestellt sein, dass der Versammlungsleiter allein durch Satzungsänderung abberufen werden kann, muss dies ausdrücklich in der Satzung festgehalten werden.[378] Eine solche Satzungsregelung wäre auch nicht gem. §§ 138, 242 BGB unwirksam,[379] da Aktionären und Gesellschaftern dann noch die Beschlussmängelklagen zur Verfügung stehen, um sich gegen rechtswidrige Maßnahmen des Versammlungsleiters zur Wehr zu setzen.

Ungeklärt ist allerdings, welche Voraussetzungen vorliegen müssen, damit die Gesellschafterversammlung den statutarisch bestellten Versammlungsleiter wirksam abberufen kann. Die erforderlichen Voraussetzungen ergeben sich ebenfalls durch die Auslegung der Satzung. Sinn und Zweck der Bestimmung

---

373 *Grunewald*, 2.A. Rn. 16.

374 BGHZ 123, 347, 350 = NJW 1994, 51.

375 *Rose*, NZG 2007, 241, 242.

376 *Butzke*, ZIP 2005, 1164, 1165.

377 NK-AktG/*Heidel*, Vor §§ 129-132 Rn. 10; GK-AktG/*Mülbert*, Vor §§ 118-147 Rn. 83; Semler/Volhard/Reichert/*Fischer/Pickert*, § 9 Rn. 26; *von Falkenhausen/Kocher*, BB 2005, 1068, 1069.

378 So im Umkehrschluss Semler/Volhard/Reichert/*Fischer/Pickert*, § 9 Rn. 26.

379 A.A. LG Frankfurt a.M., AG 2005, 892, 894; GK-AktG/*Mülbert*, Vor §§ 118-147 Rn. 83; *Butzke*, ZIP 2005, 1164, 1166.

des Versammlungsleiters ist es, den ordnungsgemäßen Ablauf der Gesellschafterversammlung sicherzustellen. Indem die Satzung die Frage nach der Versammlungsleitung außer Streit stellt, soll zudem verhindert werden, dass die Gesellschafterversammlung Fragen ihrer Geschäftsordnung selber regelt. Schon daraus ergibt sich, dass eine jederzeitige Abberufungsmöglichkeit des Versammlungsleiters ohne sachliche Rechtfertigung nicht in Betracht kommt. Daran ändert es auch nichts, wenn der Abberufungsbeschluss einstimmig gefasst wird.[380] Denn auch ein einstimmig gefasster Gesellschafterbeschluss darf nicht gegen die Satzung verstoßen.[381] Vielmehr ist der h.M. im aktienrechtlichen Schrifttum zuzustimmen, wonach die Abberufung des Versammlungsleiters nur bei Vorliegen eines wichtigen Grundes möglich ist.[382] Auch der BGH merkt in einer zur GmbH ergangenen Entscheidung an, dass der Versammlungsleiter aus wichtigem Grund abberufen werden kann, wenn er sein Amt nicht ordnungsgemäß ausübt, ohne allerdings Aussagen darüber zu treffen, wann ein wichtiger Grund vorliegt.[383]

Für die Beantwortung dieser Frage ist darauf abzustellen, ob die ordnungsgemäße Versammlungsleitung sichergestellt ist. Man wird verlangen müssen, dass der wichtige Grund in Zusammenhang mit der Versammlungsleitung steht und es sich um eine gravierende Verfehlung handelt.[384] Dies ist etwa der Fall, wenn der Versammlungsleiter unentschuldigt der Versammlung fernbleibt.[385] Die Nichtberücksichtigung eindeutig keinem Stimmverbot unterliegender Stimmen und die vorsätzlich falsche Beschlussfeststellung sind als grob pflichtwidriges Verhalten ebenfalls ein wichtiger Grund.[386] Ob ein wichtiger Grund vorliegt, ist Rechtsfrage und somit gerichtlich voll überprüfbar.[387] Der als Versammlungsleiter Abberufene kann im Wege der Feststellungsklage gem. § 256 Abs. 1

380 So aber KK-AktG/*Zöllner*, § 119 Rn. 48; *Martens*, WM 1981, 1010, 1015; *Max*, AG 1991, 77, 86.

381 *von Falkenhausen/Kocher*, BB 2005, 1068, 1069.

382 NK-AktG/*Heidel*, Vor §§ 129-132 Rn. 10; MK-AktG/*Kubis*, § 119 Rn. 112; GK-AktG/*Mülbert*, Vor §§ 118-147 Rn. 83; Spindler/Stilz/*Wicke*, Anh. § 119 Rn. 4.

383 BGH, NZG 2010, 1022, 1023.

384 *von Falkenhausen/Kocher*, BB 2005, 1068, 1069.

385 MK-AktG/*Kubis*, § 118 Rn. 106.

386 GK-AktG/*Mülbert*, Vor §§ 118-147 Rn. 83; Spindler/Stilz/*Wicke*, Anh. § 119 Rn. 4; so auch *Wilsing/von der Linden*, ZIP 2010, 2321, 2329, die eine Abberufungsmöglichkeit aus wichtigem Grund aber ablehnen.

387 *Butzke*, ZIP 2005, 1164, 1167; *Wilsing/von der Linden*, ZIP 2010, 2321, 2328.

ZPO die Wirksamkeit des Abberufungsbeschlusses und auf diesem Wege das Vorliegen eines wichtigen Grundes überprüfen lassen.[388]

Ungeklärt ist auch, welche Mehrheit erforderlich ist, um den statutarisch bestimmten Versammlungsleiter aus wichtigem Grund durch einen Geschäftsordnungsbeschluss abberufen zu können. Das Meinungsspektrum im Aktienrecht umfasst dabei die einfache Mehrheit,[389] die Dreiviertelmehrheit[390] und die Einstimmigkeit[391]. Zur Bestimmung der erforderlichen Mehrheit ist erneut auf den Sinn und Zweck der Bestimmung des Versammlungsleiters in der Satzung abzustellen. Weil dadurch der Versammlungsleiter mit einem starken Mandat ausgestattet werden soll, reicht die Beschlussfassung mit einfacher Mehrheit nicht aus. Wer pauschal auf das Prinzip der einfachen Stimmenmehrheit abstellt, weil weder Satzungsänderung noch Satzungsdurchbrechung vorliegt,[392] verkennt, dass die Satzung der Gesellschafterversammlung die Kompetenz zur Regelung der Geschäftsordnung grundsätzlich entzogen und auf den Versammlungsleiter übertragen hat. Allein in Ausnahmefällen soll es der Gesellschafterversammlung möglich sein, den Versammlungsleiter in der laufenden Versammlung abzuberufen. Liegt ein solcher Ausnahmefall nicht vor, kann der Versammlungsleiter nur im Wege der förmlichen Satzungsänderung abberufen werden. Der satzungsändernde Beschluss bedarf gem. § 53 Abs. 2 Satz 1 GmbHG einer Dreiviertelmehrheit. Dann aber kann für den Beschluss für den Ausnahmefall keine geringere Mehrheit erforderlich sein als für den Beschluss im regulären Verfahren. Der Beschluss über die Abberufung des statutarisch bestimmten Versammlungsleiters aus wichtigem Grund kann nicht mit einfacher Stimmenmehrheit gefasst werden.

Andererseits entspricht ein Einstimmigkeitserfordernis ebenso wenig Sinn und Zweck der Bestellung des Versammlungsleiters durch die Satzung wie ein einfaches Mehrheitserfordernis. In der Praxis wird Einstimmigkeit oftmals gar nicht zu erzielen sein. Schon deshalb steht ein Einstimmigkeitserfordernis im Widerspruch zum gewohnheitsrechtlichen Prinzip, nach dem jede Versammlung einer verfahrensmäßigen Leitung bedarf.

---

388 BGHZ 15, 177, 181 = NJW 1955, 178; Michalski/*Ebbing*, § 14 Rn. 91; GK-GmbHG/*Raiser*, § 14 Rn. 33; Scholz/*Seibt*, § 14 Rn. 28.

389 Hölters/*Drinhausen*, Anh. § 129 Rn. 5; NK-AktG/*Heidel*, Vor §§ 129-132 Rn. 11; GK-AktG/*Mülbert*, Vor §§ 118-147 Rn. 83; *von Falkenhausen/Kocher*, BB 2005, 1068, 1069; *Rose*, NZG 2007, 241, 244.

390 MK-AktG/*Kubis*, § 119 Rn. 112; Spindler/Stilz/*Wicke*, Anh. § 119 Rn. 4.

391 KK-AktG/*Zöllner*, § 119 Rn. 48; *Martens*, WM 1981, 1010, 1015; *Max*, AG 1991, 77, 86.

392 So *Rose*, NZG 2007, 241, 244.

Vielmehr benötigt der ad hoc-Beschluss zur Abwahl des durch die Satzung bestimmten Versammlungsleiters eine Dreiviertelmehrheit.[393] Damit entspricht das Mehrheitserfordernis des ad hoc-Beschlusses demjenigen des satzungsändernden Beschlusses. Die Abberufung kommt nur in Frage, wenn ein wichtiger Grund vorliegt. Weil das Vorliegen eines wichtigen Grundes Rechtsfrage ist und in der laufenden Versammlung dessen Vorliegen nicht abschließend geklärt werden kann, wird es oftmals von der Überzeugungskraft des Gesellschafters abhängen, der den Antrag auf Abberufung stellt, ob der Antrag die erforderliche Mehrheit erreicht. Deshalb erscheint es sachgerecht, dass zumindest eine solche Mehrheit für die Abberufung des Versammlungsleiters stimmt, die erforderlich wäre, wenn kein wichtiger Grund vorläge und der Versammlungsleiter im Wege der Satzungsänderung abberufen werden würde.

cc) Die Abberufung durch Entzug des Sonderrechts

Soll ein Gesellschafter, dem die Satzung ein Sonderrecht zur Versammlungsleitung zuweist, als Versammlungsleiter abberufen werden, ist dafür eine Satzungsänderung notwendig. Allerdings bestimmt § 35 BGB, dass Sonderrechte nicht ohne Zustimmung des Berechtigten beeinträchtigt werden dürfen. Neben den Erfordernissen der §§ 53 f. GmbHG ist deshalb grundsätzlich die Zustimmung des Versammlungsleiters notwendig, da ihm das Sonderrecht durch die Abberufung entzogen wird.[394] Solange sich der Versammlungsleiter pflichtgemäß verhält, verleiht ihm das Sonderrecht zur Versammlungsleitung ein überaus starkes Mandat.

Liegt hingegen ein wichtiger Grund vor, so ist die Abberufung auch ohne die Zustimmung des Versammlungsleiters möglich.[395] Ein wichtiger Grund für den Entzug eines Sonderrechts ist gegeben, wenn es nach Abwägung der Interessen aller Gesellschafter auf Dauer persönlich, wirtschaftlich oder organisatorisch unzumutbar erscheint, am Bestehen des Sonderrechts festzuhalten.[396] Im Hinblick auf den Entzug des Sonderrechts zur Versammlungsleitung soll man auf die durch Rechtsprechung und Schrifttum anerkannten Gründe für den Ausschluss eines Gesellschafters oder die Einziehung eines Geschäftsanteils zu-

---

393 MK-AktG/*Kubis*, § 119 Rn. 112; Spindler/Stilz/*Wicke*, Anh. § 119 Rn. 4; *Martens*, S. 47.

394 BGH, BB 1962, 196; BGH, NJW-RR 1989, 542, 543; Michalski/*Ebbing*, § 14 Rn. 85; Baumbach/Hueck/*Fastrich*, § 14 Rn. 19; MK-GmbHG/*Liebscher*, § 48 Rn. 108; Staudinger/*Weick*, § 35 Rn. 21.

395 Generell bei Sonderrechten BGH, BB 1962, 196; Staudinger/*Weick*, § 35 Rn. 21; a.A. MK-BGB/*Reuter*, § 35 Rn. 10; konkret für den Versammlungsleiter MK-GmbHG/*Liebscher*, § 48 Rn. 108; *Eickhoff*, Rn. 246; *Böttcher/Grewe*, NZG 2002, 1086, 1090.

396 Michalski/*Ebbing*, § 14 Rn. 87.

rückgreifen können.[397] Dabei müssen die Anforderungen an den wichtigen Grund allerdings nicht derart restriktiv ausgelegt werden, da die Abberufung des Versammlungsleiters für den Gesellschafter nicht derart schwerwiegende Folgen hat wie der Ausschluss aus der Gesellschaft oder die Einziehung eines Geschäftsanteils.[398] Andererseits müssen die Gründe, die für den Entzug des Sonderrechts sprechen, mindestens so schwerwiegend sein, dass sie die Abberufung des statutarisch bestimmten, aber ohne Sonderrecht ausgestatteten Versammlungsleiters durch einen Geschäftsordnungsbeschluss rechtfertigen könnten. In zeitlicher Hinsicht ist darüber hinaus erforderlich, dass sich der wichtige Grund nicht allein auf die laufende Versammlung bezieht, sondern zu erwarten ist, dass er auch in den darauffolgenden Versammlungen noch vorliegt. Denn im Gegensatz zum ad hoc gefassten Abberufungsbeschluss aus wichtigem Grund führt der Entzug des Sonderrechts zu einem dauerhaften Verlust der Versammlungsleiterstellung.

dd) Die Abberufung des Sonderrechtsinhabers durch Geschäftsordnungsbeschluss

Praktisch besteht beim Entzug des Sonderrechts dieselbe Problematik wie bei der Abberufung des statutarisch bestimmten, aber ohne Sonderrecht ausgestatteten Versammlungsleiters: Die förmliche Satzungsänderung ist für die laufende Versammlung nicht zu realisieren. Somit stellt sich die Frage, ob die Gesellschafterversammlung auch den mit einem Sonderrecht ausgestatteten Versammlungsleiter durch einen ad hoc gefassten Beschluss abberufen kann, wenn ein wichtiger Grund vorliegt.

Dafür spricht zunächst der Grundsatz, dass jede Versammlung einer verfahrensmäßigen Leitung bedarf. Der Grundsatz ist bei der Auslegung der Satzungsbestimmung, die dem Gesellschafter das Sonderrecht zur Versammlungsleitung zuweist, zu berücksichtigen. Ist die verfahrensmäßige Leitung der Gesellschafterversammlung wegen Verfehlungen des Versammlungsleiters nicht mehr sichergestellt, macht es praktisch keinen Unterschied, ob der Versammlungsleiter durch eine einfache Satzungsbestimmung oder durch ein Sonderrecht bestellt wurde.

Andererseits spricht die Zuweisung eines Sonderrechts zur Versammlungsleitung gerade dafür, dass die Satzung eine Abberufung des Versammlungsleiters auf anderem Wege als durch Satzungsänderung verhindern will. Zudem muss man berücksichtigen, dass der Entzug des Sonderrechts ohne Zustimmung des Versammlungsleiters bereits eine Ausnahme vom in § 35 BGB normierten

---

397 *Böttcher/Grewe*, NZG 2002, 1086, 1090.

398 *Böttcher/Grewe*, NZG 2002, 1086, 1090.

Grundsatz darstellt, dass ein Sonderrecht nicht ohne Zustimmung des Inhabers beeinträchtigt werden darf. Sofern ein wichtiger Grund für den Entzug des Sonderrechts vorliegt, hängt die Wirksamkeit des satzungsändernden Beschlusses, mit dem der Versammlungsleiter abberufen wird, nicht von der Zustimmung des Versammlungsleiters ab. Dann aber kann der wichtige Grund die Gesellschafterversammlung nicht zugleich berechtigen, auf die übrigen Erfordernisse der Satzungsänderung zu verzichten und den Versammlungsleiter ad hoc abzuberufen. Sonst müssten faktisch die formellen Voraussetzungen einer Satzungsänderung, namentlich die Bekanntmachung des Tagesordnungspunkts, die notarielle Beurkundung und die Eintragung des Beschlusses in das Handelsregister, zur Beeinträchtigung des Sonderrechts nicht mehr eingehalten werden. Denn wenn der wichtige Grund zum Entzug des Sonderrechts berechtigt, berechtigt er auch stets zur Abberufung des statutarisch bestellten Versammlungsleiters durch einen ad hoc gefassten Gesellschafterbeschluss. Im Ergebnis führt die Auslegung der Satzungsbestimmung, die einem Gesellschafter das Sonderrecht zur Versammlungsleitung zuweist, zu dem Ergebnis, dass eine Abberufung des Versammlungsleiters allein im Wege der Satzungsänderung möglich ist.

Es lässt sich also festhalten, dass der Versammlungsleiter, dem das Sonderrecht zur Versammlungsleitung zugewiesen ist, über ein überaus starkes Mandat verfügt. Die Aufhebung des Sonderrechts bedarf in jedem Fall einer Satzungsänderung. Ohne das Vorliegen eines wichtigen Grundes ist die Abberufung des Versammlungsleiters nur mit dessen Einverständnis möglich.

e) Der Antrag auf Abberufung des Versammlungsleiters

Die Abberufung des Versammlungsleiters im Wege der Beschlussfassung setzt einen Antrag voraus. Sofern der Versammlungsleiter durch eine Bestimmung in der Geschäftsordnung oder in der Gesellschafterversammlung durch einen ad hoc gefassten Geschäftsordnungsbeschluss in sein Amt gelangt ist, kann er jederzeit wieder abberufen werden. Da die Abberufung keiner sachlichen Rechtfertigung bedarf, kann jeder Gesellschafter in der Versammlung einen darauf zielenden Antrag stellen. Diesen Antrag muss der Versammlungsleiter zur Abstimmung stellen. Findet er die erforderliche einfache Mehrheit, ist der Versammlungsleiter abberufen. Die Gesellschafterversammlung wird dann ohne Versammlungsleiter weitergeführt. Findet er sie nicht, bleibt der Versammlungsleiter im Amt. Man wird allerdings eine Ausnahme davon machen müssen, dass der Versammlungsleiter den Antrag stets zur Abstimmung stellen muss, wenn der Abberufungsantrag offensichtlich rechtsmissbräuchlich ist. Da die jederzeitige Abberufungsmöglichkeit faktisch nicht eingeschränkt werden darf, muss der Rechtsmissbrauch aber auf der Hand liegen. Dies wird etwa der Fall sein, wenn ein Gesellschafter, unmittelbar nachdem der Versammlungsleiter durch einen Geschäftsordnungsbeschluss bestellt worden ist, den Antrag auf Abberufung stellt. Denn es gibt ersichtlich keinen Grund, warum die Gesellschafter an ihrem Abstimmungsverhalten irgendetwas ändern sollten.[399] Ein solcher Antrag kann allein der Störung des verfahrensmäßigen Ablaufs der Gesellschafterversammlung dienen.

Komplizierter stellt es sich allerdings dar, wenn ein statutarisch bestellter Versammlungsleiter durch einen Geschäftsordnungsbeschluss abberufen werden soll. Denn ob ein wichtiger Grund für die Abberufung gegeben ist, ist eine Rechtsfrage, die Gegenstand eines gerichtlichen Verfahrens sein kann.[400] Sie kann in der laufenden Versammlung somit nicht verbindlich entschieden werden. Denkbar ist also, dass die Gesellschafterversammlung den Versammlungsleiter aus wichtigem Grund abberuft, obwohl tatsächlich kein wichtiger Grund vorliegt. Dabei besteht die Gefahr, dass das Erfordernis des wichtigen Grundes entwertet wird. Dieser Gefahr kann nur auf der Ebene der Zulassung des Antrags auf Abberufung des statutarischen Versammlungsleiters aus wichtigem Grund begegnet werden. Es stellt sich die Frage, welche Anforderungen an den Antrag zu stellen sind. Festzustellen ist zunächst, dass der Versammlungsleiter zwar auch den begründungslosen Antrag zur Abstimmung stellen kann, er dazu allerdings nicht verpflichtet ist. Der Ablauf der Versammlung würde gestört, wenn der Versammlungsleiter auch dann über Geschäftsordnungsanträge, die auf seine Abwahl gerichtet sind, abstimmen lassen müsste, wenn sie keinerlei Begründung enthielten.[401] Der Antragsteller muss vielmehr schlüssig und plausibel darlegen, mit welchem wichtigen Grund er seinen Antrag begründet. Man wird von einer erforderlichen, aber auch ausreichenden Begründung eines Abwahlantrags verlangen müssen, dass in ihm Tatsachen vorgetragen werden, die sich als sachlicher Abwahlgrund darstellen.[402] Das bloße Erheben von Anschuldigungen und Vorwürfen erfüllt die Voraussetzungen an eine schlüssige Begründung des Antrags auf Abwahl des Versammlungsleiters jedenfalls nicht. Ein sachlicher Abwahlgrund ist auch dann nicht gegeben, wenn die vorgetragenen Tatsachen in keinem Bezug zur aktuellen Versammlung stehen.[403] Denn wenn schon kein Bezug zur aktuellen Versammlung besteht, kann sich der Vortrag auf kein Fehlverhalten des Versammlungsleiters in der laufenden Gesellschafterver-

---

399 Für den Leiter der HV *Wilsing/von der Linden*, ZIP 2010, 2321, 2328.

400 *Butzke*, ZIP 2005, 1164, 1167; *Wilsing/von der Linden*, ZIP 2010, 2321, 2328.

401 So auch *Kuhnt*, FS Lieberknecht (1997), S. 45 (59), der allerdings nicht zwischen Zulassung zur Abstimmung über den Abberufungsantrag und dem Vorliegen eines wichtigen Grundes als Abberufungsvoraussetzung trennt.

402 *Wilsing/von der Linden*, ZIP 2010, 2321, 2329.

403 *Wilsing/von der Linden*, ZIP 2010, 2321, 2329.

sammlung beziehen. Würde man auch solche Tatsachen für das Vorliegen eines wichtigen Grundes genügen lassen, käme dies einer weit über den Sinn einer sofortigen Abberufungsmöglichkeit hinausgehenden Verwirkung des Rechts zur Versammlungsleitung gleich. Einer ordnungsgemäßen Durchführung der laufenden Gesellschafterversammlung steht es nämlich nicht entgegen, dass dem Versammlungsleiter außerhalb der laufenden Gesellschafterversammlung ein wie auch immer geartetes Fehlverhalten zur Last gelegt wird.

f) Stimmverbote bei der Abwahl des Versammlungsleiters

Die Frage, ob der Versammlungsleiter bei seiner Abwahl einem Stimmverbot unterliegt, stellt sich allein in den Fällen, in denen ein Gesellschafter zum Versammlungsleiter bestellt ist. Denn allein Gesellschafter verfügen über ein Stimmrecht in der Gesellschafterversammlung. Für die Beantwortung dieser Frage kann an die Erkenntnis angeknüpft werden, dass der Gesellschafter, der zum Versammlungsleiter gewählt werden soll, bei der Beschlussfassung über seine Bestellung keinem Stimmverbot unterliegt (vgl. dazu C.I.7.c).

Da es sich bei der Abwahl des Versammlungsleiters um den *actus contrarius* zur Wahl des Versammlungsleiters handelt, richtet sich diese nach den Regeln für die Wahl des Versammlungsleiters.[404] Deshalb unterliegt der Gesellschafter auch bei der Beschlussfassung keinem Stimmverbot, die seine Abberufung als Versammlungsleiter bezweckt.

Eine Ausnahme besteht jedoch für den Fall, dass die Abberufung des Versammlungsleiters aus wichtigem Grund erfolgt. Denn nach allg.M. unterliegt der betroffene Gesellschafter einem Stimmverbot, wenn ein wichtiger Grund gegeben ist.[405] Deshalb hat auch der Gesellschafter, der das Sonderrecht „Versammlungsleitung" hat, bei der Beschlussfassung über die Beeinträchtigung dieses Sonderrechts kein Stimmrecht, wenn ein wichtiger Grund vorliegt.[406]

---

404 Semler/Volhard/Reichert/*Fischer/Pickert*, § 9 Rn. 16; *Wilsing/von der Linden*, ZIP 2010, 2321, 2328.

405 RGZ 124, 371, 380; RGZ 138, 98, 103 ff.; BGHZ 86, 177, 178 = NJW 1983, 938; BGH, NJW 1987, 1890, 1891; OLG Düsseldorf, GmbHR 1989, 468, 469; OLG Frankfurt a.M., NZG 1999, 406; GK-GmbHG/*Hüffer*, § 47 Rn. 166, 175; Rowedder/Schmidt-Leithoff/*Koppensteiner/Gruber*, § 47 Rn. 77; Roth/Altmeppen/*Roth*, § 47 Rn. 62; Michalski/*Römermann*, § 47 Rn. 240; Scholz/*K. Schmidt*, § 47 Rn. 141; Baumbach/Hueck/*Zöllner*, § 47 Rn. 85; für den Leiter der HV NK-AktG/*Heidel*, Vor §§ 129-132 Rn. 12.

406 Michalski/*Ebbing*, § 14 Rn. 89; GK-GmbHG/*Raiser*, § 14 Rn. 32; MK-GmbHG/*Reichert/Weller*, § 14 Rn. 114.

4. Zusammenfassung

Der Versammlungsleiter kann sein Amt jederzeit mit sofortiger Wirkung niederlegen.

Ist er durch einen ad hoc gefassten Gesellschafterbeschluss oder durch eine Bestimmung in der Geschäftsordnung für die Gesellschafterversammlung bestellt, kann die Gesellschafterversammlung ihn jederzeit durch einfachen Mehrheitsbeschluss abberufen. Einer sachlichen Rechtfertigung des Abberufungsantrags bedarf es nicht. Lediglich offensichtlich rechtsmissbräuchliche Abberufungsanträge muss der Versammlungsleiter nicht zur Abstimmung stellen.

Bestimmt die Satzung den Versammlungsleiter, kann die Gesellschafterversammlung unter Einhaltung der Voraussetzungen einer Satzungsänderung den Versammlungsleiter abberufen. Liegt hingegen ein wichtiger Grund vor und wird dieser schlüssig in der Versammlung vorgetragen, kann der Versammlungsleiter durch einen ad hoc, mit satzungsändernder Mehrheit gefassten Beschluss für die laufende Versammlung abberufen werden. Bei der Beschlussfassung unterliegt der Versammlungsleiter, der zugleich Gesellschafter ist, einem Stimmverbot.

Leitet ein Gesellschafter die Gesellschafterversammlung als Inhaber des Sonderrechts zur Versammlungsleitung, kann ihm dieses Sonderrecht allein im Wege der Satzungsänderung entzogen werden. Auch das Vorliegen eines wichtigen Grundes ändert daran nichts. Liegt ein wichtiger Grund vor, ist das sonst erforderliche Einverständnis des Gesellschafters mit dem Entzug des Sonderrechts aber entbehrlich. Eine Abberufung durch einen ad hoc gefassten Gesellschafterbeschluss ist nicht möglich.

III. Die Kompetenzen des Leiters der Gesellschafterversammlung

1. Allgemeines

Aus der funktionsbestimmenden Bezeichnung[407] „Versammlungsleiter" ergibt sich bereits seine Aufgabe, die Versammlung zu leiten.[408] Er hat für einen ordnungsgemäßen Ablauf der Gesellschafterversammlung zu sorgen.[409] Seine

407 *Reinicke*, S. 22.

408 Saenger/Inhester/*Bergjan*, § 48 Rn. 10.

409 Lutter/Hommelhoff/*Bayer*, § 48 Rn. 16; GK-GmbHG/*Hüffer*, § 48 Rn. 32; Michalski/*Römermann*, § 48 Rn. 108; Scholz/*K. Schmidt/Seibt*, § 48 Rn. 35; *Böttcher/Grewe*, NZG

Kompetenzen ergeben sich aus dieser Aufgabe. Er hat „alle Rechte, die er braucht, um einen ordnungsgemäßen Ablauf" der Versammlung sicherzustellen.[410]

Es ist möglich, dass bereits in der Satzung oder der Geschäftsordnung die Aufgaben und Kompetenzen des Versammlungsleiters detailliert beschrieben werden oder aber der Bestellungsbeschluss nicht nur die Person des Versammlungsleiters, sondern zugleich seine Kompetenzen bestimmt.[411] Solche Regelungen dürften aber die Ausnahme sein. Zudem muss ihre Zweckmäßigkeit generell bezweifelt werden. Ausdrückliche Kompetenzzuweisungen in Satzung, Geschäftsordnung oder Bestellungsbeschluss benötigt der Versammlungsleiter zur ordnungsgemäßen Erfüllung seiner Aufgabe schon deshalb nicht, weil sich seine Kompetenzen bereits aus seiner Aufgabe ergeben. Es besteht vielmehr die Gefahr, dass ausdrückliche Kompetenzzuweisungen den Versammlungsleiter in der Ausübung seines Amtes behindern, indem sie ihm die Möglichkeit nehmen, angemessen auf Störfälle in der Gesellschafterversammlung zu reagieren.

Im Laufe der Zeit haben sich für den Hauptversammlungsleiter in der AG ungeschriebene Grundsätze zur Versammlungsleitung entwickelt. Diese können weitgehend auf den Versammlungsleiter einer GmbH-Gesellschafterversammlung übertragen werden. In Anlehnung an die entsprechende Anwendung des aktienrechtlichen Beschlussmängelinstrumentariums gilt dies zumindest insoweit, als dass die Unterschiede zur AG keine andere Behandlung für die GmbH notwendig machen.

2. Grundsätze der Versammlungsleitung

a) Allgemeines

Die Befugnisse des Versammlungsleiters lassen sich in Leitungsbefugnisse und Ordnungsbefugnisse unterteilen. Er macht von seinen Befugnissen nicht durch Beschlüsse, sondern durch „verfahrensleitende Verfügungen" Gebrauch.[412] Er muss seine Aufgaben nicht höchstpersönlich wahrnehmen, sondern kann sich Hilfspersonen bedienen.[413]

2002, 1086, 1087; für die AG RG, LZ 1920, 763, 764; BGHZ 44, 245, 248 = NJW 1966, 43.

410 Für den Leiter der HV BGHZ 44, 245, 248; zustimmend *Reinicke*, S. 22.

411 Lutter/Hommelhoff/*Bayer*, § 48 Rn. 16; GK-GmbHG/*Hüffer*, § 48 Rn. 32; Scholz/*K. Schmidt/Seibt*, § 48 Rn. 36.

412 Scholz/*K. Schmidt*, § 45 Rn. 21.

413 GK-AktG/*Mülbert*, Vor §§ 118-147 Rn. 94.

b) Verhältnismäßigkeitsgrundsatz

Der Versammlungsleiter ist bei der Ausübung seines Amtes nicht völlig frei, er darf seine Maßnahmen nur nach pflichtgemäßem Ermessen treffen.[414] Die vom Versammlungsleiter gewählte Maßnahme muss also geeignet, erforderlich und angemessen sein.[415] Auf Ebene der Angemessenheit ist es von besonderer Bedeutung, dass Maßnahmen, die schwerwiegend in Gesellschafterrechte eingreifen, erst dann ergriffen werden dürfen, wenn weniger einschneidende Maßnahmen bereits erfolglos geblieben sind oder aber von Beginn an keinen Erfolg versprechen.[416]

c) Gleichbehandlungsgrundsatz

Der Gleichbehandlungsgrundsatz ist ein allgemein anerkannter Grundsatz des Gesellschaftsrechts.[417] Der Versammlungsleiter muss jeden Gesellschafter unabhängig von seinem Geschäftsanteil gleich behandeln.[418]

3. Die Kompetenzverteilung zwischen Versammlungsleiter und Gesellschafterversammlung

a) Letztentscheidungsrecht der Gesellschafterversammlung?

Bestimmt die Satzung oder die Geschäftsordnung der Gesellschafterversammlung keinen Versammlungsleiter und verzichten auch die Gesellschafter in der Versammlung auf seine Bestellung, wird die Gesellschafterversammlung ohne Versammlungsleiter durchgeführt. Über Fragen zur Verfahrensweise und über Ordnungsmaßnahmen gegen einzelne Gesellschafter entscheiden dann die Gesellschafter durch einfachen Mehrheitsbeschluss.[419]

Sieht die Satzung, die Geschäftsordnung oder ein Gesellschafterbeschluss hingegen die Leitung der Gesellschafterversammlung durch einen Versammlungsleiter vor, gehen Kompetenzen, die sonst in den Händen der an der Versammlung teilnehmenden Gesellschafter liegen, auf den Versammlungsleiter über. Dabei stellt sich die Frage, ob dieser Kompetenzübergang dazu führt, dass die Gesellschafterversammlung nicht mehr über Fragen entscheiden kann, die den Ablauf der und die Ordnung in der Gesellschafterversammlung betreffen.

---

414 Semler/Volhard/Reichert/*Fischer/Pickert*, § 9 Rn. 74.

415 GK-AktG/*Mülbert*, Vor §§ 118-147 Rn. 95; Schaaf/*Schaaf*, Rn. 465.

416 Semler/Volhard/Reichert/*Fischer/Pickert*, § 9 Rn. 74.

417 *Hüffer*, § 53a Rn. 1.

418 GK-AktG/*Mülbert*, Vor §§ 118-147 Rn. 95, 141; Semler/Volhard/Reichert/*Fischer/Pickert*, § 9 Rn. 74.

419 GK-GmbHG/*Hüffer*, § 48 Rn. 37; Roth/Altmeppen/*Roth*, § 48 Rn. 8.

Die GmbH-rechtliche Literatur geht übereinstimmend davon aus, dass trotz des Vorhandenseins eines Versammlungsleiters die Letztzuständigkeit stets in den Händen der Gesellschafterversammlung verbleibe.[420] Der Versammlungsleiter verfüge aber über ein Initiativrecht, so dass er nicht auf einen Gesellschafterbeschluss angewiesen ist, um von seinen Kompetenzen Gebrauch zu machen.[421] Ein Letztentscheidungsrecht stehe ihm nicht zu, weil er seine Befugnisse von der Gesellschafterversammlung lediglich ableite und somit über keine originären Kompetenzen verfüge.[422]

Diese Begründung vermag nicht zu überzeugen. Dass der Versammlungsleiter seine Befugnisse von der Gesellschafterversammlung ableitet, führt nicht zwangsläufig dazu, dass der Gesellschafterversammlung beim Vorhandensein eines Versammlungsleiters stets ein Letztentscheidungsrecht verbleibt. Denn „ableiten" bedeutet lediglich, dass die Kompetenzen des Versammlungsleiters nicht umfangreicher sind als die Kompetenzen der Gesellschafterversammlung, wenn ein Versammlungsleiter nicht vorhanden ist. Ebenso kann die Übertragung von Kompetenzen auf den Versammlungsleiter dazu führen, dass der Gesellschafterversammlung nunmehr Eingriffe in den auf den Versammlungsleiter übertragenen Kompetenzbereich verwehrt sind.

Zur Beantwortung der Frage, ob der Gesellschafterversammlung ein Letztentscheidungsrecht verbleibt, ist zu unterscheiden, ob der Bestellung des Versammlungsleiters ein einfacher Gesellschafterbeschluss, eine Regelung in der Geschäftsordnung der Gesellschafterversammlung oder eine Satzungsbestimmung zugrunde liegt.

aa) Bei Bestellung durch einfachen Gesellschafterbeschluss

Hat die Gesellschafterversammlung den Versammlungsleiter durch einfachen Mehrheitsbeschluss bestellt, kann sie ihn durch einfachen Mehrheitsbeschluss wieder abberufen.[423] Aus dieser jederzeitigen Abberufungsmöglichkeit ergibt sich zugleich, dass die Gesellschafterversammlung bei allen Maßnahmen des Versammlungsleiters ein Letztentscheidungsrecht hat. Dieses Letztentschei-

---

420 GK-GmbHG/*Hüffer*, § 48 Rn. 37; Michalski/*Römermann*, § 48 Rn. 161; Ensthaler/Füller/Schmidt/*Schmidt*, § 48 Rn. 10; Scholz/*K. Schmidt/Seibt*, § 48 Rn. 36.

421 GK-GmbHG/*Hüffer*, § 48 Rn. 37.

422 GK-GmbHG/*Hüffer*, § 48 Rn. 37.

423 Für die GmbH MK-GmbHG/*Liebscher*, § 48 Rn. 8; Michalski/*Römermann*, § 48 Rn. 99; *Eickhoff*, Rn. 246; Semler/Volhard/Reichert/*Fischer/Pickert*, § 9 Rn. 17; *Vogel*, S. 144; MünchHdb-GmbH/*Wolff*, § 39 Rn. 72; *Böttcher/Grewe*, NZG 2002, 1086, 1088; wohl auch GK-GmbHG/*Hüffer*, § 48 Rn. 31; für die AG Hölters/*Drinhausen*, Anh. § 129 Rn. 4; MK-AktG/*Kubis*, § 119 Rn. 119; *Butzke*, ZIP 2005, 1164, 1165; *Ihrig*, FS *Goette* (2011), S. 205 (217).

dungsrecht ist als Minus im Abberufungsrecht enthalten. Denn wenn die Gesellschafterversammlung den Versammlungsleiter jederzeit abberufen kann, muss sie erst recht einzelne Maßnahmen des Versammlungsleiters korrigieren können. Im Falle des durch einfachen Mehrheitsbeschluss bestellten Versammlungsleiters, ohne dass die Satzung die Versammlungsleitung vorschreibt, ist der h.L. im Ergebnis zuzustimmen: Der Versammlungsleiter verfügt über ein Initiativrecht, die Letztentscheidung verbleibt bei der Gesellschafterversammlung.

bb) Bei Bestellung durch Bestimmung in der Geschäftsordnung der Gesellschafterversammlung

Sieht eine – außerhalb der Satzung stehende – Geschäftsordnung für die Gesellschafterversammlung vor, dass die Gesellschafterversammlung durch einen Versammlungsleiter geleitet wird, ist die Gesellschafterversammlung nur solange daran gebunden, bis sie diese Geschäftsordnungsbestimmung durch einfachen Mehrheitsbeschluss aufhebt (vgl. dazu C.II.3.c). Es besteht diesbezüglich kein Unterschied zu dem durch ad hoc gefassten Gesellschafterbeschluss bestellten Versammlungsleiter, so dass hinsichtlich der Verteilung von Initiativ- und Letztentscheidungsrecht auf die dort gemachten Ausführungen verwiesen werden kann.

Denkbar ist auch, dass in der Geschäftsordnung nicht nur der Versammlungsleiter bestimmt, sondern ihm zugleich einzelne Kompetenzen zugewiesen werden. Diese Kompetenzzuweisung ändert nichts daran, dass das Letztentscheidungsrecht auch diesbezüglich bei der Gesellschafterversammlung verbleibt. Denn die Geschäftsordnung ist für die Gesellschafterversammlung rechtlich nicht bindend.[424]

cc) Bei Bestellung durch Bestimmung in der Satzung

Etwas anderes könnte sich für die Fälle ergeben, in denen die Leitung der Gesellschafterversammlung bereits durch eine Bestimmung in der Satzung vorgesehen ist. In diesen Fällen kann die Gesellschafterversammlung den Versammlungsleiter nicht jederzeit durch einfachen Gesellschafterbeschluss wieder abberufen (siehe dazu C.II.3.d). Ginge man dennoch von einem Letztentscheidungsrecht der Gesellschafterversammlung durch einfachen Mehrheitsbeschluss bei allen Maßnahmen des Versammlungsleiters aus, käme dies einer Abberufungsmöglichkeit durch einfachen Mehrheitsbeschluss durch die Hintertür gleich. Denn im Ergebnis macht es keinen Unterschied, ob die Gesellschafterversammlung den Versammlungsleiter abberuft oder jede Maßnahme des Versammlungsleiters einzeln aufhebt.

---

424 Michalski/*Römermann*, § 48 Rn. 90.

Ob dennoch ein Letztentscheidungsrecht der Gesellschafterversammlung besteht, ist im Wege einer objektiven Auslegung[425] der Satzungsbestimmung zur Versammlungsleitung zu ermitteln. Durch die Bestimmung eines Versammlungsleiters bezweckt die Satzung, dass sich die Gesellschafterversammlung auf inhaltliche Fragen konzentrieren kann, ohne dass es wegen verschiedener Auffassungen über den zweckmäßigsten Ablauf der Versammlung zu Reibungsverlusten kommt. Man wird eine Satzungsbestimmung, die die Leitung der Gesellschafterversammlung einem Versammlungsleiter überträgt, so zu verstehen haben, dass der Gesellschafterversammlung die Entscheidungsbefugnis über Leitungs- und Ordnungsmaßnahmen entzogen ist. Ist der Versammlungsleiter durch Satzungsregelung bestellt, verfügt er neben dem Initiativrecht auch über ein Letztentscheidungsrecht im Hinblick auf Leitungs- und Ordnungsmaßnahmen. Daran ändert sich auch nichts, wenn in einer Geschäftsordnung für die Gesellschafterversammlung dem Versammlungsleiter nur ein Initiativrecht zugebilligt wird. Denn die außerhalb der Satzung stehende Geschäftsordnung kann Satzungsbestimmungen nicht durchbrechen.

Daran anknüpfend stellt sich die Frage, ob der Versammlungsleiter trotz des Letztentscheidungsrechts die Entscheidung über Leitungs- und Ordnungsmaßnahmen auf die Gesellschafterversammlung delegieren kann.

Im Aktienrecht wird diese Frage unterschiedlich beantwortet.[426] Dogmatischer Anknüpfungspunkt ist dabei die abschließende Zuteilung von Kompetenzen der Hauptversammlung gem. § 119 Abs. 1 AktG auf die in Gesetz und Satzung genannten Fälle.[427] Dieser Zuständigkeitsbereich müsste durch eine Aufgabendelegation durch den Versammlungsleiter auf Fragen der Versammlungsleitung ausgebaut werden können.[428]

Weil der Kompetenzbereich der Gesellschafterversammlung gesetzlich nicht abschließend geregelt, sondern grundsätzlich allumfassend ist, besteht im GmbH-Recht ein anderer Anknüpfungspunkt. Dort ist im Wege der Auslegung der Satzungsregelung zu bestimmen, ob der Gesellschafterversammlung sogar dann die Entscheidungskompetenz bezüglich Leitungs- und Ordnungsmaßnahmen fehlt, wenn der Versammlungsleiter die Gesellschafterversammlung zu einer diesbezüglichen Entscheidung auffordert. Davon kann nicht ausgegangen

---

425 MK-GmbHG/*Liebscher*, § 45 Rn. 55; Henssler/Strohn/*Mollenkopf*, § 46 GmbHG Rn. 48.

426 Vgl. die Nachweise bei Semler/Volhard/Reichert/*Fischer/Pickert*, § 9 Rn. 72; dagegen etwa *Wilsing/von der Linden*, ZIP 2010, 2321; differenzierend GK-AktG/*Mülbert*, Vor §§ 118-147 Rn. 93.

427 *Hüffer*, § 119 Rn. 1; MK-AktG/*Kubis*, § 119 Rn. 9.

428 BGHZ 44, 245, 249 = NJW 1966, 43.

werden. Zwar soll die Regelung sicherstellen, dass der Versammlungsleiter ohne Beeinflussung durch die Gesellschafterversammlung die Versammlung leiten und für ihren ordnungsgemäßen Ablauf sorgen kann. Sie will aber nicht verhindern, dass die Gesellschafterversammlung über Leitungs- und Ordnungsmaßnahmen entscheidet, wenn der Versammlungsleiter die Gesellschafterversammlung ausdrücklich zur Beschlussfassung auffordert. Vielmehr kann eine solche Vorgehensweise möglicher Kritik an der Verfahrensleitung durch den Versammlungsleiter zuvorkommen. Es begegnet folglich keinen Bedenken, wenn der Versammlungsleiter die Gesellschafterversammlung durch Mehrheitsbeschluss über Leitungs- und Ordnungsmaßnahmen entscheiden lässt.

Von der Beschlussfassung der Gesellschafterversammlung über Leitungs- und Ordnungsmaßnahmen ist die „Entschließung“ zu unterscheiden.[429] Dabei handelt es sich um „unverbindliche Meinungskundgaben ohne Rechtsfolgenwillen“.[430] Eine Entschließung liegt vor, wenn sich der Versammlungsleiter bei einer Maßnahme der Zustimmung der Gesellschafterversammlung versichert.[431] Sie kann nicht durch die Erhebung einer Nichtigkeits- oder Anfechtungsklage angegriffen werden.[432]

b) Rückgriff auf die Kompetenzverteilung in der Hauptversammlung

Obschon der durch die Satzung vorgesehene Versammlungsleiter grundsätzlich bei Leitungs- und Ordnungsmaßnahmen ein Letztentscheidungsrecht hat, stellt sich (1.) die Frage, ob bei bestimmten Maßnahmen das Letztentscheidungsrecht bei der Gesellschafterversammlung verbleibt. Dann müsste der Versammlungsleiter in dem Fall, in dem ein Gesellschafter mit einer Maßnahme nicht einverstanden ist, auf dessen Antrag hin die Gesellschafterversammlung über die Maßnahme Beschluss fassen lassen. An den Beschluss wäre er dann gebunden.

Daneben ist es (2.) denkbar, dass dem Versammlungsleiter in einigen Fällen nicht einmal ein Initiativrecht zukommt, so dass er ohne einen anweisenden Beschluss der Gesellschafterversammlung diese Maßnahmen gar nicht ergreifen kann.

Während sich die erste Frage ohnehin für den erst durch die Gesellschafterversammlung oder durch Geschäftsordnungsbestimmung bestellten Versammlungsleiter nicht stellt, da der Gesellschafterversammlung ohnehin bei allen Maßnahmen des Versammlungsleiters ein Letztentscheidungsrecht verbleibt, ist

---

429 Scholz/*K. Schmidt*, § 45 Rn. 19.

430 Scholz/*K. Schmidt*, § 45 Rn. 19.

431 Für die HV BGHZ 44, 245, 248 = NJW 1966, 43.

432 Scholz/*K. Schmidt*, § 45 Rn. 19; für die HV BGHZ 44, 245, 248 = NJW 1966, 43.

die zweite Frage auch für ihn relevant, weil er grundsätzlich über ein Initiativrecht verfügt.

Zur Beantwortung dieser Fragen lohnt ein Blick in die Hauptversammlung der AG. Weil die beschlussfähige Hauptversammlung zwingend einen Versammlungsleiter benötigt, sind dessen Befugnisse dort genauer untersucht. Im Gegensatz zur Gesellschafterversammlung der GmbH entscheidet der Leiter der Hauptversammlung der AG über Leitungs- und Ordnungsmaßnahmen aus eigenem Recht.[433] Er leitet diese Rechte nicht von der Hauptversammlung ab.[434] Sie unterliegen auch keiner Überprüfungsmöglichkeit durch die Hauptversammlung.[435] Dem stehen eigene Kompetenzen der Hauptversammlung gegenüber.[436] Im Bereich eigener Kompetenzen der Hauptversammlung ist zwischen solchen, über die die Hauptversammlung ausschließlich, und solchen, über die sie vorrangig entscheidet, zu unterscheiden.[437]

Die Unterschiede in der Kompetenzverteilung zwischen Hauptversammlungs- und Gesellschafterversammlungsleiter sind allein dogmatischer Art. Praktisch macht es keinen Unterschied, ob der Hauptversammlungsleiter über eigene Rechte verfügt, die der Überprüfung durch die Hauptversammlung entzogen sind, oder ob der Gesellschafterversammlungsleiter sämtliche Rechte von der Gesellschafterversammlung ableitet, die Auslegung der Satzung aber ergibt, dass der Versammlungsleiter ein Letztentscheidungsrecht hat.

Im Hinblick auf die unter (1.) und (2.) aufgeworfenen Fragen kann sich somit am Aktienrecht orientiert werden. Wenn nämlich schon die Hauptversammlung der AG, die zwingend von einem Versammlungsleiter geleitet wird, deren Zuständigkeitsbereich begrenzt und deren Teilnehmerzahl in aller Regel hoch ist, über originäre Kompetenzen bei Verfahrensentscheidungen verfügt, wird man eine Satzungsbestimmung in der GmbH so auslegen müssen, dass jedenfalls die aktienrechtlich anerkannten Versammlungskompetenzen nicht auf den Versammlungsleiter der Gesellschafterversammlung dergestalt übertragen werden sollen, dass der Gesellschafterversammlung jeder Einfluss auf diese Entscheidungen versagt ist. Die anerkannten originären Kompetenzen der Hauptversammlung der AG hinsichtlich Verfahrensentscheidungen bilden also die äu-

---

433 BGHZ 44, 245, 248 = NJW 1966, 43; MK-AktG/*Kubis*, § 119 Rn. 124; Spindler/Stilz/*Wicke*, Anh. § 119 Rn. 5; Semler/Volhard/Reichert/*Fischer/Pickert*, § 9 Rn. 71; *Bezzenberger*, ZGR 1998, 352, 358; *Dietrich*, NZG 1998, 921, 923.

434 MK-AktG/*Kubis*, § 119 Rn. 124; Semler/Volhard/Reichert/*Fischer/Pickert*, § 9 Rn. 71.

435 Semler/Volhard/Reichert/*Fischer/Pickert*, § 9 Rn. 31.

436 GK-AktG/*Mülbert*, Vor §§ 118-147 Rn. 89; Semler/Volhard/Reichert/*Fischer/Pickert*, § 9 Rn. 30.

437 GK-AktG/*Mülbert*, Vor §§ 118-147 Rn. 90.

ßerste Grenze für die Auslegung der Satzungsbestimmung zur Versammlungsleitung in der GmbH.

4. Leitungsbefugnis

Der Versammlungsleiter sorgt für eine zügige Erledigung der Tagesordnung und für eine Beendigung der Gesellschafterversammlung in angemessener Zeit (Leitungsbefugnis).[438] Seine Kompetenzen ergeben sich aus dieser Aufgabe.[439] Er verfügt also über die Kompetenzen, die er benötigt, um einen verfahrensmäßig korrekten Ablauf der Gesellschafterversammlung sicherzustellen.[440]

a) Eröffnung der Gesellschafterversammlung

Der Versammlungsleiter eröffnet die Versammlung.[441] Dies setzt voraus, dass ein Versammlungsleiter bereits zu Beginn der Versammlung vorhanden ist und nicht erst in der laufenden Gesellschafterversammlung gewählt wird.[442] Ist zu Beginn der Versammlung kein Leiter vorhanden, wird teilweise vertreten, dass der Geschäftsführer vorübergehend die Versammlungsleitung übernimmt.[443] Da der Geschäftsführer jedoch nicht einmal ein eigenes Teilnahmerecht an der Gesellschafterversammlung hat, existiert kein allgemeiner Grundsatz, dass er als kommissarischer Versammlungsleiter fungiert.[444] Dies ist auch nicht notwendig, da die Gesellschafterversammlung nicht zwingend eines Versammlungsleiters bedarf.

b) Zulassung von nicht teilnahmeberechtigten Personen

Erbitten Personen ihre Zulassung, die kein gesetzliches oder statutarisches Teilnahmerecht an der Gesellschafterversammlung haben, wenden sie sich vor der Eröffnung der Gesellschafterversammlung an den Versammlungsleiter. Denn die Zulassung zur Gesellschafterversammlung ist eine Angelegenheit, die zur Versammlungsleitung gehört.[445] Dies gebietet sich schon aus organisatori-

---

438 Für den Leiter der HV *Martens*, S. 56; *Steiner*, § 6 Rn. 7.

439 Zum Leiter der HV BGHZ 44, 245, 248 = NJW 1966, 43.

440 Zum Leiter der HV BGHZ 44, 245, 248 = NJW 1966, 43; Semler/Volhard/Reichert/*Fischer/Pickert*, § 9 Rn. 66.

441 Lutter/Hommelhoff/*Bayer*, § 48 Rn. 16; GK-GmbHG/*Hüffer*, § 48 Rn. 32; Michalski/*Römermann*, § 48 Rn. 109; Scholz/*K. Schmidt/Seibt*, § 48 Rn. 36.

442 GK-GmbHG/*Hüffer*, § 48 Rn. 32; Michalski/*Römermann*, § 48 Rn. 109.

443 *Sudhoff/Sudhoff*, S. 93.

444 Michalski/*Römermann*, § 48 Rn. 104.

445 A.A. *Mutze*, GmbHR 1970, 33, 34.

schen Gründen: Laufen Teilnahmewünsche nicht an zentraler Stelle zusammen, kann es z.B. leicht zu einer Überbelegung des Versammlungsraums kommen.

Will der Versammlungsleiter eine Person zulassen bzw. nicht zulassen, muss er die Gesellschafterversammlung darüber informieren. Da die Zulassung weiterer Personen in Gesellschaften, in denen zwischen den Gesellschaftern eine enge persönliche Bindung besteht, ein vertrauensvolles Gespräch in der Gesellschafterversammlung gefährden kann, muss der Versammlungsleiter einen Gesellschafterbeschluss herbeiführen, wenn sich innerhalb der Gesellschafterversammlung Widerspruch regt. Dann entscheidet die Gesellschafterversammlung über die Zu- bzw. Nichtzulassung mit einfachem Mehrheitsbeschluss.[446] Sofern ein Gesellschafter die Teilnahme einer nicht teilnahmeberechtigten Person fordert, kann er einen Antrag auf Zulassung dieser Person stellen. Den Antrag muss der Versammlungsleiter zur Abstimmung stellen. Auch der statutarische Versammlungsleiter hat kein Letztentscheidungsrecht über die Zulassung. Etwas anderes gilt nur, wenn ihn die Satzung ausdrücklich zur Entscheidung über die Zulassung ermächtigt.[447]

c) Feststellung der Anwesenheit, der ordnungsgemäßen Einberufung und der Beschlussfähigkeit

Der Versammlungsleiter muss zu Beginn die Anwesenheit feststellen. Dies umfasst die Überprüfung des Teilnahmerechts der anwesenden Personen.[448]

Daneben hat der Versammlungsleiter zu überprüfen, ob die Gesellschafterversammlung ordnungsgemäß einberufen wurde, ob also die Vorschrift des § 51 GmbHG oder die Einberufung regelnde Satzungsbestimmungen eingehalten wurden.

Zudem überprüft der Versammlungsleiter die Beschlussfähigkeit. Sofern die Satzung nichts anderes bestimmt, ist die ordnungsgemäß einberufene Gesellschafterversammlung beschlussfähig, wenn mindestens ein Gesellschafter anwesend ist oder vertreten wird.[449] Darüber hinaus sieht § 51 Abs. 3 GmbHG vor, dass eine nicht ordnungsgemäß berufene Gesellschafterversammlung beschlussfähig ist, wenn dennoch alle Gesellschafter anwesend sind. Hat der Versammlungsleiter also festgestellt, dass die Gesellschafterversammlung nicht ordnungsgemäß einberufen wurde, muss er in einem weiteren Schritt überprüfen, ob eine Vollversammlung vorliegt. Neben der bloßen Anwesenheit aller Gesell-

---

446 Michalski/*Römermann*, § 48 Rn. 73; *Wicke*, § 48 Rn. 2; *Mutze*, GmbHR 1970, 33, 34.

447 GK-GmbHG/*Hüffer*, § 48 Rn. 22; Michalski/*Römermann*, § 48 Rn. 73.

448 Lutter/Hommelhoff/*Bayer*, § 48 Rn. 16; Scholz/*K. Schmidt/Seibt*, § 48 Rn. 36.

449 Scholz/*K. Schmidt/Seibt*, § 48 Rn. 43; Baumbach/Hueck/*Zöllner*, § 48 Rn. 3; Münch-Hdb-GmbH/*Wolff*, § 39 Rn. 73.

schafter muss das Einverständnis sämtlicher Gesellschafter hinzukommen, eine Gesellschafterversammlung mit dem Ziel der Beschlussfassung abzuhalten.[450] Dieses Einverständnis kann ausdrücklich oder konkludent erfolgen, etwa indem der Gesellschafter sich widerspruchslos an einer Abstimmung beteiligt.[451] Man wird allerdings vom Versammlungsleiter verlangen müssen, dass er die Gesellschafter über die Rechtsfolgen einer widerspruchslosen Abstimmung informiert und sie auffordert, etwaige Widersprüche gegen Beschlussfassungen umgehend zu erheben. Dies ist schon deshalb erforderlich, um Situationen zu vermeiden, in denen unklar ist, ob sich der Gesellschafter an Abstimmungen beteiligt hat. Das ist insbesondere bei (vermeintlichen) Stimmenthaltungen denkbar.[452]

Stellt er fest, dass schon die Einberufung nicht ordnungsgemäß erfolgt ist und keine Vollversammlung vorliegt oder die ordnungsgemäß einberufene Gesellschafterversammlung wegen der Nichteinhaltung verschärfender Satzungsbestimmungen nicht beschlussfähig ist, muss er die Versammlung abbrechen.[453]

Bestimmt die Satzung keinen Versammlungsleiter und ist auch sonst zu Beginn der Gesellschafterversammlung kein Leiter vorhanden, obliegt der Gesellschafterversammlung die Überprüfung der Anwesenheit, der ordnungsgemäßen Einberufung und der Beschlussfähigkeit. Im Anschluss daran sollte sie einen Versammlungsleiter wählen.[454]

d) Änderung der Reihenfolge der Tagesordnung

Im Gegensatz zum GmbH-Recht bestimmt § 121 Abs. 3 Satz 2 AktG für die AG explizit, dass bei der Einberufung die Tagesordnung anzugeben ist. Das GmbHG verlangt in § 51 Abs. 2 und Abs. 4 GmbH aber, dass „Zweck" und „Gegenstände" der Versammlung anzukündigen sind. Diese Begriffe meinen Tagesordnungspunkte.[455] Bei der Einberufung sind die Tagesordnungspunkte zwangsläufig in einer bestimmten Reihenfolge angegeben.[456] An diese ist der Versammlungsleiter zwar nicht gebunden,[457] zur Umstellung der Tagesordnung ist aber ein sachlicher Grund erforderlich[458].

---

450 BGH, NZG 2009, 385; Baumbach/Hueck/*Zöllner*, § 51 Rn. 31.

451 Michalski/*Römermann*, § 51 Rn. 97.

452 Vgl. zu dieser Konstellation BGH, NZG 2009, 385.

453 Michalski/*Römermann*, § 48 Rn. 111.

454 Michalski/*Römermann*, § 48 Rn. 111.

455 Michalski/*Römermann*, § 51 Rn. 67; *Wicke*, § 51 Rn. 4; Baumbach/Hueck/*Zöllner*, § 51 Rn. 18; Henssler/Strohn/*Hillmann*, § 51 GmbHG Rn. 15.

456 Michalski/*Römermann*, § 51 Rn. 68.

457 Für die GmbH Roth/Altmeppen/*Roth*, § 48 Rn. 9; Michalski/*Römermann*, § 47 Rn. 451, § 48 Rn. 113; Scholz/*K. Schmidt/Seibt*, § 48 Rn. 36; *Wicke*, § 48 Rn. 3; Baumbach/Hueck/*Zöllner*, § 48 Rn. 18; *Eickhoff*, Rn. 253; BeckHdb-GmbH/*Fischer/Gerber*,

Auch wenn die Gesellschafter teilweise als „Herren der Tagesordnung“[459] bezeichnet werden, bedeutet das nicht, dass dem Versammlungsleiter jede Entscheidungsbefugnis über die Reihenfolge der Tagesordnung von vornherein entzogen ist. Diese Bezeichnung meint lediglich, dass die Gesellschafter an die in der Einladung zur Gesellschafterversammlung angegebenen Reihenfolge der Tagesordnung nicht gebunden sind.[460] Mit der Bestimmung eines Versammlungsleiters könnte die Gesellschafterversammlung zugleich ihre Kompetenz, über die Reihenfolge ihrer Tagesordnung zu entscheiden, auf den Versammlungsleiter übertragen haben. In jedem Fall hat der Versammlungsleiter ein Initiativrecht zur Änderung der Reihenfolge der Tageordnung. Wenn es die Abwicklung der Tagesordnung erleichtert, kann er sie umstellen.[461]

Im Recht der AG ist umstritten, ob der Versammlungsleiter im Hinblick auf die Reihenfolge der Tagesordnung die alleinige Kompetenz oder die Hauptversammlung ein Letztentscheidungsrecht hat. Teilweise wird vertreten, dass es sich bei der Kompetenz, die Reihenfolge der Tagesordnung zu ändern, um eine originäre Kompetenz des Versammlungsleiters handelt.[462] Ein der Entscheidung des Versammlungsleiters widersprechender Beschluss der Hauptversammlung ist nach dieser Auffassung für den Versammlungsleiter unbeachtlich. Einen darauf zielenden Geschäftsordnungsantrag müsste er schon gar nicht zur Abstimmung stellen.[463] Überwiegend geht die aktienrechtliche Literatur aber davon aus, dass der Versammlungsleiter von einem Hauptversammlungsbeschluss, der die Reihenfolge der Tagesordnung zum Gegenstand hat, nicht abweichen darf.[464] Dem geht die Verpflichtung des Versammlungsleiters voraus, entsprechende Geschäftsordnungsanträge zur Abstimmung zu stellen.[465]

Für die Hauptversammlungspraxis wird aufgrund der unklaren Rechtslage empfohlen, in die Satzung eine Regelung aufzunehmen, die dem Versamm-

---

§ 4 Rn. 54; MünchHdb-GmbH/*Wolff*, § 39 Rn. 76; für die AG Spindler/Stilz/*Wicke*, Anh. § 119 Rn. 7; Semler/Volhard/Reichert/*Fischer/Pickert*, § 9 Rn. 76.

458 Scholz/*K. Schmidt/Seibt*, § 48 Rn. 36; *Eickhoff*, Rn. 253; für die HV *Hüffer*, § 129 Rn. 19; *Martens*, S. 76; Schaaf/*Schaaf*, Rn. 499 („wenn... zweckmäßig“).

459 LG Bielefeld, NZG 1998, 511.

460 Vgl. LG Bielefeld, NZG 1998, 511.

461 GK-GmbHG/*Hüffer*, § 48 Rn. 32; Scholz/*K. Schmidt/Seibt*, § 48 Rn. 36.

462 GK-AktG/*Mülbert*, Vor §§ 118-147 Rn. 108; Spindler/Stilz/*Wicke*, Anh. § 119 Rn. 7; *Ihrig*, FS Goette (2011), S. 205 (216); *Stützle/Walgenbach*, ZHR 155 (1991), 516, 529.

463 *Ihrig*, FS Goette (2011), S. 205 (216); *Stützle/Walgenbach*, ZHR 155 (1991), 516, 529.

464 *Hüffer*, § 129 Rn. 19; KK-AktG/*Zöllner*, § 119 Rn. 54; MünchHdb-AG/*Semler*, § 36 Rn. 43; *Martens*, WM 1981, 1010, 1014; *Max*, AG 1991, 77, 86; für die Genossenschaft KG, NJW 1957, 1680, 1681.

465 MünchHdb-AG/*Semler*, § 36 Rn. 43.

lungsleiter die alleinige Kompetenz zur Bestimmung der Reihenfolge der Tagesordnung verleiht.[466] Ist eine Satzungsregelung nicht vorhanden, sollte der Versammlungsleiter Geschäftsordnungsanträge, die die Änderung der Reihenfolge der Behandlung der einzelnen Tagesordnungspunkte zum Gegenstand haben, zur Abstimmung stellen und diese beachten, wenn sie nicht eindeutig willkürlich sind.[467]

Es stellt sich die Frage, ob dieses Ergebnis auf die GmbH übertragen werden kann. Im Gegensatz zur AG, bei der die Kompetenzen der Hauptversammlung begrenzt sind, ist die Zuständigkeit der Gesellschafterversammlung allumfassend.[468] Die Beschlussinhalte sind deshalb deutlich facettenreicher. Damit ist es oftmals von größerer Bedeutung als in der Hauptversammlung der AG, in welcher Reihenfolge die Tagesordnung abgehandelt wird. Exemplarisch ist die Beschlussfassung über die Einziehung eines Geschäftsanteils genannt. Gem. § 34 GmbHG kann die Satzung die Einziehung gestatten und deren Voraussetzung festlegen. Ob ein solcher Beschluss direkt zu Beginn der Versammlung gefasst oder ob darüber erst zum Ende der Versammlung entschieden wird, macht einen erheblichen Unterschied. Ist der Gesellschafter, dessen Geschäftsanteil eingezogen wird, bei der Beschlussfassung darüber anwesend, wird die Einziehung nämlich sofort wirksam.[469] Da durch die Einziehung alle mit dem Geschäftsanteil verbundenen Rechte untergehen,[470] hat der Gesellschafter kein Teilnahmerecht an der Gesellschafterversammlung und kein Stimmrecht mehr. Wird der Tagesordnungspunkt „Einziehung des Geschäftsanteils des Gesellschafters A“ direkt zu Beginn der Gesellschafterversammlung behandelt und darüber auch Beschluss gefasst, kann der Gesellschafter A an späteren Beschlüssen deshalb nicht mehr mitwirken. Aufgrund dieser großen Bedeutung der Reihenfolge, in der die einzelnen Tagesordnungspunkte behandelt werden, will die Satzung mit der Einsetzung eines Versammlungsleiters nicht verhindern, dass das Letztentscheidungsrecht über die Reihenfolge der Tagesordnungspunkte bei der Gesellschafterversammlung verbleibt. Dies gefährdet wegen des typischerweise kleinen Teilnehmerkreises auch nicht die Funktionsfähigkeit der Gesellschafterversammlung. Eine große Anzahl von Anträgen, die auf die Umstellung der Tagesordnung gerichtet sind, ist nicht zu befürchten.

---

466 Schaaf/*Schaaf*, Rn. 509; *Stützle/Walgenbach*, ZHR 155 (1991), 516, 529 f.

467 Semler/Volhard/Reichert/*Fischer/Pickert*, § 9 Rn. 78.

468 Henssler/Strohn/*Mollenkopf*, § 45 GmbHG Rn. 2; AnwHdb-GmbHR/*Römermann*, § 15 Rn. 2.

469 Baumbach/Hueck/*Fastrich*, § 34 Rn. 16; *Damrau-Schröter*, NJW 1991, 1927, 1932.

470 Michalski/*Sosnitza*, § 34 Rn. 116, 123; *Damrau-Schröter*, NJW 1991, 1927, 1932.

Erachtet der Versammlungsleiter eine Umstellung der in der Einladung zur Gesellschafterversammlung angegebenen Reihenfolge der Tagesordnungspunkte für zweckmäßig, weist er darauf hin. Sofern von den Gesellschaftern keine Kritik geübt wird, ruft der Versammlungsleiter den vorgezogenen Tagesordnungspunkt auf. Sollte die Umstellung für Unverständnis sorgen, muss der Versammlungsleiter dem Gesellschafter das Wort erteilen, um ihm Gelegenheit zur Erörterung zu geben, warum die vom Versammlungsleiter vorgeschlagene Reihenfolge in seinen Augen nicht zweckmäßig ist. Für den Fall, dass die Begründung nicht allein auf sachfremden Erwägungen basiert, findet anschließend eine Abstimmung über den Antrag statt. An diesen Geschäftsordnungsbeschluss ist der Versammlungsleiter dann gebunden.[471]

e) Vertagung und Absetzung von Tagesordnungspunkten

Der Versammlungsleiter hat nicht die Kompetenz, Tagesordnungspunkte zu vertagen oder abzusetzen. Dies gilt für die Hauptversammlung der AG[472] ebenso wie für die Gesellschafterversammlung der GmbH[473]. Zur Begründung wird angeführt, dass dies mit der obersten Aufgabe des Versammlungsleiters, für eine ordnungsgemäße Abwicklung der Tagesordnung zu sorgen, im Widerspruch steht. Denn die Vertagung oder Absetzung von Tagesordnungspunkten ist gerade keine Abwicklung der Tagesordnung.[474]

Die Kompetenz zur Einberufung, bei der gem. § 52 Abs. 2 GmbHG eine Tagesordnung anzugeben ist, liegt grundsätzlich gem. § 49 Abs. 1 GmbHG beim Geschäftsführer. Daneben stellt der satzungsfeste[475] § 50 GmbHG Minderheitsrechte auf, die es Gesellschaftern mit Geschäftsanteilen, die mindestens 10 % des Stammkapitals ausmachen, ermöglichen, entweder gem. § 50 Abs. 1 GmbHG selbst die Einberufung unter Beifügung einer Tagesordnung zu verlangen oder gem. § 50 Abs. 2 GmbHG die Tagesordnung um bestimmte Punkte zu ergänzen. Liegt eine Vollversammlung vor, können gem. § 51 Abs. 4 i.V.m.

471 Michalski/*Römermann*, § 47 Rn. 452.

472 Hölters/*Drinhausen*, Anh. § 129 Rn. 10; *Hüffer*, § 129 Rn. 19; MK-AktG/*Kubis*, § 119 Rn. 141; KK-AktG/*Zöllner*, § 119 Rn. 65; *Butzke*, D Rn. 82; Semler/Volhard/Reichert/*Fischer/Pickert*, § 9 Rn. 78; *Martens*, S. 77 f.; *Steiner*, § 7 Rn. 4; *Kuhnt*, FS Lieberknecht (1997), S. 45 (53); *Max*, AG 1991, 77, 91 f.; *Stützle/Walgenbach*, ZHR 155 (1991), 516, 538.

473 GK-GmbHG/*Hüffer*, § 48 Rn. 32; Michalski/*Römermann*, § 48 Rn. 113; Scholz/*K. Schmidt/Seibt*, § 48 Rn. 36; Baumbach/Hueck/*Zöllner*, § 48 Rn. 18; *Eickhoff*, Rn. 254; BeckHdb-GmbH/*Fischer/Gerber*, § 4 Rn. 54.

474 Für die HV MK-AktG/*Kubis*, § 119 Rn. 141; *Butzke*, D Rn. 82; MünchHdb-AG/*Semler*, § 36 Rn. 46; *Martens*, WM 1981, 1010, 1013; *Max*, AG 1991, 77, 91.

475 Michalski/*Römermann*, § 50 Rn. 193 f.

Abs. 3 GmbHG Beschlüsse auch über Punkte gefasst werden, die nicht ordnungsgemäß bekanntgemacht worden sind. Die Gesellschafter können in diesem speziellen Fall die Tagesordnung sogar noch während der Gesellschafterversammlung ergänzen. Über den Inhalt der Tagesordnung entscheiden in sämtlichen Fällen also die Geschäftsführer und/oder die Gesellschafter. Die Möglichkeit, Beschlüsse in der Vollversammlung auch über solche Gegenstände zu fassen, die zuvor nicht bekannt gemacht wurden, zeigt, dass die Bekanntmachung der Tagesordnungspunkte allein dem Schutz der Gesellschafter dient, die nicht an der Gesellschafterversammlung teilnehmen. Die Tagesordnung gehört also grundsätzlich in den Kompetenzbereich der Gesellschafterversammlung und nicht in den des einberufenden Geschäftsführers.[476] Auch der Versammlungsleiter kann nicht initiativ in diesen Kompetenzbereich der Gesellschafterversammlung eingreifen. Er kann nicht eigenständig entscheiden, dass ein Tagesordnungspunkt vertagt oder abgesetzt wird.

Eine andere Frage ist allerdings, ob die Gesellschafterversammlung jederzeit von sich aus durch einfachen Mehrheitsbeschluss Tagesordnungspunkte vertagen oder absetzen kann. Grundsätzlich muss man dies bejahen. Etwas anderes kann sich für solche Tagesordnungspunkte ergeben, die durch ein Minderheitsverlangen gem. § 50 GmbHG auf die Tagesordnung gelangt sind. In diesem Fall kann es der „faire und loyale Umgang" mit dem Minderheitsrecht erforderlich machen, über den Tagesordnungspunkt Beschluss zu fassen.[477] Hält der Versammlungsleiter den Absetzungs- oder Vertagungsbeschluss für treuwidrig, wird er diese Ansicht verlautbaren. Eigene Kompetenzen, etwa indem er dem Beschluss die Anerkennung verweigert, hat er nicht.

f) Wiederaufnahme abgeschlossener Tagesordnungspunkte und erneute Beschlussfassung

Grundsätzlich steht es der Gesellschafterversammlung frei, ob sie im Rahmen einer Generaldebatte die einzelnen Tagesordnungspunkte gemeinsam diskutiert und anschließend über die Beschlussanträge abstimmt oder in einer Einzeldebatte die Tagesordnungspunkte getrennt behandelt und am Ende jedes Tagesordnungspunkts abstimmt.[478] Ist ein Versammlungsleiter vorhanden, gehört es zu seiner Leitungsaufgabe, zu entscheiden, welche der beiden Methoden im

---

476 *Römermann*, NZG 1998, 512.

477 LG Bielefeld, NZG 1998, 511 mit zustimmender Anm. *Römermanns*.

478 Zur Unterscheidung zwischen General- und Einzeldebatte MK-AktG/*Kubis*, § 119 Rn. 138; *Butzke*, D Rn. 29 ff.

jeweiligen Fall die sachgerechtere ist.[479] Bei einem großen Gesellschafterkreis und einer überschaubaren Tagesordnung kann sich die Generaldebatte anbieten. Mit wachsender Teilnehmerzahl steigt nämlich regelmäßig die Anzahl der Redner. Die Generaldebatte ermöglicht, dass nicht mehrere Redner wiederholt zu mehreren Tagesordnungspunkten sprechen müssen, sondern sich der einzelne Redner auf wenige Redebeiträge konzentrieren kann. Ist der Teilnehmerkreis hingegen überschaubar, bietet sich in aller Regel eine Einzeldebatte an, da diese einen strukturierteren Diskussionsverlauf ermöglicht. Dies ist gerade bei umfangreichen Tagesordnungen zweckmäßig.[480]

Die Frage nach der Wiederaufnahme bereits abgeschlossener Tagesordnungspunkte stellt sich nur, wenn die Aussprache nicht als General-, sondern als Einzeldebatte strukturiert ist. Sofern es sachgerecht erscheint, kann der Versammlungsleiter auch zu bereits abgeschlossenen Tagesordnungspunkten erneut das Wort erteilen.[481] Eine Wiederaufnahme ist dann denkbar, wenn ein Gesellschafter ausdrücklich fordert, zu einem bereits abgeschlossenen Tagesordnungspunkt zu sprechen, und zugleich neue Aspekte ankündigt. Daneben sollte der Versammlungsleiter bereits abgeschlossene Tagesordnungspunkte auch dann wieder aufnehmen, wenn einzelne Redner in ihren Beiträgen Aspekte aufwerfen, die für einen bereits abgeschlossenen Tagesordnungspunkt relevant, bisher aber unberücksichtigt geblieben sind. Der Versammlungsleiter entscheidet dabei nach pflichtgemäßem Ermessen.

Daneben steht es jedem Gesellschafter frei, einen Geschäftsordnungsantrag auf Wiederaufnahme eines bereits abgeschlossenen Tagesordnungspunkts zu stellen. Der Versammlungsleiter muss diesen Antrag nur in Ausnahmefällen – etwa wenn er eindeutig querulatorisch ist – nicht zur Abstimmung stellen.

Endete die ursprüngliche Behandlung des abgeschlossenen Tagesordnungspunkts mit einem Beschluss, schließt sich der Wiederaufnahme regelmäßig der Wunsch nach erneuter Beschlussfassung an. Zum Teil wird die Zulässigkeit einer erneuten Beschlussfassung bestritten.[482] Denn durch die Beschlussfassung werde ein Vertrauenstatbestand geschaffen, der verbiete, dass im späteren Verlauf der Versammlung erneut über diesen Punkt abgestimmt werden dürfe.[483] Zudem liefe die Möglichkeit einer jederzeitigen erneuten Beschlussfassung auf

---

479 Für den Leiter der HV MK-AktG/*Kubis*, § 119 Rn. 138; GK-AktG/*Mülbert*, Vor §§ 118-147 Rn. 109; *Butzke*, D Rn. 29; MünchHdb-AG/*Semler*, § 36 Rn. 43; *Stützle/Walgenbach*, ZHR 155 (1991), 516, 528.

480 Für die HV *Stützle/Walgenbach*, ZHR 155 (1991), 516, 528.

481 MünchHdb-AG/*Semler*, § 36 Rn. 44.

482 Für die HV Semler/Volhard/Reichert/*Fischer/Pickert*, § 9 Rn. 83.

483 Für die HV Semler/Volhard/Reichert/*Fischer/Pickert*, § 9 Rn. 83.

eine Verpflichtung hinaus, bis zur Beendigung der Versammlung an ihr teilzunehmen.[484] Nur in Ausnahmefällen sei eine erneute Beschlussfassung möglich. Ein solcher liege vor, wenn erhebliche neue Gesichtspunkte vorgetragen würden, die zuvor nicht erörtert wurden.[485] Über die Zulässigkeit einer erneuten Beschlussfassung entscheide aber nicht der Versammlungsleiter, sondern die Versammlung durch Beschlussfassung.[486]

Dem steht allerdings entgegen, dass ein gefasster Beschluss – auch in der noch laufenden Gesellschafterversammlung – durch Beschluss wieder aufgehoben und geändert werden kann, sofern nicht bereits Rechte Dritter entstanden sind.[487] Wenn gesellschaftsrechtlich diese Möglichkeit besteht, muss es auch verfahrensrechtlich gewährleistet sein, eine Änderung oder Aufhebung des Beschlusses herbeizuführen. Wäre nach erstmaliger Beschlussfassung und dem damit verbundenen Abschluss des Tagesordnungspunkts ein Wiederaufgreifen nicht mehr möglich, könnte es nie zu einer Aufhebung oder Änderung in der laufenden Versammlung kommen. Eine erneute Beschlussfassung ist deshalb möglich.

Klärung verlangt noch die Frage, wer über eine erneute Beschlussfassung entscheiden kann. Die Entscheidung ist dem Versammlungsleiter jedenfalls nicht von vornherein entzogen. Dies ergibt sich schon daraus, dass ein Beschluss nicht zwingend in der laufenden, sondern auch in einer darauffolgenden Gesellschafterversammlung aufgehoben oder geändert werden kann. Die Aufhebung oder Änderung muss dann zuvor in der Einberufung angekündigt werden.[488] Gem. § 50 Abs. 1 GmbHG erfolgt die Einberufung grundsätzlich durch den Geschäftsführer. In diesem Fall geht die Initiative somit nicht zwingend von der Gesellschafterversammlung aus. Daraus folgt, dass auch der Versammlungsleiter einen Tagesordnungspunkt zwecks Aufhebung oder Änderung eines in der laufenden Gesellschafterversammlung gefassten Beschlusses wieder aufgreifen kann, ohne dass es eines Antrags auf erneute Beschlussfassung von Gesellschafterseite bedarf. Weil es vielmehr zu der typischen Leitungsaufgabe des Versammlungsleiters gehört, hat der statutarisch bestimmte Versammlungsleiter sogar ein Letztentscheidungsrecht, ob ein Tagesordnungspunkt zur erneuten Be-

---

484 Für die HV Semler/Volhard/Reichert/*Fischer/Pickert*, § 9 Rn. 83.

485 Für die HV KK-AktG/*Zöllner*, § 119 Rn. 55; *Steiner*, § 7 Rn. 5.

486 Für die HV KK-AktG/*Zöllner*, § 119 Rn. 55; *Steiner*, § 7 Rn. 5.

487 BGHZ 48, 163, 172 = NJW 1967, 1963; Roth/Altmeppen/*Roth*, § 47 Rn. 10; Baumbach/Hueck/*Zöllner*, § 47 Rn. 31; Henssler/Strohn/*Hillmann*, § 47 GmbHG Rn. 5.

488 Baumbach/Hueck/*Zöllner*, § 47 Rn. 31.

schlussfassung wiederaufgegriffen wird.[489] Er kann die Entscheidung aber der Gesellschafterversammlung überlassen.[490]

g) Zulassung und Behandlung von Anträgen

Jeder anwesende oder vertretene Gesellschafter ist in der Gesellschafterversammlung antragsbefugt.[491] Dies gilt auch für solche Gesellschafter, die bei der Abstimmung über den Antrag einem Stimmverbot unterliegen.[492] Daneben kann die Satzung weiteren Personen ein Antragsrecht einräumen.[493] Aus der Funktion des Versammlungsleiters ergibt sich kein eigenes Antragsrecht.[494] Ist der Versammlungsleiter zugleich Gesellschafter, kann er aber in seiner Eigenschaft als Gesellschafter Anträge stellen.[495]

Grundsätzlich muss sich jeder Antrag innerhalb eines bekannt gemachten Tagesordnungspunkts bewegen.[496] Einer Ankündigung des Antrags gemeinsam mit der Tagesordnung bedarf es nicht.[497] Ebenso wenig müssen der Geschäftsführer und – wenn vorhanden – der Aufsichtsrat der Gesellschafterversammlung Beschlussvorschläge machen, wie es für die AG in § 124 Abs. 3 Satz 1 AktG vorgeschrieben ist.[498] Über Geschäftsordnungsanträge, also solche die lediglich den Ablauf der Gesellschafterversammlung betreffen, kann ohne vorherige Bekanntmachung abgestimmt werden.[499]

Fraglich ist, wie der Versammlungsleiter zu verfahren hat, wenn er der Ansicht ist, ein Antrag sei von einem bekanntgemachten Tagesordnungspunkt nicht gedeckt. Wird ein solcher Beschluss gefasst, ist er zwar nicht nichtig, aber an-

---

489 Für den Leiter der HV *Stützle/Walgenbach*, ZHR 155 (1991), 516, 537.

490 Für die HV GK-AktG/*Mülbert*, Vor §§ 118-147 Rn. 128; KK-AktG/*Zöllner*, § 119 Rn. 55.

491 Baumbach/Hueck/*Zöllner*, § 48 Rn. 20.

492 Michalski/*Römermann*, § 47 Rn. 25; *Eickhoff*, Rn. 265.

493 Michalski/*Römermann*, § 47 Rn. 34.

494 Roth/Altmeppen/*Roth*, § 48 Rn. 11; Baumbach/Hueck/*Zöllner*, § 47 Rn. 13; *Eickhoff*, Rn. 266.

495 Roth/Altmeppen/*Roth*, § 48 Rn. 11; Baumbach/Hueck/*Zöllner*, § 47 Rn. 13; *Eickhoff*, Rn. 266.

496 MK-GmbHG/*Drescher*, § 47 Rn. 20; Michalski/*Römermann*, § 47 Rn. 36; *Eickhoff*, Rn. 265.

497 *Eickhoff*, Rn. 267.

498 OLG Düsseldorf, GmbHR 2008, 262; MK-GmbHG/*Liebscher*, § 51 Rn. 39; Roth/Altmeppen/*Roth*, § 51 Rn. 10; Baumbach/Hueck/*Zöllner*, § 51 Rn. 24.

499 MK-GmbHG/*Liebscher*, § 51 Rn. 39; Michalski/*Römermann*, § 51 Rn. 72; *Werner*, FS Fleck (1988), S. 401 (413).

fechtbar.[500] Da sich die Befugnisse des Versammlungsleiters aus seiner Aufgabe ergeben[501] und er im Rahmen eines ordnungsgemäßen Ablaufs der Gesellschafterversammlung für die Fassung rechtmäßiger Beschlüsse zu sorgen hat, spricht dies zunächst für die Kompetenz des Versammlungsleiters, solche Beschlussanträge zurückzuweisen, die er für nicht von einem ordnungsgemäß bekanntgemachten Tagesordnungspunkt gedeckt hält. Gegen eine generelle Kompetenz des Versammlungsleiters, solche Beschlussanträge zurückweisen, spricht allerdings, dass die Frage, ob ein Beschlussantrag von einem bekanntgemachten Tagesordnungspunkt noch gedeckt ist, nicht immer ohne Schwierigkeiten zu beantworten ist.[502] Weist der Versammlungsleiter einen Antrag zurück, der tatsächlich von einem Tagesordnungspunkt gedeckt ist, verhindert er damit eine formell ordnungsgemäße Beschlussfassung. Weil der Beschluss nur anfechtbar ist, haben es die Gesellschafter in der Hand, den Beschluss bestandskräftig werden zu lassen, indem sie auf die Erhebung einer Anfechtungsklage verzichten.

Andererseits folgt daraus nicht, dass der Versammlungsleiter selbst solche Anträge zur Abstimmung stellen muss, die evident nicht von einem bekanntgemachten Tagesordnungspunkt gedeckt sind.[503] Der Versammlungsleiter ist bei der Ausübung seines Amtes an das Gesetz und die Satzung gebunden. Aus § 51 Abs. 3, 4 GmbHG ergibt sich, dass Beschlüsse – außer im Fall der Vollversammlung – nur zu bekanntgemachten Tagesordnungspunkten gefasst werden dürfen. Handelte der Versammlungsleiter auch dann pflichtgemäß, wenn er einen Antrag zur Abstimmung stellt, der evident nicht von einem bekanntgemachten Tagesordnungspunkt gedeckt ist, müsste man dies auch bezüglich der Zulassung solcher Anträge annehmen, die auf die Fassung von aus anderen Gründen anfechtbaren Beschlüssen zielen. Dies stünde jedoch im klaren Widerspruch zu seiner Aufgabe, für die Fassung rechtmäßiger Beschlüsse zu sorgen. Ist ein Beschlussantrag evident nicht von der Tagesordnung gedeckt, muss der Versammlungsleiter ihn zurückweisen. Bestehen hingegen lediglich Zweifel an der Zulässigkeit des Antrags, muss der Versammlungsleiter die Abstimmung zulassen, um eine Beschlussfassung zu ermöglichen.

Für die Reihenfolge der Behandlung von Anträgen gilt der Grundsatz „Geschäftsordnungs- vor Sachantrag", so dass Geschäftsordnungsanträge vor Sach-

---

500 MK-GmbHG/*Liebscher*, § 51 Rn. 52; Henssler/Strohn/*Hillmann*, § 51 GmbHG Rn. 22; *Stützle/Walgenbach*, ZHR 155 (1991), 516, 531.

501 BGHZ 44, 245, 248 = NJW 1966, 43.

502 *Stützle/Walgenbach*, ZHR 155 (1991), 516, 531.

503 Für den Leiter der HV *Werner*, FS Fleck (1988), S. 401 (421).

anträgen zur Abstimmung zu stellen sind.[504] Denn die Abstimmung über einen Sachantrag vor der Abstimmung über den Geschäftsordnungsantrag macht letzteren sinnlos, weil er sein Ziel nicht mehr erreichen kann. Exemplarisch ist über den Geschäftsantrag, einen Tagesordnungspunkt von der Tagesordnung zu streichen, vor Sachanträgen abzustimmen, die sich auf den Tagesordnungspunkt beziehen. Sollte der Verfahrensantrag nämlich Erfolg haben, findet im Anschluss keine Abstimmung über den Sachantrag mehr statt.

Werden mehrere Sachanträge zu einem Tagesordnungspunkt gestellt, entscheidet der Versammlungsleiter, in welcher Reihenfolge die Anträge behandelt werden. Ebenso wie bei der Änderung der Tagesordnungsreihenfolge muss sich der Versammlungsleiter einem anderslautenden Beschluss der Gesellschafterversammlung aber beugen.

Liegen alternative Beschlussanträge vor, sollte der Versammlungsleiter zunächst den Antrag zur Abstimmung stellen, der nach seiner Prognose die größere Mehrheit erhalten wird. Lediglich bei knappen Abstimmungsergebnissen ist eine Kontrollabstimmung über den anderen Beschlussantrag empfehlenswert.

h) Reihenfolge der Wortmeldungen

Unbestritten ist es Aufgabe des Versammlungsleiters, für eine ordnungsgemäße und zügige Erledigung der Tagesordnung zu sorgen. Aus dieser Aufgabe ergibt sich seine Kompetenz zur Worterteilung.[505] Auch das Festlegen der Reihenfolge von Wortmeldungen gehört zum Kompetenzbereich des Versammlungsleiters.[506] Die Gesellschafterversammlung wählt gerade deshalb einen Versammlungsleiter, um die Diskussion in geordnete Bahnen zu lenken. Regelmäßig wird der Versammlungsleiter demjenigen das Wort erteilen, der um Worterteilung bittet. Dies kann etwa durch Handzeichen geschehen. Bitten mehrere Gesellschafter um Worterteilung, ist der Versammlungsleiter zunächst frei, in welcher Reihenfolge er den Gesellschaftern das Wort erteilt. Freilich darf er sich dabei nicht von sachfremden Erwägungen leiten lassen. Der Versammlungsleiter achtet darauf, dass die Gesellschafter nicht stets in der gleichen Reihenfolge sprechen. Denn derjenige, der als erstes spricht, wird in der Regel den Grundstein dafür legen, in welche Richtung sich die folgende Diskussion bewegt. Geht

---

504 MK-AktG/*Kubis*, § 119 Rn. 152; Michalski/*Römermann*, § 47 Rn. 454; *Eickhoff*, Rn. 271; *Kuhnt*, FS Lieberknecht (1997), S. 45 (51).

505 Scholz/*K. Schmidt/Seibt*, § 48 Rn. 36; Baumbach/Hueck/*Zöllner*, § 48 Rn. 17; Semler/Volhard/Reichert/*Fischer/Pickert*, § 9 Rn. 124; Henssler/Strohn/*Hillmann*, § 48 GmbHG Rn. 14; *Martens*, S. 56; Schaaf/*Schaaf*, Rn. 497; *Steiner*, § 7 Rn. 1.

506 Michalski/*Römermann*, § 48 Rn. 135; für den Leiter der HV *Stützle/Walgenbach*, ZHR 155 (1991), 516, 527.

die Diskussion stets von der gleichen Person aus, obwohl auch andere Gesellschafter die Diskussion eröffnen möchten, kommt es zu einer Meinungsführerschaft eines Gesellschafters, die der Versammlungsleiter verhindern soll. Sofern es um die Reihenfolge von Tagesordnungspunkten geht, die wegen eines Minderheitsverlangens gem. § 50 Abs. 2 GmbHG behandelt werden, erteilt der Versammlungsleiter dem Gesellschafter zuerst das Wort, der die Aufnahme des Gegenstands auf die Tagesordnung verlangt hat. Dieser Gesellschafter wird erläutern, warum er den Tagesordnungspunkt für behandlungswürdig erachtet und was er sich von der Beschlussfassung verspricht.

i) Zeitliche Beschränkung des Rede- und Fragerechts

Die an der Gesellschafterversammlung teilnehmenden Gesellschafter können die zügige und sachgemäße Abwicklung der Tagesordnung erheblich erschweren. Ihr stehen etwa solche Gesellschafter entgegen, die für sich eine überlange Redezeit in Anspruch nehmen oder deren Redebeiträge durch Wiederholungen oder Abschweifungen der Diskussion inhaltlich nicht dienlich sind. Daher verfügt der Versammlungsleiter über die Kompetenz zur zeitlichen Beschränkung des Rede- und Fragerechts.[507] Bei der zeitlichen Beschränkung des Rede- und Fragerechts ist zwischen genereller und individueller Redezeitbeschränkung zu unterscheiden. Bei der generellen Redezeitbeschränkung handelt es sich um eine Leitungsaufgabe.[508] Die individuelle Redezeitbeschränkung hingegen ist Ordnungsmaßnahme, weil sie stets Reaktion auf unangemessenes Verhalten eines Versammlungsteilnehmers ist.[509] Der Versammlungsleiter muss die Gesellschafter vor der Beschränkung der Redezeit auffordern, sich möglichst kurz zu fassen und Abschweifungen zu vermeiden, die in keinem Zusammenhang mit Tagesordnungspunkten stehen.[510] Dies kann er bereits zu Beginn der Versammlung tun. Erst wenn dieser Hinweis keinen Erfolg gebracht hat, kommt die Anordnung einer generellen Redezeitbeschränkung in Betracht.[511]

Die Leiter gut besuchter Hauptversammlungen von börsennotierten AGs beschränken häufig bereits zu einem recht frühen Zeitpunkt die Redezeit, wenn zu diesem Zeitpunkt bereits so viele Aktionäre den Wunsch geäußert haben, von

507 BeckHdb-GmbH/*Fischer/Gerber*, § 4 Rn. 53; für den Leiter der HV BGHZ 44, 245, 248 = NJW 1966, 43; LG Frankfurt a.M., ZIP 1984, 321, 324.

508 *Martens*, S. 60; *Steiner*, § 10 Rn. 3; a.A. Scholz/*K. Schmidt/Seibt*, § 48 Rn. 37; Schaaf/*Schaaf*, Rn. 629.

509 Michalski/*Römermann*, § 48 Rn. 145.

510 Semler/Volhard/Reichert/*Fischer/Pickert*, § 9 Rn. 127; *Martens*, S. 57; Schaaf/*Schaaf*, Rn. 622.

511 Schaaf/*Schaaf*, Rn. 625.

ihrem Rede- und Fragerecht Gebrauch machen zu wollen, dass absehbar ist, dass eine Redezeitbeschränkung erforderlich ist, um die Tagesordnung der Hauptversammlung zügig abzuwickeln. Zudem eröffnen in der Regel die Vertreter der Anlegerschutzvereinigungen die Debatte. Diese sind im Gegensatz zu einigen Aktionären nicht an einer künstlichen Verlängerung der Hauptversammlung interessiert. Vielmehr sprechen sie knapp zur Lage der jeweiligen AG aus Sicht der Kleinanleger. Weil dabei potenzielle Fragen von Kleinanlegern oftmals bereits von den Vertretern der Anlegerschutzvereinigungen gestellt werden, reduziert sich die Anzahl der Wortmeldungen erfahrungsgemäß durch diese Vorgehensweise.

Eine generelle Redezeitbeschränkung zu einem frühen Zeitpunkt der Gesellschafterversammlung einer GmbH wird für den Versammlungsleiter nur in den seltensten Fällen und wohl nur in Publikumsgesellschaften in Betracht kommen. Anders als in der Hauptversammlung der AG findet die Debatte in der Gesellschafterversammlung der GmbH nämlich in aller Regel nicht in Form einer Generaldebatte statt. Vielmehr wird zu jedem Tagesordnungspunkt eine eigene Debatte stattfinden und anschließend über den Beschlussantrag abgestimmt. Dies macht die Beurteilung schwieriger, wie viel Zeit für die einzelnen Tagesordnungspunkte zur Verfügung steht, weil der Versammlungsleiter bei der Behandlung jedes Tagesordnungspunkts eine ausreichend lange Debatte berücksichtigen muss. Zudem ist die voraussichtliche Dauer der Gesellschafterversammlung stark von den individuellen Gegebenheiten der jeweiligen GmbH abhängig.

In Gesellschaften, in denen sich die Gesellschafter über die strategische Ausrichtung der Gesellschaft einig sind und in denen die Tagesordnung kurz ist, ist eine generelle Beschränkung des Rederechts nicht notwendig und auch nicht sachgerecht. Selbst bei Konfliktpunkten zwischen den Gesellschaftern und einer gefüllten Tagesordnung erscheint eine allgemeine Redezeitverkürzung nicht sachgerecht, wenn sich die Gesellschafter darüber einig sind, dass sie die Debatte für notwendig halten. Denn anders als die Kompetenzen der Hauptversammlung der AG sind die Kompetenzen der Gesellschafterversammlung umfassend und gesetzlich nicht beschränkt. Ein zeitlicher Umfang von vier bis sechs Stunden, innerhalb derer die Hauptversammlung beendet sein sollte,[512] kann für die Gesellschafterversammlung nicht angenommen werden. Vielmehr kann eine Gesellschafterversammlung deutlich kürzer aber auch deutlich länger dauern. Im Ergebnis lässt sich festhalten, dass der Versammlungsleiter grundsätzlich nicht bereits zu Beginn der Debatte dazu befugt ist, generell die Redezeit zu beschränken. Dies ist vor dem Hintergrund der Möglichkeit individueller Redezeitbeschränkung auch nicht notwendig, um der Aufgabe gerecht zu werden, die

512 So die Anregung in Ziffer 2.2.4 DCGK.

Gesellschafterversammlung zügig durchzuführen. Lediglich in Gesellschafterversammlungen von Publikumsgesellschaften kann es notwendig sein, die Redezeit allgemein zu beschränken.

j) Beendigung der Gesellschafterversammlung

Der Versammlungsleiter ist für die Beendigung der Gesellschafterversammlung zuständig.[513] Sind sämtliche Tagesordnungspunkte erschöpfend behandelt, schließt er die Versammlung.[514] Zuvor kommt eine Beendigung nur in Betracht, wenn die Gesellschafterversammlung unter einem erheblichen Einberufungsmangel leidet[515] und dabei keine Vollversammlung vorliegt oder sie nicht (mehr) beschlussfähig ist[516].

Initiativ kann die Gesellschafterversammlung nicht über ihre Beendigung entscheiden,[517] wenn der Versammlungsleiter statutarisch besetzt ist. Der Versammlungsleiter ist nämlich verpflichtet, für die Erledigung der Tagesordnung zu sorgen. Wird er durch die Satzung bestimmt, geht damit die Kompetenz einher, zu entscheiden, wann die Tagesordnung erledigt ist und die Gesellschafterversammlung beendet werden kann. Wurde der Versammlungsleiter ad hoc in der Versammlung oder durch eine Regelung in der Geschäftsordnung der Gesellschafterversammlung bestellt, kann die Gesellschafterversammlung auch initiativ die Versammlung beenden. Die Beendigung durch die Gesellschafterversammlung von einer vorherigen Abberufung des Versammlungsleiters abhängig zu machen, wäre reiner Formalismus, weil die Abberufung rechtlich ohne weiteres zulässig ist (vgl. C.II.3.b und c).

---

513 Michalski/*Römermann*, § 48 Rn. 114; Scholz/*K. Schmidt/Seibt*, § 48 Rn. 36; für die HV GK-AktG/*Mülbert*, Vor §§ 118-147 Rn. 133; KK-AktG/*Zöllner*, § 119 Rn. 69; Semler/Volhard/Reichert/*Fischer/Pickert*, § 9 Rn. 382; MünchHdb-AG/*Semler*, § 36 Rn. 47; *Martens*, WM 1981, 1010, 1014; *Stützle/Walgenbach*, ZHR 155 (1991), 516, 539.

514 Michalski/*Römermann*, § 48 Rn. 114; für die HV GK-AktG/*Mülbert*, Vor §§ 118-147 Rn. 133; KK-AktG/*Zöllner*, § 119 Rn. 69; Semler/Volhard/Reichert/*Fischer/Pickert*, § 9 Rn. 382; *Martens*, S. 97.

515 Michalski/*Römermann*, § 48 Rn. 111; für die HV GK-AktG/*Mülbert*, Vor §§ 118-147 Rn. 133; Semler/Volhard/Reichert/*Fischer/Pickert*, § 9 Rn. 382; *Martens*, S. 97.

516 Michalski/*Römermann*, § 48 Rn. 111; für die HV KK-AktG/*Zöllner*, § 119 Rn. 69; Semler/Volhard/Reichert/*Fischer/Pickert*, § 9 Rn. 382; *Martens*, S. 97.

517 Für die HV KK-AktG/*Zöllner*, § 119 Rn. 69; Semler/Volhard/Reichert/*Fischer/Pickert*, § 9 Rn. 383; *Martens*, S. 96; MünchHdb-AG/*Semler*, § 36 Rn. 47; *Martens*, WM 1981, 1010, 1014; *Max*, AG 1991, 77, 94.

Beendet der Versammlungsleiter die Versammlung, kann die Gesellschafterversammlung in jedem Fall einen Fortsetzungsbeschluss fassen.[518] Dafür ist die einfache Mehrheit ausreichend.[519] Der Fortsetzungsbeschluss muss unmittelbar, nachdem der Versammlungsleiter die Gesellschafterversammlung beendet hat, gefasst werden.[520] Akzeptiert der Versammlungsleiter den Fortsetzungsbeschluss nicht, ist das als konkludente Amtsniederlegung zu werten.[521] Schreibt die Satzung einen Versammlungsleiter vor, wählt die Gesellschafterversammlung zunächst einen neuen Versammlungsleiter. Enthält die Satzung keine diesbezügliche Anordnung, kann die Gesellschafterversammlung ohne Leiter fortgeführt werden.

Liegt ein Einberufungsmangel vor, der zur Nichtigkeit sämtlicher Gesellschafterbeschlüsse führt (z.B. die Nichteinladung eines Gesellschafters, § 241 Nr. 1 AktG analog)[522], und bestimmt nicht bereits die Satzung einen Versammlungsleiter, kann die Gesellschafterversammlung ihn in der laufenden Gesellschafterversammlung nicht wirksam bestimmen. Die Nichtigkeit der gefassten Beschlüsse und damit auch des Bestellungsbeschlusses tritt *ipso iure* ein. In diesem Fall ist der Abbruch der Gesellschafterversammlung durch den Versammlungsleiter lediglich eine Aufforderung an die Gesellschafter, auf die weitere Durchführung der Gesellschaft zu verzichten, da nach seiner Einschätzung die Gesellschafterversammlung nicht ordnungsgemäß einberufen wurde. Sollten die Gesellschafter diese Auffassung nicht teilen, werden sie die Gesellschafterversammlung fortsetzen und weitere (nichtige) Beschlüsse fassen, ohne dass der Versammlungsleiter eine rechtliche Möglichkeit hat, dieses Vorgehen zu unterbinden.

5. Ordnungsbefugnisse

a) Allgemeines

Zweck der Gesellschafterversammlung ist es, Beschlüsse über die bekanntgemachten Tagesordnungspunkte zu fassen. Der Beschlussfassung geht in der

518 Für die HV GK-AktG/*Mülbert*, Vor §§ 118-147 Rn. 134; KK-AktG/*Zöllner*, § 119 Rn. 69; *Martens*, S. 97; *Stützle/Walgenbach*, ZHR 155 (1991), 516, 539.

519 Für die HV *Martens*, S. 97; *Stützle/Walgenbach*, ZHR 155 (1991), 516, 539.

520 Für die HV *Stützle/Walgenbach*, ZHR 155 (1991), 516, 539.

521 Für die HV GK-AktG/*Mülbert*, Vor §§ 118-147 Rn. 134; KK-AktG/*Zöllner*, § 119 Rn. 69.

522 BGHZ 36, 207 = NJW 1962, 538; Michalski/*Römermann*, Anh. § 47 Rn. 75; Baumbach/Hueck/*Zöllner*, Anh. § 47 Rn. 45; *Müther*, GmbHR 2000, 966, 968; *Seeling/Zwickel*, DStR 2009, 1097, 1100.

Regel eine Debatte voraus. Solange in der Debatte lediglich die unterschiedlichen Argumente in sachlicher Weise vorgetragen werden, erfüllt die Gesellschafterversammlung ihren Zweck. Die Erfahrung zeigt allerdings, dass Differenzen zwischen den Gesellschaftern nicht in allen Fällen durch sachliche Diskussion beseitigt werden. Wenn das Verhalten eines Gesellschafters die Zweckerreichung der Gesellschafterversammlung gefährdet oder zumindest der Abarbeitung der einzelnen Tagesordnungspunkte nicht dienlich ist, muss der Versammlungsleiter Maßnahmen ergreifen und damit für die sachgemäße Erledigung der Geschäfte sorgen.[523]

Zur Bestimmung der Ordnungsbefugnisse kann auf die aktienrechtliche Literatur zur Hauptversammlungsleitung zurückgegriffen werden. Zwar unterscheiden sich AG und GmbH im Hinblick auf ihre Idealstruktur insbesondere bezüglich der typischen Anzahl ihrer Anteilsinhaber. Während die GmbH typischerweise über einen kleinen Gesellschafterkreis verfügt und darum die Teilnehmerzahl der Gesellschafterversammlung gering ist, nehmen an Hauptversammlungen großer Publikums-AGs oftmals mehrere Tausend Aktionäre teil. Allein eine größere Anzahl von Versammlungsteilnehmern ändert aber nichts daran, dass ähnliche Störfälle auftreten können. Man wird wohl lediglich von einer größeren Wahrscheinlichkeit solcher Störfälle auf der Hauptversammlung einer börsennotierten Aktiengesellschaft ausgehen müssen als bei der Gesellschafterversammlung einer Familien-GmbH. Andererseits dürften gerade auf Gesellschafterversammlungen, bei denen zwischen den Teilnehmern enge persönliche oder familiäre Verbindungen bestehen, Meinungsverschiedenheiten häufig umso erbitterter ausgetragen werden. Denn die Hemmschwelle zur Überschreitung der Grenzen eines dem Gesellschaftsinteresse dienenden Diskurses über die wirtschaftliche Entwicklung und strategische Ausrichtung der Gesellschaft ist vergleichsweise niedrig. Dass diese Hemmschwelle selbst bei der Anwesenheit tausender Aktionäre nicht sehr hoch hängt, hat zuletzt beispielsweise die Hauptversammlung der Commerzbank AG im Mai 2011 bewiesen, auf der sich Vorstands- und Aufsichtsratsmitglieder als „Phrasendrescher, Faktenverdreher, totale Null[en]“ beschimpfen lassen mussten.[524] Es ist also zu befürchten, dass sich die Situation in konfliktreichen GmbH-Gesellschafterversammlungen nicht anders darstellt, wenngleich dies zu keinem Medienecho führt. Der Versammlungsleiter verfügt unabhängig davon, ob er eine Hauptversammlung oder eine Gesellschafterversammlung leitet, über Kompetenzen, mit denen er auf solche Störfälle angemessen reagieren und einen ordnungsgemäßen Ablauf der Versammlung sicherstellen kann.

---

523 BGHZ 44, 245, 248 = NJW 1966, 43 zum Leiter der HV.

524 Handelsblatt-Beilage „Die neue deutsche Aktionärskultur“ vom 9. 5. 2011.

b) Abmahnung

Der Versammlungsleiter kann einen Störer zunächst abmahnen,[525] um das störende Verhalten zu unterbinden.[526] Dies geschieht durch den aus dem Parlamentsrecht[527] bekannten Ordnungsruf.[528] Dabei handelt es sich um das mildeste Ordnungsmittel.[529] Der Ordnungsruf hat auf der einen Seite eine Warnfunktion.[530] Der Gesellschafter wird darauf hingewiesen, dass eine Fortsetzung seines Verhaltens zu Konsequenzen führen wird. Andererseits ist die Abmahnung Voraussetzung dafür, dass der Versammlungsleiter zulässigerweise weniger milde Ordnungsmaßnahmen ergreifen darf. Die Abmahnung ist somit der Grundstein für einschneidendere Maßnahmen. Der Versammlungsleiter wird vor allem in Situationen, in denen ein Gesellschafter in nicht hinnehmbarer Weise vom eigentlichen Tagesordnungspunkt abschweift, sich in Wiederholungen verliert oder andere Teilnehmer der Gesellschafterversammlung beleidigt, zum Ordnungsruf greifen. Andererseits darf der Versammlungsleiter den Ordnungsruf nicht dazu missbrauchen, Gesellschafter einzuschüchtern, die in legitimer Art und Weise Kritik äußern. Ohnehin muss der Versammlungsleiter stets die Position eines neutralen Dritten einnehmen.[531] Dies ist gerade dann von Bedeutung, wenn der Versammlungsleiter selbst Gesellschafter ist. Dann nämlich ist die Gefahr besonders groß, dass der Gesellschafter seine Kompetenzen als Versammlungsleiter dazu nutzt, seine Interessen als Gesellschafter durchzusetzen.

c) Individuelle Redezeitbeschränkung

Der Versammlungsleiter kann zudem die Redezeit eines Gesellschafters individuell begrenzen.[532] Im Gegensatz zur generellen Redezeitbeschränkung betrifft die individuelle Redezeitbeschränkung lediglich die Redezeit eines einzelnen Gesellschafters. Weil sie stets eine Reaktion auf vorangegangenes Verhalten des Gesellschafters ist, handelt es sich um eine Ordnungsmaßnahme.[533] Da das Rederecht grundsätzlich zeitlich nicht beschränkt ist, ist bei seiner Beschrän-

---

525 Semler/Volhard/Reichert/*Fischer/Pickert*, § 9 Rn. 178; *Martens*, S. 69; Schaaf/*Schaaf*, Rn. 673.

526 Michalski/*Römermann*, § 48 Rn. 143.

527 Vgl. z.B. § 36 GOBT.

528 Michalski/*Römermann*, § 48 Rn. 143.

529 Schaaf/*Schaaf*, Rn. 673; MünchHdb-AG/*Semler*, § 36 Rn. 51.

530 Schaaf/*Schaaf*, Rn. 674.

531 BeckHdb-GmbH/*Fischer/Gerber*, § 4 Rn. 53.

532 GK-GmbHG/*Hüffer*, § 48 Rn. 36; Schaaf/*Schaaf*, Rn. 675; MünchHdb-GmbH/*Wolff*, § 39 Rn. 72a.

533 Michalski/*Römermann*, § 48 Rn. 145, Schaaf/*Schaaf*, Rn. 675.

kung Zurückhaltung geboten.[534] Der Gleichbehandlungsgrundsatz könnte einer individuellen Redezeitbeschränkung sogar generell entgegenstehen. Eine Verletzung des Gleichbehandlungsgrundsatzes liegt aber nur dann vor, wenn der Versammlungsleiter willkürlich die Redezeit eines einzelnen Gesellschafters beschränkt.[535] Im Hinblick auf den Gleichbehandlungsgrundsatz zulässig ist es, im Fall von überlangen Ausführungen eines Gesellschafters dessen Redezeit zu verkürzen.[536] Denn die Beschränkung der Redezeit desjenigen Gesellschafters, der bereits einen großen Anteil von Redezeit für sich in Anspruch genommen hat, dient gerade der Gleichbehandlung der Gesellschafter. Die individuelle Redezeitbeschränkung ist im Vergleich zur generellen Redezeitbeschränkung die weniger einschneidende Maßnahme.[537] Bevor überlange Ausführungen eines Gesellschafters dazu führen, dass die Redezeit aller Gesellschafter generell beschränkt werden muss, muss der Versammlungsleiter deshalb zunächst die Redezeit des einzelnen Gesellschafters beschränken.[538] Eine Redezeitbeschränkung allein wegen der Länge des Redebeitrags eines Gesellschafters ist aber nur dann möglich, wenn davon auszugehen ist, dass bei weiteren Ausführungen des Redners nicht mehr sämtliche Tagesordnungspunkte abgehandelt werden können.[539] Neben dem zeitlichen Aspekt kommt eine Redezeitbeschränkung auch aus inhaltlichen Gründen in Betracht. Auch bei der Redezeitbeschränkung aus inhaltlichen Gründen ist Zurückhaltung geboten. Insbesondere ist sie nicht zulässig, um Kritik zu unterbinden. Die Gesellschafterversammlung dient gerade der Diskussion. Daher ist auch einem kritischen Gesellschafter Raum für seine Ausführungen zu geben. Sofern sich die Ausführungen des Gesellschafters nicht mehr auf Tagesordnungspunkte beziehen oder der Gesellschafter bereits von ihm oder von anderen Gesellschaftern getätigte Äußerungen wiederholt, kann der Versammlungsleiter die Redezeit des Gesellschafters beschränken.[540] In jedem Fall muss der Versammlungsleiter den Gesellschafter zunächst abgemahnt haben. Dabei hat er ihn aufzufordern, inhaltlich zur Sache zu sprechen und auf Wiederholungen zu verzichten. Die Schwierigkeit für den Versammlungsleiter liegt darin, dass er den weiteren Verlauf des Redebeitrags prognostizieren muss. Bei dieser Entscheidung kommt ihm ein Ermessensspielraum zu.[541]

---

534 Michalski/*Römermann*, § 48 Rn. 148.

535 Michalski/*Römermann*, § 48 Rn. 151.

536 Für die HV LG Frankfurt a.M., ZIP 1984, 321, 324.

537 Schaaf/*Schaaf*, Rn. 676.

538 Semler/Volhard/Reichert/*Fischer/Pickert*, § 9 Rn. 134.

539 Michalski/*Römermann*, § 48 Rn. 148.

540 Michalski/*Römermann*, § 48 Rn. 147; Semler/Volhard/Reichert/*Fischer/Pickert*, § 9 Rn. 135; MünchHdb-AG/*Semler*, § 36 Rn. 51.

541 Michalski/*Römermann*, § 48 Rn. 149.

d) Wortentzug

Ein weiteres Ordnungsmittel des Versammlungsleiters ist der Wortentzug.[542] Die Entziehung des Wortes kommt in verschiedenen Konstellationen in Betracht.

Hat der Versammlungsleiter die Redezeit generell oder individuell verkürzt und ist die Redezeit des Gesellschafters abgelaufen, beendet der Gesellschafter in der Regel seinen Redebeitrag von allein, so dass der Versammlungsleiter einem anderen Gesellschafter das Wort erteilen oder in der Tagesordnung fortfahren kann.[543] Da gerade ungeübten Rednern oftmals das Gefühl fehlt, wie lange ihr Redebeitrag dauert, sollte der Versammlungsleiter wenige Minuten vor Ablauf der Redezeit darauf hinweisen. Ist die Redezeit abgelaufen, fordert der Versammlungsleiter den Redner auf, nun zum Ende seiner Ausführungen zu kommen. Beendet der Redner seinen Beitrag dennoch nicht, droht der Versammlungsleiter ihm an, ihm das Wort zu entziehen, wenn er nicht sofort zum Ende seiner Ausführungen kommt. Folgt der Redner auch dieser Aufforderung nicht, entzieht der Versammlungsleiter ihm ohne weitere Begründung das Wort.[544]

Doch auch wenn der Versammlungsleiter die Redezeit zuvor nicht beschränkt hat, ist ein Wortentzug möglich. Zulässig ist er aber nur, wenn der Gesellschafter massive Beleidigungen ausspricht oder ohne jeden Bezug zur Tagesordnung etwa politische Abhandlungen vorträgt.[545] In jedem Fall muss der Versammlungsleiter den Redner zunächst ausdrücklich abgemahnt und ihm die Entziehung des Wortes angedroht haben.[546] Im Hinblick auf den Verhältnismäßigkeitsgrundsatz ist vorrangig von der individuellen Redezeitbeschränkung Gebrauch zu machen.[547] Im Ergebnis muss eine Fortsetzung der Ausführungen unzumutbar sein, damit der Versammlungsleiter dem Redner zulässigerweise ohne vorherige Redezeitbeschränkung das Wort entziehen kann.[548]

---

542 GK-GmbHG/*Hüffer*, § 48 Rn. 35; Michalski/*Römermann*, § 48 Rn. 152 ff.; Scholz/*K. Schmidt/Seibt*, § 48 Rn. 37; BeckHdb-GmbH/*Fischer/Gerber*, § 4 Rn. 53; Semler/Volhard/Reichert/*Fischer/Pickert*, § 9 Rn. 178; *Martens*, S. 59; Schaaf/*Schaaf*, Rn. 679; MünchHdb-GmbH/*Wolff*, § 39 Rn. 72a; *Grüner*, NZG 2000, 770, 774.

543 Michalski/*Römermann*, § 48 Rn. 152.

544 MK-AktG/*Kubis*, § 119 Rn. 172; abweichend Michalski/*Römermann*, § 48 Rn. 153, der auf das Erfordernis einer Androhung verzichtet.

545 Schaaf/*Schaaf*, Rn. 679; MünchHdb-AG/*Semler*, § 36 Rn. 51; *Stützle/Walgenbach*, ZHR 155 (1991), 516, 542.

546 Michalski/*Römermann*, § 48 Rn. 154.

547 Michalski/*Römermann*, § 48 Rn. 154; *Stützle/Walgenbach*, ZHR 155 (1991), 516, 541 f.

548 Michalski/*Römermann*, § 48 Rn. 154.

e) *Saalverweis*

Der Versammlungsleiter kann Gesellschafter von der weiteren Teilnahme an der Gesellschafterversammlung ausschließen. Diese Maßnahme ist das weitestgehende Ordnungsmittel und deshalb nur als *ultima ratio* zulässig.[549] Ein Saalverweis kommt erst dann in Betracht, wenn Abmahnungen, die Beschränkung der Redezeit und der Wortentzug erfolglos geblieben sind. Denkbar ist er zudem bei tätlichen Angriffen auf andere Versammlungsteilnehmer oder solchen Störungen, die eine ordnungsgemäße Durchführung der Gesellschafterversammlung unmöglich machen.[550] In jedem Fall muss der Versammlungsleiter den Gesellschafter zuvor erfolglos abgemahnt haben. Der Ausschluss von der Gesellschafterversammlung kann zeitlich beschränkt sein oder für die Dauer der gesamten Versammlung gelten.[551] Da jede Ordnungsmaßnahme des Versammlungsleiters verhältnismäßig sein muss, darf die Verweisung aus dem Versammlungsraum nur dann für die Dauer der gesamten Gesellschafterversammlung gelten, wenn eine zeitlich begrenzte Verweisung einer ordentlichen Durchführung der Gesellschafterversammlung entgegensteht. In aller Regel wird es ausreichen, den Saalverweis zeitlich zu begrenzen, um dem Gesellschafter die Möglichkeit zu geben, sich zu beruhigen.[552] Der Ausschluss des Gesellschafters hat keinen Einfluss auf sein Stimmrecht, es wird ihm nicht durch den Ausschluss entzogen.[553] Deshalb muss der Versammlungsleiter dem ausgeschlossenen Gesellschafter ermöglichen, einen anderen Teilnehmer zum Stimmrechtsvertreter zu bestimmen.[554]

f) *Weitergehende Maßnahmen*

Über den Saalverweis für die laufende Gesellschafterversammlung hinausgehende Maßnahmen sind unzulässig.[555] Ein Ausschluss für weitere Versamm-

---

549 BGHZ 44, 245, 255 = NJW 1966, 43; OLG Bremen, NZG 2007, 468; Rowedder/Schmidt-Leithoff/*Koppensteiner/Gruber*, § 48 Rn. 12; Roth/Altmeppen/*Roth*, § 48 Rn. 9; Michalski/*Römermann*, § 48 Rn. 155; Scholz/*K. Schmidt/Seibt*, § 48 Rn. 37; Baumbach/Hueck/*Zöllner*, § 48 Rn. 18; *Eickhoff*, Rn. 260; BeckHdb-GmbH/*Fischer/Gerber*, § 4 Rn. 53; AnwHdb-GmbHR/*Römermann*, § 15 Rn. 103; MünchHdb-GmbH/*Wolff*, § 39 Rn. 72a; *Martens*, WM 1981, 1010, 1011; *Stützle/Walgenbach*, ZHR 155 (1991), 516, 541; *Wicke*, NZG 2007, 771, 773.

550 Michalski/*Römermann*, § 48 Rn. 156.

551 Scholz/*K. Schmidt/Seibt*, § 48 Rn. 37.

552 *Butzke*, D Rn. 72.

553 *Eickhoff*, Rn. 261; *Martens*, S. 70; MünchHdb-AG/*Semler*, § 36 Rn. 51.

554 *Butzke*, D Rn. 72; *Eickhoff*, Rn. 261; AnwHdb-GmbHR/*Römermann*, § 15 Rn. 103.

555 Scholz/*K. Schmidt/Seibt*, § 48 Rn. 37.

lungen ist demnach nicht zulässig.[556] Unzulässig ist es auch, Ordnungsmaßnahmen in der Gesellschafterversammlung auf Ereignisse in der vorangegangenen Gesellschafterversammlung zu stützen.[557] Dies gilt erst recht für rein präventive Ordnungsmaßnahmen des Versammlungsleiters, die keinen Bezug zu Vorkommnissen auf vorangegangen Gesellschafterversammlungen haben. Die Unzulässigkeit dieser Maßnahmen ergibt sich aus einer Abwägung zwischen der Beeinträchtigung von Mitgliedschaftsrechten des Gesellschafters und der Beeinträchtigung einer ordnungsgemäßen Gesellschafterversammlung. Diese Abwägung fällt zugunsten der Mitgliedschaftsrechte des Gesellschafters aus. Mit jeder gegen einen Gesellschafter gerichteten Ordnungsmaßnahme wird nämlich in Rechte des Gesellschafters eingegriffen, während es im Fall von präventiven und solchen Maßnahmen, die mit Fehlverhalten in vorangegangenen Gesellschafterversammlungen begründet werden, noch gar nicht zu einer Beeinträchtigung der laufenden Gesellschafterversammlung gekommen ist.

---

556 *Eickhoff*, Rn. 261.

557 Michalski/*Römermann*, § 48 Rn. 157; AnwHdb-GmbHR/*Römermann*, § 15 Rn. 103.

D. Die Beschlussfeststellung

I. Bedeutung der Beschlussfeststellung für Rechtsschutz gegen fehlerhafte Beschlüsse

In der Gesellschafterversammlung können Beschlüsse wirksam gefasst werden, ohne dass es ihrer förmlichen Feststellung bedarf.[558] Damit unterscheidet sich die Beschlussfassung in der Gesellschafterversammlung der GmbH von der Beschlussfassung der Hauptversammlung in der AG. In der AG ist gem. § 130 Abs. 2 Satz 1 AktG in der Niederschrift der Hauptversammlung *„die Feststellung des Vorsitzenden über die Beschlussfassung anzugeben*". Die Beschlussfeststellung ist konstitutiver Rechtsakt,[559] ohne die die Hauptversammlung keine wirksamen Beschlüsse fassen kann (vgl. B.V.2.).[560]

Das Erfordernis beruht auch auf praktischen Erwägungen: In Hauptversammlungen mit großer Teilnehmerzahl wäre ohne eine Beschlussfeststellung überhaupt nicht klar, ob ein Antrag die erforderliche Mehrheit erreicht hat. Durch die Feststellung über die Beschlussfassung teilt der Versammlungsleiter den anwesenden Aktionären mit, dass ein Beschluss und mit welchem Inhalt er gefasst wurde. Diese Klarheit ist wegen des Erfordernisses notwendig, die Fehlerhaftigkeit eines Beschlusses durch die fristgemäße Erhebung der Anfechtungsklage geltend zu machen. Im Moment des Fristablaufs kann der Beschluss nicht mehr angegriffen werden und wird mit dem Inhalt endgültig bestandskräftig, mit dem ihn der Versammlungsleiter festgestellt hat.

Hat in der Gesellschafterversammlung der GmbH eine wirksame Beschlussfeststellung stattgefunden, führt dies ebenfalls dazu, dass der Beschluss mit dem festgestellten Inhalt vorläufig verbindlich wird.[561] Die Fehlerhaftigkeit des Beschlusses kann auch in der GmbH dann nur noch im Wege der Anfechtungsklage geltend gemacht werden. Die anderenfalls u.U. zur Verfügung stehende Feststellungsklage gem. § 256 Abs. 1 ZPO steht keinesfalls mehr zur Verfügung. Dies ist auch folgerichtig: Hat keine Beschlussfeststellung stattgefunden, steht u.U. nicht fest, ob überhaupt ein Beschluss gefasst worden ist.[562] In diesen Fällen kann mit der Feststellungsklage gem. § 256 Abs. 1 ZPO die wahre Rechtsla-

---

558 *Lutz*, Rn. 131.

559 Hölters/*Drinhausen*, § 130 Rn. 34; Spindler/Stilz/*Wicke*, § 130 Rn. 52; *Zöllner*, Schranken, S. 393.

560 MK-AktG/*Kubis*, § 119 Rn. 105; K. Schmidt/Lutter/*Ziemons*, § 130 Rn. 14; *Heller*, AG 2008, 493 f.

561 BGHZ 104, 66 LS a) = NJW 1988, 1844; Saenger/Inhester/*Puszkajler*, Anh. § 47 Rn. 6.

562 Saenger/Inhester/*Puszkajler*, Anh. § 47 Rn. 5.

ge überprüft werden.[563] Sobald jedoch eine Beschlussfeststellung erfolgt ist, ist diese Unklarheit beseitigt, so dass kein Rechtsschutzbedürfnis für die Erhebung der Feststellungsklage mehr besteht.

II. Vorgehensweise bei fehlender oder unwirksamer Beschlussfeststellung

An dieser Stelle soll kurz erläutert werden, welche Rechtsschutzmöglichkeiten für die Gesellschafter bestehen, wenn keine Beschlussfeststellung stattgefunden hat oder eine vorgenommene Beschlussfeststellung unwirksam ist. Denn auch wenn sich die vorliegende Arbeit mit dem Versammlungsleiter beschäftigt und die Beschlussfeststellung eine seiner Kompetenzen ist, kann er von einer Beschlussfeststellung absehen, ihm ausnahmsweise die Beschlussfeststellungskompetenz entzogen sein oder eine dennoch vorgenommene Beschlussfeststellung unwirksam sein.

Teilweise wird für den Fall, dass keine förmliche Beschlussfeststellung stattgefunden hat, vertreten, dass die allgemeine Feststellungsklage stets vorrangig sei.[564] Sie sei selbst dann die richtige Klageart, wenn der Kläger den Beschlussinhalt gar nicht in Frage stellt, sondern sich allein auf einen rechtlichen Mangel des Beschlusses (materieller Mangel) beruft.[565]

Diese Auffassung kann m.E. nicht richtig sein, weil sie den Zweck der Beschlussfeststellung verkennt. Stellt der Versammlungsleiter einen Beschluss fest, erklärt er damit zugleich, dass überhaupt ein Beschluss und dieser in einem ordnungsgemäßen Verfahren zustande gekommen ist. Er überprüft den Beschluss aber nicht auf materielle Mängel. Wenn aber auch im Falle der Beschlussfeststellung durch den Versammlungsleiter materielle Mängel des Beschlusses allein im Rahmen eines Anfechtungsprozesses geltend gemacht werden können, kann das Fehlen der Beschlussfeststellung nicht dazu führen, dass derselbe Fehler mit einer anderen Klageart gerügt werden kann. Hat der klagende Gesellschafter also keine Zweifel daran, dass ein Beschluss gefasst wurde, besteht kein Bedürfnis, ihm zu ermöglichen, eine allgemeine Feststellungsklage statt unmittelbar die speziellere Anfechtungsklage zu erheben.

Vielmehr sollte die allgemeine Feststellungsklage nur dann zur Verfügung stehen, wenn keine Beschlussfeststellung stattgefunden hat und der klagende Gesellschafter die Art und Weise rügt, in der der (vermeintliche) Beschluss zu-

---

563 BGH, NJW 1999, 2268; Saenger/Inhester/*Puszkajler*, Anh. § 47 Rn. 5, 112 ff.

564 MK-GmbHG/*Wertenbruch*, Anh. § 47 Rn. 9.

565 MK-GmbHG/*Wertenbruch*, Anh. § 47 Rn. 9.

stande gekommen ist (formeller Mangel). Dies ist etwa dann der Fall, wenn gerügt wird, dass ein Beschluss von einer nicht ordnungsgemäß einberufenen Gesellschafterversammlung gefasst wurde oder sich Gesellschafter an der Abstimmung beteiligt haben, obwohl sie einem Stimmverbot unterlagen. Nach dieser Konzeption ersetzt die Feststellungsklage gem. § 256 Abs. 1 ZPO also lediglich die nicht vorgenommene Beschlussfeststellung durch den Versammlungsleiter. Das bedeutet jedoch nicht, dass Anfechtungsgründe nicht im Rahmen der Feststellungsklage überprüft werden können, sofern diese statthaft ist.[566]

Dieses Konzept wird im weiteren Verlauf der Arbeit zugrunde gelegt. Dies ist vor allem vor dem Hintergrund wichtig, dass die Arbeit restriktive Anforderungen an die Wirksamkeit der Beschlussfeststellung stellt. Wird also der Beschlussfeststellung in den nachfolgend untersuchten Konstellationen ihre verbindliche Wirkung abgesprochen, bedeutet das nicht, dass die Gesellschafter jeden Mangel im Rahmen der allgemeinen Feststellungsklage gem. § 256 Abs. 1 ZPO geltend machen können und die Anwendbarkeit der Anfechtungsklage nicht in Betracht kommt.

III. Verfahren und Form der Beschlussfeststellung

Der Versammlungsleiter nimmt die Beschlussfeststellung vor.[567] Somit geht seine Bedeutung über eine bloße Leitungs- und Ordnungsfunktion hinaus.[568] Die Feststellung über die Beschlussfassung setzt zunächst voraus, dass der Versammlungsleiter die abgegebenen Stimmen zählt. Dabei kann er sich Helfern bedienen.[569] Ein bloßes Verlesen, wie viele Ja- und Nein-Stimmen und Enthaltungen auf einen Antrag entfallen sind, ist noch keine Beschlussfeststellung.[570] Vielmehr muss der Versammlungsleiter das rechtliche Ergebnis der Abstimmung nennen, also erklären, ob der Antrag angenommen oder abgelehnt ist.[571]

---

566 BGH, NZG 2009, 1307, 1308; GK-GmbHG/*Raiser*, Anh. § 47 Rn. 280.

567 Saenger/Inhester/*Puszkajler*, Anh. § 47 Rn. 6; Michalski/*Römermann*, § 47 Rn. 587.

568 *Hoffmann/Köster*, GmbHR 2003, 1327, 1328.

569 GK-AktG/*Mülbert*, Vor §§ 118-147 Rn. 94.

570 BayObLG, NJW 1973, 250; *Hüffer*, § 130 Rn. 22; MK-AktG/*Kubis*, § 130 Rn. 61; KK-AktG/*Noack/Zetzsche*, § 130 Rn. 187; Spindler/Stilz/*Wicke*, § 130 Rn. 52; K. Schmidt/Lutter/*Ziemons*, § 130 Rn. 14.

571 BayObLG, NJW 1973, 250; Hölters/*Drinhausen*, § 130 Rn. 34; *Hüffer*, § 130 Rn. 22; Spindler/Stilz/*Wicke*, § 130 Rn. 52; *Butzke*, D Rn. 49.

In aller Regel wird der Versammlungsleiter den Beschluss mündlich feststellen, ihn also verlautbaren.[572] Es soll aber auch möglich sein, die Beschlussfeststellung visuell durchzuführen, also beispielsweise durch Projektion auf eine Leinwand.[573] Für die Hauptversammlung muss dabei jedoch beachtet werden, dass gem. § 130 Abs. 2 Satz 1 AktG die Beschlussfeststellung durch den Versammlungsleiter selbst vorzunehmen ist. Er darf sich zur Auszählung der Stimmen zwar Hilfspersonen und technischer Hilfsmittel bedienen[574] und sich dabei auf die ihm übermittelten Ergebnisse verlassen, sofern keine Anhaltspunkte für Fehler oder Unregelmäßigkeiten vorliegen.[575] Dazu wird dem Versammlungsleiter in der Praxis der Hauptversammlung auf einem Sprechzettel das Ergebnis des Abstimmungsvorgangs präsentiert und mitgeteilt, ob der Antrag die erforderliche Mehrheit gefunden hat und der Beschluss damit angenommen ist. Diesen verliest er und stellt damit das Beschlussergebnis fest.

Den Anforderungen an die Beschlussfeststellung ist aber nicht genüge getan, wenn das Verlesen des Beschlussergebnisses entfällt und an dessen Stelle die bloße Projektion des Blattes Papier, auf dem das Beschlussergebnis festgehalten ist, auf eine Leinwand tritt. Dann nämlich findet zwar eine Beschlussfeststellung statt, allerdings nicht durch den Versammlungsleiter und zwar auch nicht konkludent. Es fehlt nämlich in diesem Fall an irgendeinem Erklärungszeichen des Versammlungsleiters. Denkbar wäre aber, dass der Versammlungsleiter selbst seine Beschlussfeststellung für die Aktionäre sichtbar z.B. in einen Computer eingibt, dessen Monitorinhalt auf eine Leinwand projiziert wird. Ob diese Vorgehensweise für die Anwesenden allerdings weniger kraftraubend ist als ein „monotoner, stundenlanger Monolog am Ende einer langen Hauptversammlung“[576], darf bezweifelt werden.

In Gesellschafterversammlungen von personalistisch organisierten GmbHs wird eine visuelle Feststellung des Beschlussergebnisses oftmals bereits an der technischen Ausstattung des Versammlungssaals scheitern. Bei nur wenigen Teilnehmern erscheint sie auch nicht notwendig. Es reicht völlig aus und ist empfehlenswert, wenn der Versammlungsleiter das Beschlussergebnis mündlich verkündet. Im Verlauf dieser Arbeit wird deshalb davon ausgegangen, dass die Beschlussfeststellung des Versammlungsleiters durch die Verlautbarung des Beschlussergebnisses erfolgt.

---

572 Michalski/*Römermann*, § 47 Rn. 585; *Eickhoff*, Rn. 284; *Werner*, GmbHR 2006, 127, 129 f.

573 Für die HV KK-AktG/*Noack/Zetzsche*, § 130 Rn. 191.

574 OLG Düsseldorf, NZG 2003, 816, 818; MK-AktG/*Schröer*, § 133 Rn. 23.

575 OLG Düsseldorf, NZG 2003, 816, 819.

576 So KK-AktG/*Noack/Zetzsche*, § 130 Rn. 191.

IV. Legitimation

1. Meinungsstand

Es ist allgemein anerkannt, dass die Beschlussfeststellung durch den Versammlungsleiter vorgenommen wird.[577] Umstritten ist aber, unter welchen Voraussetzungen der Versammlungsleiter zur Beschlussfeststellung legitimiert ist.

Überwiegend wird vertreten, dass die Kompetenz zur Beschlussfeststellung ohne weiteres mit der Legitimation zur Versammlungsleitung verknüpft ist.[578] Unabhängig davon, ob der Versammlungsleiter durch Satzungsregelung, durch einstimmigen Gesellschafterbeschluss oder durch bloßen Mehrheitsbeschluss bestimmt wurde, ist er nach dieser Auffassung zur vorläufig verbindlichen Feststellung der Beschlüsse befugt.

Insbesondere an der Konzeption, dass auch der mehrheitlich gewählte Versammlungsleiter ohne weiteres über die Kompetenz zur Beschlussfeststellung verfügt, wird Kritik geübt. Das Meinungsspektrum ist dabei allerdings sehr unübersichtlich. Die Ursache dafür dürfte vor allem darin liegen, dass sich die Auffassung *Zöllners* im Laufe der Zeit gewandelt hat. *Zöllner* hat in seinem gemeinsam mit *Noack* im Jahre 1989 veröffentlichten Beitrag zur Geltendmachung von Beschlussmängeln im GmbH-Recht[579] die Auffassung vertreten, dass es nicht möglich sei, dass „in der personalistischen GmbH die Mehrheit ohne Satzungsgrundlage gegen den Willen der Minderheit einen Abstimmungsleiter bestellt".[580] Der Versammlungsleiter, der durch die Satzung oder durch einstimmigen Beschluss bestellt oder sogar lediglich einvernehmlich tätig wurde, verfüge stets über die Beschlussfeststellungskompetenz, auch ohne dass ihm diese Kompetenz ausdrücklich verliehen wurde.[581] Weil damit jedem Versammlungsleiter auch Befugnisse im Hinblick auf die Abstimmung zustehen, bezeichnen ihn *Zöllner/Noack* als „Abstimmungsleiter".[582] Gemeint ist im Ergebnis aber nichts anderes als ein Versammlungsleiter mit Beschlussfeststellungskompetenz.

---

577 Vgl. statt aller GK-GmbHG/*Hüffer*, § 48 Rn. 33.

578 GK-GmbHG/*Hüffer*, § 48 Rn. 29, 33; Bork/Schäfer/*Masuch*, § 48 Rn. 8; Roth/Altmeppen/*Roth*, § 48 Rn. 26; Scholz/*K. Schmidt/Seibt*, § 48 Rn. 53; Gehrlein/Ekkenga/Simon/*Teichmann*, § 48 Rn. 18; *Wicke*, § 48 Rn. 3; Henssler/Strohn/*Hillmann*, § 48 GmbHG Rn. 13 f.; Oppenländer/Trölitzsch/*Jaeger*, § 19 Rn. 113; MünchHdb-GmbH/*Wolff*, § 39 Rn. 82; *Böttcher/Grewe*, NZG 2002, 1086, 1089; *Lindfeld*, EWiR 2010, 293, 294; *Münnich*, GmbHR 2009, 1329, 1330; *Rohleder*, GmbHR 1989, 236, 239; *Werner*, GmbHR 2006, 127, 128 f.

579 *Zöllner/Noack*, ZGR 1989, 525.

580 *Zöllner/Noack*, ZGR 1989, 525, 528.

581 *Zöllner/Noack*, ZGR 1989, 525, 528.

582 *Zöllner/Noack*, ZGR 1989, 525, 527.

Das OLG Frankfurt a.M. ist in einem Beschluss von 1998 der Meinung *Zöllners* gefolgt und hat die Bestellung des Versammlungsleiters von einer Satzungsbestimmung oder allseitigen Einverständnisses abhängig gemacht.[583]

An der Auffassung, dass ein nicht durch die Satzung bestimmter Versammlungsleiter für die laufende Gesellschafterversammlung nur bei Einverständnis aller bestellt werden kann, hat *Zöllner* auch im Jahre 2000 festgehalten.[584] Allerdings scheint sich seine Ansicht insoweit geändert zu haben, als dass er dem Versammlungsleiter die Kompetenz, Beschlüsse vorläufig verbindlich festzustellen, nur noch dann zubilligt, wenn sie ihm durch die Satzung oder durch das Einverständnis aller verliehen wurde.[585] Da auf anderem Wege als durch Satzungsbestimmung oder durch Einvernehmen aller teilnehmenden Gesellschafter ein Versammlungsleiter nach *Zöllners* Auffassung ohnehin nicht bestellt werden kann, kann das nur bedeuten, dass die Zuweisung der Beschlussfeststellungskompetenz ausdrücklich geschehen muss. Es kann somit ein Versammlungsleiter vorhanden sein, der zwar über Leitungs- und Ordnungsbefugnisse verfügt, nicht aber zur Beschlussfeststellung berechtigt ist.

Im Fall des statutarisch bestimmten Versammlungsleiters müsste demnach also in der jeweiligen Satzungsbestimmung angeordnet sein, dass er Beschlüsse vorläufig verbindlich feststellen kann. Fraglich ist jedoch, wie eine ausdrückliche Verleihung der Rechtsmacht zur Beschlussfeststellung aussehen kann, wenn der Versammlungsleiter nicht statutarisch bestimmt, sondern mit Einverständnis aller tätig wird. Denn dann fehlt es bereits an einer Abstimmung mit dem Ziel, einen Beschluss zu fassen, in dem ein Versammlungsleiter bestimmt wird. Vielmehr wird der Versammlungsleiter tatsächlich tätig, ohne dass irgendjemand widerspricht. Für diese Fälle soll nach *Zöllner* eine Beschlussfeststellung nur dann wirksam sein, wenn ihr kein Gesellschafter widerspricht und „die Verbindlichkeit der Art und Weise der Feststellung bestreitet".[586] Der Widerspruch eines Gesellschafters gegen die Beschlussfeststellung führe dazu, dass es zu keiner vorläufigen Verbindlichkeit des Beschlusses komme.[587]

2006 hat sich *Zöllner* bezüglich der Bestellungsvoraussetzungen für die Versammlungsleitung der h.M. angeschlossen und hält es seitdem für möglich, dass der Versammlungsleiter in der laufenden Versammlung durch einfachen

583 OLG Frankfurt a.M., NZG 1999, 406.
584 Baumbach/Hueck/*Zöllner*, 17. Aufl. 2000, § 48 Rn. 8.
585 Baumbach/Hueck/*Zöllner*, 17. Aufl. 2000, § 48 Rn. 9.
586 *Zöllner*, FS Lutter (2000), S. 821 (827 f.).
587 *Zöllner*, FS Lutter (2000), S. 821 (827 f.).

Mehrheitsbeschluss bestellt wird.[588] Ein auf diesem Wege bestellter Versammlungsleiter verfüge aber nicht über die Kompetenz zur Beschlussfeststellung.[589] Dafür verlangt *Zöllner* weiterhin die ausdrückliche Ermächtigung in der Satzung oder das Einverständnis aller in der Gesellschafterversammlung anwesenden Gesellschafter.[590]

Auch *Bayer* und *Wiester* halten die Einsetzung eines Versammlungsleiters durch einfachen Mehrheitsbeschluss für zulässig,[591] verlangen aber eine ausdrückliche Zuweisung der Beschlussfeststellungskompetenz durch Satzungsregelung oder einstimmigen Gesellschafterbeschluss[592], zumindest aber durch einvernehmliches Tätigwerden.[593]

Hoffmann war zunächst ebenso der Auffassung, dass die Beschlussfeststellungskompetenz des Versammlungsleiters nicht ohne weiteres entsteht, sondern der Versammlungsleiter durch Satzungsbestimmung, einstimmigen Bestellungsbeschluss oder durch allseitiges Einverständnis zur Beschlussfeststellung legitimiert werden muss.[594]

Nunmehr hält er gemeinsam mit *Köster* allseitiges Einverständnis nicht mehr für ausreichend, sondern verlangt, dass in der Satzungsbestimmung bzw. im einstimmig gefassten Gesellschafterbeschluss zur Bestellung des Versammlungsleiters diesem ausdrücklich die Beschlussfeststellungskompetenz übertragen wird.[595] Nur so sei gewährleistet, dass den Gesellschaftern die „Bedeutung ihrer Zustimmung bewußt ist“.[596]

In die gleiche Richtung scheinen *Koppensteiner/Gruber* zu tendieren, die zwar die Einsetzung eines Versammlungsleiters durch Satzungsbestimmung oder Beschlussfassung mit einfacher Mehrheit für möglich halten,[597] eine Kompetenz zur Beschlussfeststellung aber nur dann annehmen, wenn der Versamm-

---

588 Baumbach/Hueck/*Zöllner*, 18. Aufl. 2006, § 48 Rn. 16; Baumbach/Hueck/*Zöllner*, 19. Aufl. 2010, § 48 Rn. 16; Baumbach/Hueck/*Zöllner*, § 48 Rn. 16.

589 Baumbach/Hueck/*Zöllner*, 18. Aufl. 2006, § 48 Rn. 16 f.; Baumbach/Hueck/*Zöllner*, 19. Aufl. 2010, § 48 Rn. 16 f.; Baumbach/Hueck/*Zöllner*, § 48 Rn. 16 f.

590 Baumbach/Hueck/*Zöllner*, 18. Aufl. 2006, § 48 Rn. 16 f.; Baumbach/Hueck/*Zöllner*, 19. Aufl. 2010, § 48 Rn. 16 f.; Baumbach/Hueck/*Zöllner*, § 48 Rn. 16 f.

591 Lutter/Hommelhoff/*Bayer*, § 48 Rn. 15; *Wiester*, GmbHR 2008, 189, 191.

592 *Wiester*, GmbHR 2008, 189, 195.

593 Lutter/Hommelhoff/*Bayer*, Anh. § 47 Rn. 38, der in Anlehnung an *Zöllner/Noack*, ZGR 1989, 525 zwischen Versammlungs- und Abstimmungsleiter unterscheidet; *Wiester*, GmbHR 2008, 189, 195.

594 *Hoffmann*, NZG 2002, 765, 766.

595 *Hoffmann/Köster*, GmbHR 2003, 1327, 1328 f.

596 *Hoffmann/Köster*, GmbHR 2003, 1327, 1329.

597 Rowedder/Schmidt-Leithoff/*Koppensteiner/Gruber*, § 48 Rn. 12.

lungsleiter diese Kompetenz ausdrücklich durch die Satzung oder einstimmigen Gesellschafterbeschluss übertragen bekommt.[598] Irritierend ist allerdings die Bezugnahme auf *Zöllner*, der ja im Gegensatz zu *Koppensteiner/Gruber* neben einem einstimmigen Gesellschafterbeschluss auch unwidersprochene Beschlussfeststellungen durch den Versammlungsleiter zur Begründung der Beschlussfeststellungskompetenz ausreichen lässt.

Teilweise unklar sind die Positionen *Römermanns* und *Wertenbruchs*. *Römermann* hält den Versammlungsleiter nur dann zur Beschlussfeststellung befugt, wenn er einstimmig bestellt wurde.[599] Eine ausdrückliche Zuweisung der Beschlussfeststellungskompetenz scheint er nicht zu verlangen. Die Frage, ob der statutarisch bestimmte Versammlungsleiter – dessen Bestellung im Regelfall ein mit qualifizierter Mehrheit gefasster satzungsändernder Beschluss zugrunde liegt – ebenfalls zur Beschlussfeststellung legitimiert ist, beantwortet er nicht.

Nach *Wertenbruch* ist „ein Versammlungsleiter [...] zur Beschlussfeststellung befugt, wenn er durch die Satzung oder durch einstimmigen Gesellschafterbeschluss – auch eine schlüssige Zustimmung aller Gesellschafter genügt – legitimiert ist".[600] Im Zusammenhang mit der Auffassung, dass ein Versammlungsleiter mit einfachem Mehrheitsbeschluss bestellt werden kann,[601] der dann folglich nicht zur Beschlussfeststellung befugt ist, kann das nur bedeuten, dass jeder durch die Satzung oder durch einstimmigen Gesellschafterbeschluss bestellte Versammlungsleiter zur Beschlussfeststellung legitimiert ist. Daher überrascht es, dass *Wertenbruch* sich zugleich auf *Zöllner*, *Bayer* und *Hoffmann/Köster* bezieht, die gerade eine ausdrückliche Zuweisung der Beschlussfeststellungskompetenz verlangen.

Nach *Bergjan* kann der Versammlungsleiter mit einfachem Mehrheitsbeschluss bestimmt werden, die Beschlussfeststellungskompetenz habe er aber nur, wenn er durch die Satzung oder durch einstimmigen Gesellschafterbeschluss zur Versammlungsleitung legitimiert sei.[602]

2. Stellungnahme

Insgesamt fällt auf, dass sich mit der Frage, unter welchen Voraussetzungen ein Versammlungsleiter zur Beschlussfeststellung legitimiert ist, argumentativ kaum auseinandergesetzt wird. Auf Begründungen, warum der Versammlungs-

---

598 Rowedder/Schmidt-Leithoff/*Koppensteiner/Gruber*, § 47 Rn. 10.

599 Michalski/*Römermann*, § 47 Rn. 589.

600 MK-GmbHG/*Wertenbruch*, Anh. § 47 Rn. 165.

601 MK-GmbHG/*Wertenbruch*, § 48 Rn. 107.

602 Saenger/Inhester/*Bergjan*, § 48 Rn. 10.

leiter ohne weiteres oder aber nur unter besonderen Voraussetzungen zur Beschlussfeststellung befugt sein soll, wird weitgehend verzichtet.

Auf keinen Fall kann es zur Übertragung der Beschlussfeststellungskompetenz ausreichen, dass eine Person faktisch die Versammlungsleitung übernimmt und unwidersprochen Beschlussfeststellungen vornimmt. Denn die Versammlungsleiterwahl ist ein Gegenstand der Geschäftsordnung der Gesellschafterversammlung. Über Fragen der Geschäftsordnung entscheidet die Gesellschafterversammlung durch Beschluss. Zur Beschlussfassung ist zwingend ein Antrag erforderlich.[603] Der Antrag muss bestimmt und eindeutig formuliert sein,[604] so dass der Abstimmende ihm zustimmen oder ihn ablehnen kann, ohne dass es einer weiteren Erklärung bedarf. Ist dies nicht der Fall, ist der Antrag unzulässig.[605]

Man könnte in Betracht ziehen, in der Ausführungshandlung einen konkludent gestellten Geschäftsordnungsantrag zu sehen. Für die Wahl der eigenen Person zum Versammlungsleiter wäre die erste versammlungsleitende Maßnahme der konkludente Beschlussantrag. Dann müsste es als Stimmabgabe zu qualifizieren sein, dass die übrigen Gesellschafter der versammlungsleitenden Maßnahme nicht widersprechen. Die Stimmabgabe ist eine Willenserklärung, auf die die allgemeinen Regeln Anwendung finden.[606] Wertet man das bloße Unterlassen eines Widerspruchs als Stimmabgabe, misst man dem Schweigen eines Gesellschafters einen Erklärungswert bei. Schweigen hat jedoch in aller Regel keinen Erklärungswert.[607] Anders ist dies nur, wenn nach Treu und Glauben unter Berücksichtigung des Einzelfalls davon ausgegangen werden kann, dass dem Schweigen ausnahmsweise ein bestimmter Erklärungsinhalt zu entnehmen ist.[608]

Dies ist beispielsweise bei dem sog. Subtraktionsverfahren der Fall. Dabei handelt es sich um eine Art und Weise, ein Abstimmungsergebnis zu ermitteln, indem nur die kleinsten zu erwartenden Stimmgruppen ausgezählt werden. Bei einem Beschlussantrag, der voraussichtlich breite Zustimmung erfahren wird, müssen sich am Abstimmungsvorgang nur diejenigen Gesellschafter aktiv beteiligen, die mit Nein stimmen oder sich der Stimme enthalten. Diese Stimmen werden dann von der Gesamtzahl der vertretenen Stimmen abgezogen, um so

---

603 Michalski/*Römermann*, § 47 Rn. 22; Baumbach/Hueck/*Zöllner*, § 47 Rn. 12.

604 *Baltzer*, S. 108.

605 Michalski/*Römermann*, § 47 Rn. 41.

606 BGHZ 14, 264, 267 = NJW 1954, 1563; MK-AktG/*Schröer*, § 133 Rn. 19; *Grunewald*, 2.F. Rn. 94; *K. Schmidt*, Gesellschaftsrecht, § 15 I, S. 437.

607 Erman/*Arnold*, Vor § 116 Rn. 8; *Flume*, S. 64.

608 *Musielak*, Grundkurs BGB, § 3 Rn. 106; Rüthers/*Stadler*, § 17 Rn. 25.

die Anzahl der Ja-Stimmen zu ermitteln. Gesellschaftern, die sich nicht aktiv an der Abstimmung beteiligen, wird also unterstellt, sie stimmten dem Beschlussantrag zu.[609] Voraussetzung dafür, das Schweigen des Gesellschafters bei der Abstimmung als Zustimmung zum Beschlussantrag zu werten, ist allerdings, dass zuvor durch den Versammlungsleiter die Abstimmungsmodalitäten verständlich erläutert worden sind. Jeder Gesellschafter muss sich im Klaren darüber sein, dass seinem Schweigen bei einer solchen Abstimmung Bedeutung zukommt, deren Ergebnis im Wege des Subtraktionsverfahrens ermittelt wird.[610]

In der Konstellation des faktischen Versammlungsleiters fehlt es jedoch gerade an dieser Klarheit. Während die Festlegung eines bestimmten Abstimmungsverfahrens der Abstimmung vorausgeht und es jedem Gesellschafter zuzumuten ist, den Erklärungen des Versammlungsleiters zu folgen, kommt es bei der faktischen Versammlungsleitung schon gar nicht zu einer Abstimmungssituation. Die „Abstimmung" findet sozusagen aus dem Nichts statt. Sie wird weder angekündigt, noch wird ihr Ergebnis festgestellt. Das Gebot der ausdrücklichen Beschlussfassung aber ist ein allgemeines Prinzip der Willensbildung von Kollegialorganen.[611] Das widerspruchslose Hinnehmen von Beschlussfeststellungen eines faktischen Versammlungsleiters führt nicht zur Übertragung der Kompetenz der Beschlussfeststellung. Zur Beschlussfeststellung ist nur derjenige legitimiert, dem durch Satzungsregelung oder Gesellschafterbeschluss die Beschlussfeststellung übertragen wurde.[612] Dabei ist zu beachten, dass in jedem Bestellungsbeschluss zugleich die Kompetenzzuweisung zur Beschlussfeststellung konkludent enthalten ist.

Koppensteiner/Gruber weisen darauf hin, dass „der (nicht stimmberechtigte) Mehrheitsgesellschafter durch willkürliche Beschlussfeststellung die Klagemöglichkeiten der benachteiligten Minderheit einschränken" könne, wenn schon der durch Mehrheitsbeschluss bestellte Versammlungsleiter zur Beschlussfeststellung legitimiert sei.[613] In die gleiche Richtung argumentieren *Hoffmann/Köster*, die die Beschlussfeststellungskompetenz als „Manipulationsinstrument" begreifen.[614]

---

609 Vgl. Semler/Volhard/Reichert/*Fischer/Pickert*, § 9 Rn. 230.

610 Semler/Volhard/Reichert/*Fischer/Pickert*, § 9 Rn. 234; *Max*, AG 1991, 77, 87.

611 BGHZ 10, 187, 194 = NJW 1953, 1465; BGHZ 41, 282, 286 = NJW 1964, 1367; BGHZ 65, 190, 195 = NJW 1976, 145; GK-AktG/*Hopt/Roth*, § 108 Rn. 21; *Rellermeyer*, ZGR 1993, 77, 100.

612 A.A. *Raiser*, FS Heinsius (1991), S. 645 (648 f.).

613 Rowedder/Schmidt-Leithoff/*Koppensteiner/Gruber*, § 47 Rn. 10.

614 *Hoffmann/Köster*, GmbHR 2003, 1327, 1329.

Wiester führt zur Begründung den Minderheitsschutz an.[615] Nichts anderes meinen *Zöllner/Noack*, wenn sie warnen, dass im Falle einer Beschlussfeststellungskompetenz des mehrheitlich bestellten Versammlungsleiters die Gesellschaftermehrheit „ihre Macht beträchtlich erhöhen könnte“.[616]

Der Auffassung, die die Beschlussfeststellung als Manipulationsinstrument begreift, ist allerdings zu entgegnen, dass manipulative Beschlussfeststellungen die Ausnahme sind und deshalb nicht die Basis aller Überlegungen zum Beschlussfeststellungsrecht des Versammlungsleiters bilden sollten.[617] Zudem ist die Gefahr manipulativer Beschlussfeststellungen im Aktienrecht potenziell ebenso vorhanden: Dort aber verneint niemand die Möglichkeit des Mehrheitsaktionärs, sich in der laufenden Hauptversammlung mit seinen eigenen Stimmen zum Versammlungsleiter zu wählen und Beschlussfeststellungen vorzunehmen.

Ebenso muss bedacht werden, dass ein Einstimmigkeitserfordernis zwar verhindert, dass der Mehrheitsgesellschafter über ein Manipulationsinstrument verfügt, zugleich aber jedem einzelnen (Minderheits-)Gesellschafter eine Erpressungsmöglichkeit gibt: So kann nämlich jeder einzelne Gesellschafter durch seinen Widerspruch eine möglichst rechtssichere und rechtsklare Form der Beschlussfassung verhindern.[618]

Es stellt sich außerdem die Frage, ob sich die Macht der Mehrheit tatsächlich beträchtlich erhöht, wenn der durch Mehrheitsbeschluss bestellte Versammlungsleiter Beschlüsse vorläufig verbindlich feststellen kann. Selbst wenn die Mehrheit einen Versammlungsleiter bestellt, der pflichtvergessen manipulative Beschlussfeststellungen vornimmt, führt dies für die Minderheit zu keinem Rechtsschutzverlust.[619] Denn die Beschlussfeststellung schafft allein noch keine endgültige, sondern nur eine vorläufige Verbindlichkeit des festgestellten Beschlusses, indem sie die Überprüfung der Wirksamkeit des Beschlusses von der Erhebung einer Anfechtungsklage abhängig macht.[620]

Die von den Vertretern der Auffassung, dass ein nicht einstimmig bestellter Versammlungsleiter nicht zur Beschlussfeststellung befugt sei, vorgebrachten Argumente können insgesamt nicht überzeugen und taugen daher nicht, dem mehrheitlich gewählten Versammlungsleiter die Befugnis zur Beschlussfeststellung zu verweigern. Weil keine zwingenden Gründe vorhanden sind, vom in § 47 Abs. 1 GmbHG normierten Mehrheitsprinzip abzuweichen, bleibt es beim

---

615 *Wiester*, GmbHR 2008, 189, 195.

616 *Zöllner/Noack*, ZGR 1989, 525, 528.

617 *K. Schmidt*, GmbHR 1992, 9, 13.

618 OLGR Celle 1998, 340, 342.

619 *Münnich*, GmbHR 2010, 979, 980; *Werner*, GmbHR 2006, 127, 128.

620 *Goette*, § 7 Rn. 76; *Lindfeld*, EWiR 2010, 293; *Werner*, GmbHR 2006, 127, 128.

Mehrheitsprinzip.[621] Somit reicht ein einfacher Mehrheitsbeschluss für die Verleihung der Legitimation zur Beschlussfeststellung.

Daneben stellt sich aber die Frage, ob es einer separaten Zuweisung der Beschlussfeststellungskompetenz bedarf. Dies wäre der Fall, wenn man die Satzungsbestimmung oder den Gesellschafterbeschluss, durch die oder den der Versammlungsleiter bestellt wird, so auslegen müsste, dass dem Versammlungsleiter nicht zugleich die Beschlussfeststellungsbefugnis übertragen wird. Weil es Aufgabe des Versammlungsleiters ist, den ordnungsgemäßen Ablauf der Gesellschafterversammlung sicherzustellen, trägt er auch Verantwortung für die Fassung von Beschlüssen. Das Abhalten der Gesellschafterversammlung ist kein reiner Selbstzweck, sondern dient gerade der Beschlussfassung. Dies ergibt sich schon aus § 48 Abs. 1 GmbHG. Um beurteilen zu können, ob in jedem Bestellungsbeschluss die Zuweisung der Kompetenz zur Beschlussfeststellung enthalten ist, muss man sich die Funktionen der Beschlussfeststellung vergegenwärtigen.

Sie sorgt zunächst einmal für Rechtsklarheit. Es steht nach erfolgter Beschlussfeststellung fest, dass und mit welchem Inhalt ein Beschluss gefasst wurde. Diese Rechtsklarheit dient der Gesellschaft und zugleich jedem Gesellschafter unabhängig von der Größe seines Geschäftsanteils.

Zudem dient die Beschlussfeststellung der Rechtssicherheit. Sie führt nämlich dazu, dass der Beschluss nach dem Ablauf der Anfechtungsfrist bestandskräftig wird. Die Bestandskraft der gefassten Beschlüsse ist für die Gesellschaft von großer Bedeutung: Denn erst wenn der Beschluss bestandskräftig ist, kann er ausgeführt werden, ohne dass die Gefahr besteht, dass er rückgängig gemacht werden muss. Die Schaffung von Rechtssicherheit liegt dabei nicht allein im Interesse der Gesellschaftermehrheit, sondern im Interesse jedes einzelnen Gesellschafters.

Bestellt die Satzung bzw. die Gesellschafterversammlung einen Versammlungsleiter, liegt es deshalb nahe, dass er ohne weiteres zur Beschlussfeststellung legitimiert ist. Dabei entsteht die Beschlussfeststellungskompetenz entgegen des teilweise erhobenen Einwands[622] gerade nicht von allein, sondern durch die Auslegung der Satzungsbestimmung bzw. des Bestellungsbeschlusses. Ergibt sich danach kein Anhaltspunkt für das Gegenteil, kann gerade nicht angenommen werden, der Versammlungsleiter habe zwar einen ordnungsgemäßen Ablauf der Versammlung sicherzustellen, sei aber nicht zur Beschlussfeststellung berechtigt.

---

621 So im Ergebnis auch GK-GmbHG/*Raiser*, Anh. § 47 Rn. 102.

622 Baumbach/Hueck/*Zöllner*, Anh. § 47 Rn. 120 Fn. 246; *Münnich*, GmbHR 2009, 1329, 1330; *Münnich*, GmbHR 2010, 979, 980.

Für diese Einschätzung spricht auch ein Vergleich mit dem Aktienrecht. § 130 Abs. 2 Satz 1 AktG bestimmt, dass in der Niederschrift des Notars „die Feststellung des Vorsitzenden über die Beschlußfassung" anzugeben ist. Die Norm setzt also voraus, dass der Versammlungsleiter die Beschlussfeststellung vornimmt.[623] Sie trifft in den Abs. 1-4 allein Regelungen zur Niederschrift von Hauptversammlungsbeschlüssen und bestimmten Minderheitsverlangen und bezweckt die Dokumentation der Willensbildung der Hauptversammlung.[624] Auch im Aktienrecht existiert also keine ausdrückliche Zuweisung der Kompetenz zur Beschlussfeststellung an den Versammlungsleiter.[625] Der Gesetzgeber geht vielmehr davon aus, dass es zu den durch das Amt vermittelten Kompetenzen des Versammlungsleiters gehört, Hauptversammlungsbeschlüsse festzustellen. Es ist nicht ersichtlich, warum dies für den Leiter der Gesellschafterversammlung anders sein sollte.

Da die Kompetenz zur Beschlussfeststellung mit dem Amt des Versammlungsleiters verknüpft ist, bedeutet dies im Ergebnis, dass jeder Versammlungsleiter, gleich ob er statutarisch oder durch eine Geschäftsordnung bestimmt oder durch einfachen Mehrheitsbeschluss in der Gesellschafterversammlung gewählt wurde, über die Kompetenz verfügt, Beschlüsse vorläufig verbindlich festzustellen. Diese Lösung ist dogmatisch stimmig und praktisch zu handhaben. Insbesondere verkennt sie nicht die Bedeutung von Rechtsklarheit und Rechtssicherheit für Gesellschafterbeschlüsse der GmbH.

V. Inhalt der Beschlussfeststellungskompetenz

1. Überprüfung und Entscheidung über die Wirksamkeit der Stimmabgabe

Es stellt sich die Frage, ob der Versammlungsleiter befugt ist, über die Wirksamkeit der abgegebenen Stimmen zu entscheiden oder ob er bei der Ermittlung des Abstimmungsergebnisses sämtliche abgegebenen Stimmen berücksichtigen muss. Ist letzteres der Fall, gibt es in der Gesellschafterversammlung keine Überprüfungsinstanz, ob die Gesellschafter pflichtgemäß nur dann abgestimmt haben, wenn ihnen ein Stimmrecht auch zusteht. Liegt ein Stimmverbot vor, ist es den Gesellschaftern nämlich untersagt abzustimmen.[626] Eine darüber

---

623 Schaaf/*Schaaf*, Rn. 588.

624 Hölters/*Drinhausen*, § 130 Rn. 1; *Hüffer*, § 130 Rn. 1; MK-AktG/*Kubis*, § 130 Rn. 1.

625 Schaaf/*Schaaf*, Rn. 588; a.A. *Hoffmann/Köster*, GmbHR 2003, 1327, 1328.

626 Lutter/Hommelhoff/*Bayer*, § 47 Rn. 47; Saenger/Inhester/*Bergjan*, § 47 Rn. 32; Henssler/Strohn/*Hillmann*, § 47 GmbHG Rn. 83.

hinausgehende Verpflichtung des jeweiligen Gesellschafters, der Gesellschafterversammlung initiativ anzuzeigen, dass sein Stimmrecht ausgeschlossen ist, besteht nicht[627] und ist auch nicht erforderlich, weil es zum Schutz des Gesellschaftsinteresses vor Sonderinteressen ausreicht, dass der betroffene Gesellschafter nicht abstimmt. Stimmt er dennoch ab, macht er sich u.U. schadensersatzpflichtig.[628] Gleiches gilt, wenn die Stimmausübung rechtsmissbräuchlich ist.[629] Durch die Gefahr einer Schadensersatzpflicht besteht also ein gewisser Anreiz für die Gesellschafter, sich pflichtgemäß zu verhalten und bei Vorliegen eines Stimmverbots auf die Teilnahme an der Abstimmung zu verzichten. Insofern könnte man auf pflichtgemäßes Stimmverhalten der Gesellschafter vertrauen und dem Versammlungsleiter keine Kompetenz zur Überprüfung der Wirksamkeit der Stimmabgabe zubilligen.

Nimmt ein Gesellschafter jedoch trotz eines offensichtlich vorliegenden Stimmverbots an der Abstimmung teil, hätte dies unabhängig von der Frage einer Schadensersatzpflicht des Gesellschafters zur Folge, dass der Versammlungsleiter diese Stimmen berücksichtigen müsste. Sofern diese Stimmen Auswirkungen auf das Schicksal des zur Abstimmung gestellten Antrags haben, würde der Versammlungsleiter somit einen Beschluss feststellen, der einer gerichtlichen Überprüfung nicht standhält. Denn entgegen eines Stimmverbots oder rechtsmissbräuchlich abgegebene Stimmen sind gem. § 134 BGB nichtig.[630] Ein Verbot, die Wirksamkeit einer Stimmabgabe zu überprüfen, ist deshalb kaum mit der Verpflichtung des Versammlungsleiters in Einklang zu bringen, für bestandskräftige Beschlüsse zu sorgen.[631]

Vielmehr ergibt sich aus dieser Verpflichtung die Aufgabe des Versammlungsleiters, im Rahmen der Beschlussfeststellung auch die Wirksamkeit der Stimmabgabe zu überprüfen.[632] Stellt er bei der Überprüfung fest, dass abgegebene Stimmen wegen des Vorliegens eines Stimmverbots oder wegen eines Stimmrechtsmissbrauchs nichtig sind, darf er diese Stimmen bei der Feststellung

---

627 Für die HV MK-AktG/*Schröer*, § 136 Rn. 53.

628 Baumbach/Hueck/*Zöllner*, § 47 Rn. 105.

629 Lutter/Hommelhoff/*Bayer*, § 47 Rn. 53.

630 Für die GmbH OLGR Düsseldorf 2000, 427 LS 3; OLG Koblenz, DStR 2008, 687 LS 1; Lutter/Hommelhoff/*Bayer*, § 47 Rn. 48, 53; Saenger/Inhester/*Bergjan*, § 47 Rn. 32; Michalski/*Römermann*, § 47 Rn. 308; für die AG Hölters/*Hirschmann*, § 136 Rn. 36; *Hüffer*, § 136 Rn. 24; MK-AktG/*Schröer*, § 136 Rn. 56.

631 Für den Leiter der HV *Grunsky*, ZIP 1991, 778, 780.

632 Für ein materielles Prüfungsrecht auch Rowedder/Schmidt-Leithoff/*Koppensteiner/Gruber*, § 47 Rn. 11; *Böttcher/Grewe*, NZG 2002, 1086, 1088; *Werner*, GmbHR 2006, 127, 128 f.

des Beschlussergebnisses nicht berücksichtigen.[633] In eindeutigen Fällen von Stimmverbot oder Stimmrechtsmissbrauch stellt der Versammlungsleiter den Beschluss also unter Nichtberücksichtigung der verbotswidrig abgegebenen Stimmen fest. Damit es erst gar nicht zu einer Situation kommt, in der sich ein Gesellschafter trotz eines Stimmrechtsausschlusses an der Abstimmung beteiligt, kann der Versammlungsleiter ihn bereits vor der Abstimmung über den Antrag von der Beschlussfassung ausschließen.[634]

Oftmals wird es jedoch nicht offensichtlich sein, ob ein Stimmverbot oder Stimmrechtsmissbrauch vorliegt. Fraglich ist in diesen Fällen, ob der Versammlungsleiter bereits bei Zweifeln über die Wirksamkeit einer Stimmabgabe diese Stimmen unberücksichtigt lassen muss. Dabei steht der Versammlungsleiter vor einem Entscheidungsdilemma: Berücksichtigt er Stimmen nicht, die tatsächlich wirksam sind, ist der Beschluss anfechtbar. Zählt er nichtige Stimmen irrtümlich mit, ist der Beschluss ebenfalls anfechtbar.[635] In Zweifelsfällen besteht somit unabhängig davon, ob der Versammlungsleiter die Stimmen berücksichtigt oder nicht, ein hohes Risiko, dass die Wirksamkeit der Stimmabgabe im Rahmen eines Anfechtungsprozesses überprüft wird.

Eine Pflicht zur Nichtberücksichtigung solcher Stimmen, an deren Wirksamkeit der Versammlungsleiter zweifelt, die jedoch nicht offensichtlich verbotswidrig abgegeben wurden, besteht nicht.[636] Der Versammlungsleiter ist vielmehr verpflichtet, solche Stimmen bei der Abstimmung zu berücksichtigen.[637] Dafür spricht vor allem eine prozessuale Erwägung: Sofern andere Gesellschafter gegen diesen Beschluss unter Berufung auf ein Stimmverbot Anfechtungsklage erheben, tragen sie die Beweislast für das Vorliegen des Stimmverbots.[638] Lässt der Versammlungsleiter hingegen diese Stimmen nicht zur Abstimmung zu und der ausgeschlossene Gesellschafter erhebt aus diesem Grund Anfechtungsklage, trägt die Gesellschaft die Beweislast für das Vorliegen eines Stimmverbots.[639]

---

633 *Böttcher/Grewe*, NZG 2002, 1086, 1088; für den Leiter der HV Hölters/*Hirschmann*, § 136 Rn. 36; *Hüffer*, § 130 Rn. 22; MK-AktG/*Schröer*, § 136 Rn. 56; *Grunsky*, ZIP 1991, 778.

634 Ebenso für den Leiter der HV Hölters/*Hirschmann*, § 136 Rn. 35.

635 Für die AG Hölters/*Hirschmann*, § 136 Rn. 36; Spindler/Stilz/*Würthwein*, § 243 Rn. 127; *Grunsky*, ZIP 1991, 778, 780.

636 Für die AG *Hüffer*, § 130 Rn. 22, § 136 Rn. 24; MK-AktG/*Schröer*, § 136 Rn. 55.

637 Für den Leiter der HV *Grunsky*, ZIP 1991, 778, 781; weniger streng *Hüffer*, § 136 Rn. 24 („empfehlenswert“); MK-AktG/*Schröer*, § 136 Rn. 55 („empfiehlt es sich“).

638 Für die AG Hölters/*Hirschmann*, § 136 Rn. 37.

639 Für die AG Hölters/*Hirschmann*, § 136 Rn. 37; MK-AktG/*Schröer*, § 136 Rn. 56; *Grunsky*, ZIP 1991, 778, 781.

Zudem darf nicht unberücksichtigt bleiben, dass es der gesetzliche Regelfall ist, dass die Inhaberschaft eines Geschäftsanteils dem Gesellschafter ein Stimmrecht gibt.[640] Nur in Ausnahmefällen ist das Stimmrecht ausgeschlossen. Um dieses Regel-Ausnahme-Verhältnis nicht ins Gegenteil zu verkehren, muss der Versammlungsleiter in Zweifelsfällen von der Gültigkeit der Stimmabgabe ausgehen und die Stimmen bei der Feststellung des Beschlusses berücksichtigen.[641]

2. Verpflichtung zur Beschlussfeststellung

Den Hauptversammlungsleiter einer AG trifft die Pflicht, im Falle der Abstimmung über einen Antrag festzustellen, ob der Beschluss gefasst oder ob der Antrag abgelehnt wurde[642] – wobei auch letzteres eine Beschlussfeststellung ist, nämlich die Feststellung des Beschlusses mit dem den Antrag ablehnenden Inhalt.[643] Dass eine Verpflichtung zur Beschlussfeststellung besteht, ergibt sich aus der konstitutiven Wirkung der Beschlussfeststellung und der Verpflichtung des Versammlungsleiters, für bestandskräftige Hauptversammlungsbeschlüsse zu sorgen.[644] Der Hauptversammlungsleiter könnte sonst durch das Unterlassen der Beschlussfeststellung die Beschlussfassung torpedieren.

Regelmäßig ist die Situation in der Gesellschafterversammlung der GmbH hingegen eine andere. Unterlässt der Versammlungsleiter dort die Beschlussfeststellung, verhindert das grundsätzlich nicht, dass wirksam ein Beschluss gefasst wurde.[645] Anders ist dies jedoch, wenn die Satzung die Beschlussfeststellung als konstitutive Beschlussvoraussetzung vorschreibt.[646] Für diesen Fall wird man auch in der GmbH eine Verpflichtung des Versammlungsleiters annehmen müssen, Beschlussfeststellungen vorzunehmen. Denn ohne sie kommt dann gar kein Beschluss zustande, so dass auch eine positive Beschlussfeststellungsklage keinen Erfolg hätte. Erst die Beschlussfeststellung ermöglicht dann, dass die Rechtslage überhaupt gerichtlich überprüft werden kann.

Ist die Beschlussfeststellung kein Wirksamkeitserfordernis des Beschlusses, besteht keine Gefahr, dass der Versammlungsleiter durch das Unterlassen der Beschlussfeststellung die gesamte Beschlussfassung torpediert. Insofern könnte man vertreten, dass er jederzeit ohne weitere Voraussetzungen von ihr absehen

---

640 Für die parallele Situation im Aktienrecht *Grunsky*, ZIP 1991, 778, 781.

641 Für den Fall der Treuwidrigkeit *Marsch-Barner*, ZHR 157 (1993), 172, 189.

642 KK-AktG/*Noack/Zetzsche*, § 130 Rn. 187; K. Schmidt/Lutter/*Ziemons*, § 130 Rn. 14.

643 MK-AktG/*Hüffer*, § 241 Rn. 9; *Zöllner*, FS Lutter (2000), S. 821 (823).

644 MK-AktG/*Schröer*, § 136 Rn. 55; *Grunsky*, ZIP 1991, 778, 780.

645 Michalski/*Römermann*, § 47 Rn. 583; *Eickhoff*, Rn. 283.

646 Zur Zulässigkeit MK-GmbHG/*Drescher*, § 47 Rn. 54; Baumbach/Hueck/*Zöllner*, § 47 Rn. 27; Michalski/*Römermann*, § 47 Rn. 600.

darf. Allerdings ist die Beschlussfeststellung wesentlicher Bestandteil der Aufgabe des Versammlungsleiters, für bestandskräftige Gesellschafterbeschlüsse zu sorgen. Bereitet die Bestimmung der erforderlichen Mehrheit keine Schwierigkeiten und liegen auch keine Anhaltspunkte dafür vor, dass ein Gesellschafter an der Abstimmung teilgenommen hat, obwohl seine Stimme nichtig ist, darf der Versammlungsleiter nicht von der Beschlussfeststellung absehen. Nimmt er sie dennoch nicht vor, handelt er pflichtwidrig.

In Zweifelsfällen aber darf der Versammlungsleiter von einer Beschlussfeststellung absehen.[647] Ein solcher Fall ist gegeben, wenn zwischen den Gesellschaftern Streit über bestehende Treupflichten oder Stimmverbote bestehen und sich der Versammlungsleiter nicht in der Lage sieht, eine rechtlich fundierte Entscheidung über die Wirksamkeit der Stimmabgabe zu treffen.[648] Hinzu muss kommen, dass diese Stimmen für das Beschlussergebnis überhaupt relevant sind. In diesen Fällen hat der Versammlungsleiter zwei Möglichkeiten: Zweifelt er an der Wirksamkeit von abgegebenen Stimmen, muss er sie, wenn er eine Beschlussfeststellung vornimmt, als wirksam behandeln. Eine Verpflichtung zur Beschlussfeststellung besteht in solchen Konstellationen aber nicht. Der Versammlungsleiter kann somit ausnahmsweise auch von der Beschlussfeststellung absehen.

3. Ausschluss der Beschlussfeststellungskompetenz

Es steht nun fest, dass der Versammlungsleiter regelmäßig nicht nur zur Beschlussfeststellung befugt ist, sondern sie vielmehr zu seinen Pflichten gehört und er nur in Ausnahmefällen von ihr absehen darf. Es wird aber diskutiert, ob dem Versammlungsleiter in bestimmten Konstellationen untersagt ist, Beschlussfeststellungen vorzunehmen. Sofern dies der Fall ist, schließt sich die Frage an, welche Rechtsfolgen eine Beschlussfeststellung hat, die der Versammlungsleiter unrechtmäßig vorgenommen hat. Den nachfolgend diskutierten Fallgruppen sei vorausgeschickt, dass wegen ihres Ausnahmecharakters ein besonderer Begründungsaufwand notwendig ist, um dem eigentlich zur Beschlussfeststellung legitimierten Versammlungsleiter die Beschlussfeststellungskompetenz in bestimmten Konstellationen zu entziehen.

---

647 GK-GmbHG/*Raiser*, Anh. § 47 Rn. 103; Baumbach/Hueck/*Zöllner*, § 48 Rn. 17; *Böttcher/Grewe*, NZG 2002, 1086, 1088.

648 *Böttcher/Grewe*, NZG 2002, 1086, 1088.

a) Ausschluss bei Entzug der Legitimation durch Satzung oder Gesellschafterbeschluss

Ist der Versammlungsleiter statutarisch bestellt, gehört es zwar grundsätzlich zu seiner Aufgabe, Beschlussfeststellungen vorzunehmen. Die Satzung kann die Beschlussfeststellungskompetenz aber ausschließen, indem sie ausdrücklich anordnet, dass der Versammlungsleiter nicht zur Beschlussfeststellung befugt ist.[649] Wegen der Bedeutung der Beschlussfeststellung für Rechtsklarheit und -sicherheit ist eine solche Satzungsregelung allerdings nicht zu empfehlen. Ist die Beschlussfeststellungskompetenz in der Satzung nicht ausgeschlossen, kann ein Geschäftsordnungsbeschluss in der laufenden Versammlung nicht verhindern, dass der Versammlungsleiter zur Beschlussfeststellung befugt ist. Dafür wäre eine Satzungsänderung erforderlich.

Sieht die Satzung keinen Versammlungsleiter vor, steht es den Gesellschaftern frei, ob sie einen Versammlungsleiter bestellen und mit welchen Kompetenzen sie ihn ausstatten. Demnach können sie ihn allein mit Leitungs- und Ordnungsbefugnissen ausstatten, ihm die Beschlussfeststellungskompetenz jedoch verweigern.[650] Soll der Versammlungsleiter nicht zur Beschlussfeststellung legitimiert sein, müssen die Gesellschafter dies ausdrücklich anordnen, weil die Beschlussfeststellungskompetenz in der Bestellung enthalten ist (vgl. dazu D.IV.2).

Ist dem Versammlungsleiter die Beschlussfeststellungskompetenz entzogen, darf er keine Beschlussfeststellungen vornehmen. Stellt er dennoch einen Beschluss fest, können die Gesellschafter bei Zweifeln an der Ordnungsgemäßheit der Art und Weise des Zustandekommens die wahre Rechtslage ebenso durch Erhebung einer Feststellungsklage gem. § 256 Abs. 1 ZPO gerichtlich feststellen lassen, als hätte keine Beschlussfeststellung stattgefunden.

b) Ausschluss bei unmittelbarer Betroffenheit

Hoffmann/Köster vertreten, dass der Versammlungsleiter nicht zur Beschlussfeststellung legitimiert sei, wenn er selbst von dem Beschluss unmittelbar betroffen ist.[651] Ist der zum Versammlungsleiter bestellte Gesellschafter bei der Abstimmung wegen eines Stimmverbots ausgeschlossen, könne er auch keine Entscheidungsbefugnisse ausüben und den Beschluss feststellen.[652]

Werner hält eine solche Ausnahme für ungeeignet, weil sie praktisch dazu führe, dass der Beschlussfeststellung ihr Anwendungsbereich genommen wer-

---

649 *Böttcher/Grewe*, NZG 2002, 1086, 1088.

650 Baumbach/Hueck/*Zöllner*, Anh. § 47 Rn. 120; *Böttcher/Grewe*, NZG 2002, 1086, 1088.

651 *Hoffmann/Köster*, GmbHR 2003, 1327, 1332.

652 *Hoffmann/Köster*, GmbHR 2003, 1327, 1333.

de.[653] Denn oftmals werde eben nicht klar sein, ob der versammlungsleitende Gesellschafter einem Stimmverbot unterliegt.[654] Auch *K. Schmidt/Seibt* erkennen eine solche Ausnahme nicht an, weil der Rechtsgedanke des § 47 Abs. 4 GmbHG nicht analog auf den Versammlungsleiter angewendet werden könne.[655]

Die Position *Hoffmann/Kösters* ist abzulehnen; der Versammlungsleiter ist auch dann zur Beschlussfeststellung befugt, wenn er selbst vom Beschluss unmittelbar betroffen ist. Zunächst einmal wird man, wollte man eine solche Ausnahme tatsächlich anerkennen, nicht nur dem Versammlungsleiter die Beschlussfeststellung untersagen, der als Gesellschafter bei der Abstimmung einem Stimmverbot unterliegt. Vielmehr ließe sich dieser Gedanke auch auf Nicht-Gesellschafter übertragen, die als Versammlungsleiter fungieren: So dürfte etwa der Fremdgeschäftsführer keine Beschlüsse feststellen, die Fragen seiner Anstellung zum Gegenstand haben. Auch dem Syndikusanwalt müsste die Feststellung solcher Beschlüsse untersagt bleiben, die sein Verhältnis zur Gesellschaft betreffen. In solchen Fällen ist der Versammlungsleiter ebenfalls unmittelbar von dem Beschluss betroffen. Wäre immer dann die Beschlussfeststellung ausgeschlossen, bliebe für sie insgesamt ein zu geringer Anwendungsbereich.

Vor allem aber ist das Bedürfnis für eine solche Ausnahme zweifelhaft: Ein Bedürfnis, dem Versammlungsleiter die Beschlussfeststellung zu untersagen, besteht jedenfalls nicht für die Fälle, in denen der Versammlungsleiter als Gesellschafter zwar einem Stimmverbot unterliegt, dessen Vorliegen aber selbstständig anerkennt. Er wird dann an der Abstimmung schon gar nicht teilnehmen, so dass es demzufolge auch zu keinem Streit über die Wirksamkeit der Stimmabgabe kommen kann. Es ist nicht ersichtlich, warum dem pflichtgemäß handelnden Versammlungsleiter in diesen Fällen die Beschlussfeststellungskompetenz entzogen sein soll.

Unterliegt der Versammlungsleiter eindeutig und unzweifelhaft einem Stimmverbot, stimmt er aber dennoch ab und stellt den Beschluss dann unter Berücksichtigung seiner Stimmen fest, handelt er diametral entgegen seiner Pflicht, für bestandskräftige Beschlüsse zu sorgen. Deshalb ist dies ein wichtiger Grund, der die Gesellschafter zur Abberufung des Versammlungsleiters berechtigt. Außerdem macht er sich u.U. schadensersatzpflichtig (vgl. zur Haftung F.). Auswirkungen auf die zugrunde liegende Legitimation, Beschlussfeststellungen vorzunehmen, hat die unmittelbare Betroffenheit aber nicht. Eine Ausnahme, dem Versammlungsleiter in solchen Fällen die Befugnis zur Beschlussfeststellung zu verweigern, ist nicht erforderlich.

653 *Werner*, GmbHR 2006, 127, 129.
654 *Werner*, GmbHR 2006, 127, 129.
655 Scholz/*K. Schmidt/Seibt*, § 48 Rn. 53.

c) Ausschluss bei satzungsändernden Beschlüssen

Hoffmann/Köster vertreten, dass dem Versammlungsleiter die Feststellung von satzungsändernden Beschlüssen untersagt sei.[656] Dies würden der Minderheitenschutz und der Grundsatz der Satzungsautonomie gebieten.[657]

Der Grundsatz der Satzungsautonomie kommt in § 53 Abs. 1 GmbHG zum Ausdruck, der bestimmt, dass die Satzung nur durch Beschluss der Gesellschafter geändert werden kann.[658] Die Gesellschafter können Dritten keinen Entscheidungsspielraum bezüglich des Satzungsinhalts in irgendeiner Form einräumen.[659] Daraus folge, dass auch eine Beschlussfeststellung unterbleiben müsse.[660] *Hoffmann/Köster* verkennen dabei allerdings, dass dem Versammlungsleiter durch die Beschlussfeststellung überhaupt kein Entscheidungsspielraum bezüglich des Satzungsinhalts eingeräumt wird. Der Satzungsinhalt ist vielmehr durch den Beschlussantrag vorgegeben, der zur Abstimmung gestellt wird. Auch wenn der Versammlungsleiter die Wirksamkeit abgegebener Stimmen zu beurteilen hat, hat er dabei keinen Entscheidungsspielraum. Vielmehr ist er an die gesetzlichen Vorschriften, insbesondere an § 47 Abs. 4 GmbHG, gebunden.[661] Zwar könnte man argumentieren, dass der Versammlungsleiter in dem Fall, in dem ihm bei der Beurteilung der Wirksamkeit der abgegebenen Stimmen ein Fehler unterläuft und er deshalb unter Berücksichtigung tatsächlich nichtiger Stimmen einen Beschluss als zustande gekommen feststellt, Einfluss auf den Satzungsinhalt nimmt. Schließlich stellt der Versammlungsleiter einen Beschluss fest, der tatsächlich mit diesem Inhalt nicht zustande gekommen ist. Wird dieser nicht angefochten und in das Handelsregister eingetragen, hat der Versammlungsleiter damit Einfluss auf den Satzungsinhalt genommen. Verstünde man den Grundsatz der Satzungsautonomie so weit, dürften an der Satzungsänderung auch der Notar, der den Beschluss protokolliert, und der Richter oder der Rechtspfleger, der die Eintragung in das Handelsregister vornimmt, nicht mitwirken.

Vielmehr sind die Gesellschafter sogar gehalten, für die Beschlussfeststellung bei satzungsändernden Beschlüssen Sorge zu tragen.[662] Denn wenn keine Beschlussfeststellung stattgefunden hat und kein Beschlussinhalt protokolliert

---

656 Michalski/*Hoffmann*, § 53 Rn. 68; *Hoffmann/Köster*, GmbHR 2003, 1327, 1333 f.
657 Michalski/*Hoffmann*, § 53 Rn. 68; *Hoffmann/Köster*, GmbHR 2003, 1327, 1333.
658 Michalski/*Hoffmann*, § 53 Rn. 57; *Hoffmann/Köster*, GmbHR 2003, 1327, 1333.
659 Michalski/*Hoffmann*, § 53 Rn. 57; Henssler/Strohn/*Gummert*, § 53 GmbHG Rn. 14.
660 *Hoffmann/Köster*, GmbHR 2003, 1327, 1333.
661 BGH, NZG 2010, 1022, 1023.
662 MK-GmbHG/*Harbarth*, § 53 Rn. 93; Baumbach/Hueck/*Zöllner/Noack*, § 53 Rn. 67.

ist, wird der Registerrichter die Gesellschaft ohnehin zur – notfalls gerichtlichen Klärung – auffordern.[663] Darüber hinaus kann die Satzung gem. § 53 Abs. 2 Satz 2 GmbHG die Beschlussfeststellung durch den Versammlungsleiter als Wirksamkeitserfordernis für satzungsändernde Beschlüsse aufstellen.[664] Dem widerspräche es, wenn im Falle des Fehlens einer solchen Regelung die Beschlussfeststellung dem Beschluss nicht einmal zur vorläufigen Verbindlichkeit verhelfen könnte. *Zöllner* bezeichnet die Auffassung *Hoffmann/Kösters* daher als „ganz schief".[665]

VI. Die fehlerhafte Ermittlung des Abstimmungsergebnisses

1. Zählfehler

Bei der Beschlussfeststellung des Versammlungsleiters kann es zu einer Reihe von Fehlern kommen, etwa zu Fehlern beim Zählen der Stimmen. Um Zählfehler zu vermeiden, kommt bei Gesellschafterversammlungen von Publikums-GmbHs der Einsatz von den oftmals auch auf Hauptversammlungen großer AGs eingesetzten elektronisch lesbaren Stimmkarten in Betracht. Dabei erhält jeder stimmberechtigte Teilnehmer einen Stimmkartenblock, der zu den einzelnen Beschlussanträgen jeweils eine Stimmkarte für die Abstimmung enthält. Diese Stimmkarte ist mit einem Barcode versehen. Nach Einsammeln der Stimmkarten werden die Barcodes mithilfe eines Lesegeräts elektronisch erfasst. Zu Fehlern kann es dabei zum einen manuell kommen, indem einzelne Stimmkarten nicht elektronisch erfasst werden. Zum anderen kommen technische Probleme in Betracht, etwa indem erfasste Stimmkarten im Abstimmungsergebnis keine Berücksichtigung finden. Bei kleineren Gesellschaften mit überschaubarem Gesellschafterkreis wird man hingegen oftmals keine EDV-basierte Auszählungsmöglichkeit haben. Eine solche ist auch nicht erforderlich, weil mit manuellen Abstimmungsverfahren das Beschlussergebnis unproblematisch ermittelt werden kann. In Betracht kommt, dass der Versammlungsleiter um Handzeichen bittet oder die einzelnen Teilnehmer mittels Stimmtafeln[666] ab-

---

663 Baumbach/Hueck/*Zöllner/Noack*, § 53 Rn. 67.

664 Saenger/Inhester/*Inhester*, § 53 Rn. 33; Rowedder/Schmidt-Leithoff/*Schnorbus*, § 53 Rn. 67.

665 Baumbach/Hueck/*Zöllner*, Anh. § 47 Rn. 119.

666 Diese Abstimmungsweise ist vor allem in Österreich verbreitet, vgl. Semler/Volhard/Reichert/*Fischer/Pickert*, § 9 Rn. 274.

stimmen. Dabei kann es zwar zu „echten" Zählfehlern kommen. Das Risiko dürfte mit geringerer Teilnehmerzahl aber abnehmen.

2. Zugrundelegen eines falschen Quorums

Neben Zählfehlern ist es möglich, dass der Versammlungsleiter einen Fehler bei der rechtlichen Bewertung macht, welches Quorum für die Annahme eines Beschlussantrags erforderlich ist. Dies kommt insbesondere dann in Betracht, wenn die Satzung für bestimmte Beschlüsse von dem in § 47 Abs. 1 GmbHG vorgesehenen einfachen Mehrheitsprinzip abweicht. In diesen Fällen hat der Beschlussantrag entweder tatsächlich nicht die erforderliche Anzahl von Stimmen erhalten, während der Versammlungsleiter davon ausgeht, dass der Beschluss entsprechend des Antrags zustande gekommen ist, oder aber der Beschlussantrag hat tatsächlich das erforderliche Quorum erreicht, der Versammlungsleiter verkündet jedoch irrtümlich, dass der Beschlussantrag nicht die erforderliche Stimmenzahl erreicht hat.[667]

3. Fehler bei der Bewertung der Wirksamkeit der Stimmabgabe

Daneben ist es denkbar, dass der Versammlungsleiter Stimmen eines Gesellschafters berücksichtigt, die wegen eines Stimmverbots oder eines Stimmrechtsmissbrauchs nichtig sind, oder aber gültige Stimmen unberücksichtigt lässt, weil er vom Vorliegen eines Stimmverbots oder von einem Stimmrechtsmissbrauch ausgeht.

4. Rechtsfolge

All diese Fehler können zur Folge haben, dass der Versammlungsleiter feststellt, dass der Beschluss zustande gekommen ist, obwohl der Antrag die erforderliche Stimmenmehrheit nicht erreicht hat. Ebenso kann es infolge eines Fehlers dazu kommen, dass der Versammlungsleiter einen den Antrag ablehnenden Beschluss[668] feststellt, obwohl der Antrag tatsächlich die erforderliche Stimmenzahl erreicht hat. Es stellt sich für diese Fälle also die Frage, welche Wirkung die Beschlussfeststellung hat.

Für den Fall der Satzungsänderung hat der BGH schon sehr früh entschieden, dass die Beschlussfeststellung durch den Versammlungsleiter und die notarielle Beurkundung dazu führen, dass der Beschluss auch dann als zustande ge-

---

667 Spindler/Stilz/*Würthwein*, § 243 Rn. 121.

668 Auch dies ist ein Beschluss, vgl. BGHZ 88, 320, 328 = NJW 1984, 489.

kommen gilt, wenn er tatsächlich die erforderliche Mehrheit nicht erreicht hat.[669] In dieser Entscheidung hat der BGH aber ausdrücklich offen gelassen, ob dies auch für gewöhnliche Gesellschafterbeschlüsse gilt, für die eine notarielle Beurkundung gerade nicht vorgesehen ist.[670]

In einer späteren Entscheidung musste der BGH diese Frage entscheiden und hat verneint, dass die Feststellung des Versammlungsleiters den Beschluss auch dann konstituiert, wenn tatsächlich die erforderliche Mehrheit nicht erreicht ist.[671] Die Beschlussfeststellung sei „rechtlich ohne Belang oder höchstens als Beweismittel verwertbar".[672]

Später hat der BGH diese Auffassung aufgegeben und ausdrücklich anerkannt, dass ein Beschluss ungeachtet formeller und materieller Mängel mit dem Beschlussergebnis als vorläufig verbindlich gilt, mit dem ihn der Versammlungsleiter festgestellt hat,[673] nachdem er in einer vorherigen Entscheidung bereits Zweifel an der Richtigkeit seiner ursprünglichen Auffassung geäußert hatte[674].

Für den Fall, dass der Versammlungsleiter feststellt, dass ein Antrag nicht die erforderliche Mehrheit erreicht hat, hat der BGH bereits zuvor entschieden, dass aus Gründen ausreichenden Rechtsschutzes gegen diesen Beschluss Anfechtungsklage erhoben werden kann, die mit dem Feststellungsantrag zu verbinden ist, dass der Antrag tatsächlich angenommen wurde.[675] Nach Ansicht der Rechtsprechung konstituiert die Beschlussfeststellung durch den Versammlungsleiter somit den Beschluss. Er wird mit dem Inhalt vorläufig verbindlich, mit dem ihn den Versammlungsleiter festgestellt hat.

Die Literatur hat sich der Meinung des BGH ganz überwiegend angeschlossen und misst der Beschlussfeststellung durch den Versammlungsleiter ebenfalls eine verbindliche Wirkung bei.[676]

Im Ergebnis hat ein Fehler bei der Beschlussfeststellung keine Auswirkung darauf, dass der Beschluss mit dem Inhalt zustande kommt, mit dem ihn der Versammlungsleiter festgestellt hat. Der Beschluss muss dann – sofern er nicht

---

669 BGHZ 14, 25, 35 f. = NJW 1954, 1401.

670 BGHZ 14, 25, 35 f. = NJW 1954, 1401.

671 BGHZ 51, 209, 210 ff. = NJW 1969, 841.

672 BGHZ 51, 209, 212 = NJW 1969, 841.

673 BGHZ 104, 66, 69 = NJW 1988, 1844.

674 BGHZ 76, 154, 156 f. = NJW 1980, 1527.

675 BGHZ 88, 320, 328 = NJW 1984, 489; BGHZ 97, 28, 30 = NJW 1986, 2051.

676 Lutter/Hommelhoff/*Bayer*, Anh. § 47 Rn. 38; GK-GmbHG/*Hüffer*, § 47 Rn. 29; Rowedder/Schmidt-Leithoff/*Koppensteiner/Gruber*, § 47 Rn. 10; Roth/Altmeppen/*Roth*, § 47 Rn. 106, 131; Scholz/*K. Schmidt*, § 48 Rn. 53; Baumbach/Hueck/*Zöllner*, Anh. § 47 Rn. 118 f.

aus anderen Gründen nichtig ist – durch Anfechtungsklage angegriffen werden. Die Anfechtung des Beschlusses kann auch auf eine fehlerhafte Beschlussfeststellung durch den Versammlungsleiter gestützt werden (vgl. dazu ausführlich E.III.2.a).[677]

5. Sonderfall: willkürliche oder absichtlich falsche Beschlussfeststellung

Etwas anderes könnte allerdings für Fälle willkürlicher oder absichtlich falscher Beschlussfeststellungen gelten. Eine absichtlich falsche Beschlussfeststellung liegt vor, wenn der Versammlungsleiter bewusst einen Beschluss feststellt, der tatsächlich nicht oder nicht so gefasst wurde.[678] Nach verfassungsgerichtlichen Grundsätzen liegt Willkür nicht bereits bei jeder fehlerhaften Rechtsanwendung oder bei jedem fehlerhaften Verfahren, sondern nur in seltenen Ausnahmefällen vor.[679] Neben der Fehlerhaftigkeit ist erforderlich, dass Rechtsanwendung oder Verfahren nicht mehr verständlich sind und es daher naheliegt, dass sie auf sachfremden Erwägungen basieren.[680] Willkür ist objektiv als eine Maßnahme zu sehen, die im Verhältnis zu der Situation, der sie Herr werden will, tatsächlich und eindeutig unangemessen ist.[681] Diese Wertungen lassen sich durchaus auf den Versammlungsleiter übertragen.[682]

Dass diese Kategorien soweit ersichtlich im Aktienrecht nicht existieren, erklärt sich aus den strukturellen Unterschieden von AG und GmbH. Denn die für die GmbH durchaus berechtigte Befürchtung, der Mehrheitsgesellschafter könne seine Position dazu nutzen, sich selbst zum Versammlungsleiter zu wählen und „Beschlüsse“ mit vorläufiger Verbindlichkeit auszustatten, die tatsächlich – etwa wegen eines Stimmverbots des Mehrheitsgesellschafters – gar nicht zustande gekommen sind, ist wohl vornehmlich in personalistisch strukturierten AGs, nicht aber in börsennotierten Publikumsgesellschaften eine Gefahr.

---

677 Hölters/*Englisch*, § 243 Rn. 24; *Hüffer*, § 136 Rn. 24; MK-AktG/*Hüffer*, § 243 Rn. 41; Saenger/Inhester/*Puszkajler*, Anh. § 47 Rn. 62; Michalski/*Römermann*, Anh. § 47 Rn. 291; K. Schmidt/Lutter/*Schwab*, § 243 Rn. 10; Baumbach/Hueck/*Zöllner*, Anh. § 47 Rn. 117.

678 *Hoffmann/Köster*, GmbHR 2003, 1327, 1332.

679 BVerfGE 4, 1, 7 = NJW 1954, 1153; BVerfGE 62, 189, 192 = NJW 1983, 809.

680 BVerfGE 4, 1, 7 = NJW 1954, 1153; BVerfGE 62, 189, 192 = NJW 1983, 809.

681 BVerfGE 62, 189, 192 = NJW 1983, 809; BVerfGE 80, 48, 51 = NJW 1989, 1917.

682 *Hoffmann*, NZG 1997, 1174; *Hoffmann/Köster*, GmbHR 2003, 1327, 1332.

a) Nichtigkeit des Beschlusses

Ein willkürlich oder absichtlich falsch festgestellter Beschluss könnte nichtig sein. Die Nichtigkeit eines Gesellschafterbeschlusses in der GmbH richtet sich in Ermangelung eigener Nichtigkeitsgründe im GmbHG nach den aktienrechtlichen Vorschriften für Hauptversammlungsbeschlüsse (§§ 241 f., 249 AktG).[683]

In Betracht kommt, dass ein willkürlich oder absichtlich falsch festgestellter Beschluss sittenwidrig und damit nichtig ist. Dabei richtet sich die Sittenwidrigkeit von Gesellschafterbeschlüssen nicht nach § 138 BGB, sondern nach § 241 Nr. 4 AktG analog.[684] Danach ist ein Beschuss nur dann nichtig, wenn er durch seinen Inhalt gegen die guten Sitten verstößt. Ein unsittlicher Beweggrund oder Zweck oder eine sittenwidrige Art des Zustandekommens machen den Beschluss lediglich anfechtbar.[685] Es kommt somit auf den Inhalt des festgestellten Beschlusses an. Allein aus der sittenwidrigen Beschlussfeststellung ergibt sich keine Nichtigkeit des Beschlusses gem. § 241 Nr. 4 AktG analog.

Die Nichtigkeit eines Beschlusses, den der Versammlungsleiter willkürlich oder absichtlich falsch festgestellt hat, könnte sich aus § 241 Nr. 3 AktG analog ergeben. Danach ist ein Beschluss nichtig, wenn er mit dem Wesen der GmbH unvereinbar ist. Mit dem Wesen der GmbH ist ein Beschluss unvereinbar, wenn er den Gesellschaftern unentziehbare Individualrechte entzieht, schmälert oder ihre Ausübung erschwert.[686] Zum einen ist der Nichtigkeitsgrund aus § 241 Nr. 3 AktG jedoch zurückhaltend anzuwenden,[687] zum anderen handelt es sich bei der Beschlussfeststellung um eine Verfahrensweise. Verfahrensfehler aber können die Nichtigkeit eines Beschlusses nicht mit dem Argument begründen, sie seien mit dem Wesen der GmbH nicht vereinbar.[688] Der Nichtigkeitsgrund gem. § 241 Nr. 3 AktG gehört nämlich zur Fallgruppe der inhaltlichen Verstöße.[689] Somit ergibt sich die Nichtigkeit eines absichtlich oder willkürlich falsch festgestellten Beschlusses auch nicht aus § 241 Nr. 3 AktG analog. Dass ein

---

683 BGHZ 51, 209, 210 = NJW 1969, 841; BGHZ 134, 364, 365 = NJW 1997, 1510; *Semler/Asmus*, NZG 2004, 881, 885.

684 GK-GmbHG/*Raiser*, Anh. § 47 Rn. 58.

685 OLG München, NZG 1999, 1173; Lutter/Hommelhoff/*Bayer*, Anh. § 47 Rn. 20; Saenger/Inhester/*Puszkajler*, Anh. § 47 Rn. 34.

686 Lutter/Hommelhoff/*Bayer*, Anh. § 47 Rn. 17.

687 GK-GmbHG/*Raiser*, Anh. § 47 Rn. 57.

688 Rowedder/Schmidt-Leithoff/*Koppensteiner/Gruber*, § 47 Rn. 100.

689 Saenger/Inhester/*Puszkajler*, Anh. § 47 Rn. 19; Rowedder/Schmidt-Leithoff/*Koppensteiner/Gruber*, § 47 Rn. 100.

willkürlich oder absichtlich falsch festgestellter Beschluss aus anderem Grund nichtig sein könnte, ist nicht ersichtlich.

Die im AktG genannten Nichtigkeitsgründe bilden einen *numerus clausus*.[690] Allerdings sollen sich nach *Zöllner* weitere Nichtigkeitsgründe durch erweiternde Auslegung, Analogie und durch richterliche Rechtsfortbildung ergeben können.[691] Ein erforderlicher Fall richterlicher Rechtsfortbildung soll dann gegeben sein, wenn der Versammlungsleiter zum eigenen Vorteil ein Beschlussergebnis bewusst unrichtig feststellt.[692] Eine Begründung bleibt *Zöllner* dabei allerdings schuldig.

Im Ergebnis ist diese Auffassung abzulehnen. Zum einen ist es ohnehin zweifelhaft, ob ein praktisches Bedürfnis nach einer Fortbildung der Nichtigkeitsgründe besteht.[693] Zum anderen ist anerkannt, dass eine Treupflichtverletzung oder ein Stimmrechtsmissbrauch den Beschluss nur anfechtbar machen.[694] Wenn also ein Mehrheitsgesellschafter rechtsmissbräuchlich seine Stimmen abgibt, der Versammlungsleiter den Stimmrechtsmissbrauch nicht bemerkt und daraufhin das Beschlussergebnis unter Berücksichtigung der nichtigen Stimmen feststellt, ist der Beschluss anfechtbar. Erkennt der Versammlungsleiter hingegen den Stimmrechtsmissbrauch und stellt den Beschluss dennoch unter Berücksichtigung der nichtigen Stimmen fest, soll dies den Beschluss nach *Zöllner* zumindest dann nichtig machen, wenn der Versammlungsleiter dies zu seinem eigenen Vorteil unternimmt. Warum dieser Unterschied in der Verfahrensweise den Beschluss nicht nur anfechtbar, sondern nichtig machen sollte, erklärt sich nicht. Zudem verstieße die Nichtigkeit gegen den Grundsatz, dass im Zweifel ein Rechtsverstoß den Beschluss nur anfechtbar macht.[695]

Es lässt sich festhalten, dass allein die absichtlich falsche oder willkürliche Beschlussfeststellung die Nichtigkeit eines Beschlusses nicht begründen kann.

---

690 Lutter/Hommelhoff/*Bayer*, Anh. § 47 Rn. 9; Rowedder/Schmidt-Leithoff/*Koppensteiner/Gruber*, § 47 Rn. 94; Saenger/Inhester/*Puszkajler*, Anh. § 47 Rn. 19; GK-GmbHG/*Raiser*, Anh. § 47 Rn. 33.

691 Baumbach/Hueck/*Zöllner*, Anh. § 47 Rn. 66, a.A. GK-GmbHG/*Raiser*, Anh. § 47 Rn. 33.

692 Baumbach/Hueck/*Zöllner*, Anh. § 47 Rn. 66, der auf das Urteil des OLG München, NZG 1999, 1173 verweist.

693 Dies verneinend Scholz/*K. Schmidt*, § 45 Rn. 62.

694 Scholz/*K. Schmidt*, § 45 Rn. 76.

695 GK-GmbHG/*Hüffer*, Anh. § 47 Rn. 33.

b) Unwirksamkeit der Beschlussfeststellung

Für Fälle, in denen die Beschlussfeststellung willkürlich oder absichtlich falsch ist, könnte man ihr aber die verbindliche Wirkung verweigern.[696] Dies hätte zur Folge, dass der Beschluss wie ein nicht festgestellter zu behandeln wäre, so dass die wahre Rechtslage u.U. im Wege der Feststellungsklage gem. § 256 Abs. 1 ZPO überprüft werden könnte.[697]

Zur Begründung wird etwa angeführt, bei einer verbindlichen Wirkung trotz absichtlich falscher Beschlussfeststellung werde „Missbrauch Tür und Tor geöffnet".[698] Die Beschlussfeststellung würde in Missbrauchsfällen gerade nicht der Rechtssicherheit dienen, sondern zu unsicheren Ergebnissen führen.[699] Dieses Argument kann nicht überzeugen: Der Rechtssicherheit dient die Beschlussfeststellung insofern, als dass die Fehlerhaftigkeit des Beschlusses nach Ablauf der Anfechtungsfrist nicht mehr geltend gemacht werden kann. Unter diesem Aspekt ist es völlig irrelevant, ob der Beschluss so festgestellt wurde, wie er tatsächlich gefasst wurde, ob der Versammlungsleiter aufgrund eines Irrtums das Beschlussergebnis falsch verkündet oder ob der Versammlungsleiter den Beschluss absichtlich falsch festgestellt hat. Erkennt man in all diesen Fällen die verbindliche Wirkung der Beschlussfeststellung an, wird der Beschluss mit dem Inhalt nach Ablauf der Anfechtungsfrist verbindlich, mit dem ihn der Versammlungsleiter festgestellt hat. Der Rechtssicherheit ist also auch dann gedient, wenn der Versammlungsleiter einen Beschluss absichtlich falsch feststellt. Gleiches gilt für die Kategorie der willkürlichen Beschlussfeststellung.

Richtigerweise wird man – wie insgesamt bei der Frage nach der Bedeutung der Beschlussfeststellung – zwischen Rechtssicherheit und Minderheitenschutz abwägen müssen.[700] Verweigert man der absichtlich falschen oder willkürlichen Beschlussfeststellung ihre vorläufig verbindliche Wirkung, dient das insofern dem Minderheitenschutz, als dass die wahre Rechtslage im Wege der Feststellungsklage überprüft werden kann und die Erhebung einer fristgebundenen Anfechtungsklage entbehrlich ist. Fraglich ist aber, ob dadurch etwas gewonnen ist. Die Frage, ob eine Beschlussfeststellung willkürlich oder absichtlich falsch ist, ist eine Rechtsfrage, die verbindlich allein im gerichtlichen Verfahren beantwortet werden kann. Lässt der Gesellschafter die Anfechtungsfrist verstreichen,

---

696 Für Vorsatz und Willkür *Hoffmann*, NZG 1999, 1174; *Hoffmann/Köster*, GmbHR 2003, 1327, 1333; beschränkt auf Vorsatz Scholz/*K. Schmidt/Seibt*, § 48 Rn. 53; *Böttcher/Grewe*, NZG 2002, 1086, 1088; *Werner*, GmbHR 2006, 127, 129.

697 *Werner*, GmbHR 2006, 127, 129.

698 *Böttcher/Grewe*, NZG 2002, 1086, 1088.

699 *Böttcher/Grewe*, NZG 2002, 1086, 1088.

700 *Hoffmann/Köster*, GmbHR 2003, 1327, 1332.

sieht sich zu einem späteren Zeitpunkt aber veranlasst, Feststellungsklage mit dem Ziel zu erheben, dass tatsächlich der durch den Versammlungsleiter festgestellte Beschluss nicht zustande gekommen ist, besteht das Risiko, dass das Gericht zwar zu der Überzeugung gelänge, dass der Beschluss tatsächlich nicht zustande gekommen ist, zuvor aber verneint, dass die Beschlussfeststellung willkürlich oder absichtlich falsch war. Deshalb wäre nicht die Feststellungsklage, sondern die Anfechtungsklage die richtige Klageart gewesen. Wegen des Ablaufs der Anfechtungsfrist ist die Anfechtungsklage dann aber unbegründet und der Beschluss bestandskräftig.

Will der Gesellschafter dieses Risiko vermeiden, muss er bereits vor Ablauf der Anfechtungsfrist Feststellungsklage und hilfsweise Anfechtungsklage für den Fall erheben, dass das Gericht die Beschlussfeststellung als wirksam betrachtet. Dann aber spricht nichts dagegen, auch der willkürlich oder absichtlich falschen Beschlussfeststellung eine verbindliche Wirkung zuzugestehen, so dass der Gesellschafter unmittelbar Anfechtungsklage erheben muss.

Daneben muss man sich fragen, welches Szenario wahrscheinlich einer absichtlich falschen Beschlussfeststellung durch einen Versammlungsleiter folgt, der zugleich Mehrheitsgesellschafter ist. Es erscheint unwahrscheinlich, dass im Nachgang zur Gesellschafterversammlung ein konstruktives Gespräch stattfindet, in dem der Mehrheitsgesellschafter anerkennt, dass das Beschlussergebnis tatsächlich ein anderes ist, als das von ihm festgestellte. Er wird vielmehr auch nach der Gesellschafterversammlung den Beschluss als wirksam zustande gekommen betrachten. Die Minderheitsgesellschafter werden also in den meisten Fällen ohnehin Klage erheben müssen, so dass das Argument erheblich an Gewicht verliert, durch die Beschlussfeststellung würden die Minderheitsgesellschafter zur Klageerhebung gedrängt.[701]

Die Beschlussfeststellung ist außerdem aus dem Aktienrecht übernommen, so dass man sich bezüglich ihrer Wirkung am Aktienrecht orientieren kann, sofern die Besonderheiten in der GmbH keine andere Behandlung rechtfertigen. Im Hinblick auf die Rechtsfolge, dass ein Beschluss mit dem Inhalt vorläufig verbindlich wird, mit dem ihn der Versammlungsleiter festgestellt hat, unterscheiden sich Aktien- und GmbH-Recht nicht. Wenn also in der AG das Erfordernis besteht, Anfechtungsklage zu erheben, weil eine Beschlussfeststellung stattgefunden hat, spricht dies zunächst einmal dafür, dass dieses Erfordernis in der GmbH in der parallelen Situation ebenso besteht. In der aktienrechtlichen Literatur wird sich mit der Frage, welche Rechtsfolge eine willkürliche oder absichtlich falsche Beschlussfeststellung hat, nicht explizit auseinandergesetzt. Gegenstand aktienrechtlicher Untersuchungen sind allein fehlerhafte Beschluss-

---

701 So argumentieren *Hoffmann/Köster*, GmbHR 2003 1327, 1332.

feststellungen, ohne dass dabei zwischen Schwere des Fehlers oder Vorsatz des Versammlungsleiters differenziert wird.[702] Das taugt zumindest als Indiz, dass beide Faktoren keinen Einfluss auf die Wirkung der Beschlussfeststellung haben.

Führt man die personalistische Struktur der GmbH an, muss man zudem bedenken, dass dieser Unterschied zur AG bereits bei der Bemessung der Anfechtungsfrist berücksichtigt wird. Die für Hauptversammlungsbeschlüsse gem. § 246 Abs. 1 AktG geltende Monatsfrist ist auf die GmbH nicht entsprechend anzuwenden.[703] Sie dient lediglich als Leitbild.[704] Die Anfechtungsklage ist innerhalb einer angemessenen Frist zu erheben, bei deren Berechnung die Umstände des Einzelfalls zu berücksichtigen sind.[705] Dabei muss der Gesellschafter die Anfechtungsklage zwar mit aller ihm zumutbaren Beschleunigung erheben.[706] Ist er aber an der Klageerhebung „durch zwingende Umstände gehindert", kann die Monatsfrist durchaus überschritten werden, ohne dass dies zur Verfristung der Anfechtungsklage führt.[707] Stellt der Mehrheitsgesellschafter nach Abschluss der Gesellschafterversammlung, auf der eine absichtlich falsche Beschlussfeststellung zu seinem Vorteil stattgefunden hat, in Aussicht, an einer gütlichen Einigung interessiert zu sein, indem er etwa zusichert, den absichtlich falsch festgestellten Beschluss wieder aufzuheben, werden die Minderheitsgesellschafter zunächst auf die Erhebung einer Anfechtungsklage verzichten. Kommt es nach Ablauf der Monatsfrist nicht zu der versprochenen Beschlussaufhebung, weil der Mehrheitsgesellschafter diese nur deshalb in Aussicht gestellt hat, um die Erhebung der Anfechtungsklage innerhalb eines Monats zu verhindern, müsste man dies als zwingenden Umstand ansehen, der eine zügigere Klageerhebung verhindert hat. Eine nach Kenntnis der wahren Motive erhobene Anfechtungsklage wäre deshalb nicht wegen Fristablaufs unbegründet.

Zuletzt darf man nicht übersehen, dass willkürliche oder absichtlich falsche Beschlussfeststellungen ohnehin die Ausnahme bilden.[708] Dafür sind zwei Faktoren verantwortlich: Zum einen ist die absichtlich falsche oder willkürliche Be-

---

702 Vgl. etwa Hölters/*Englisch*, § 243 Rn. 24; *Hüffer*, § 243 Rn. 19; MK-AktG/*Hüffer*, § 243 Rn. 41; Spindler/Stilz/*Würthwein*, § 243 Rn. 121 ff.; Henssler/Strohn/*Drescher*, § 243 AktG Rn. 17.

703 BGHZ 111, 224, 226 = NJW 1990, 2625; GK-GmbHG/*Raiser*, Anh. § 47 Rn. 195; Baumbach/Hueck/*Zöllner*, Anh. § 47 Rn. 145.

704 BGHZ 101, 113, 117 = NJW 1987, 2514; BGHZ 104, 66, 71 = NJW 1988, 1844; BGHZ 111, 224, 226 = NJW 1990, 2625.

705 BGHZ 101, 113, 117 = NJW 1987, 2514.

706 BGHZ 101, 113, 117 = NJW 1987, 2514; OLG Hamm, NZG 2004, 380.

707 BGHZ 101, 113, 117 = NJW 1987, 2514; BGH, NJW-RR 1989, 347, 349.

708 *K. Schmidt*, GmbHR 1992, 9, 13.

schlussfeststellung ein wichtiger Grund zur sofortigen Abberufung des Versammlungsleiters (vgl. zur Abberufung C.II.3.), zum anderen macht sich der Versammlungsleiter u.U. schadensersatzpflichtig (vgl. dazu F.). Die Verweigerung der Verbindlichkeitswirkung der absichtlich falschen Beschlussfeststellung ist als weiteres Korrektiv zur Verhinderung missbräuchlicher Beschlussfeststellungen nicht erforderlich.[709] Selbst wenn die fehlerhafte Beschlussfeststellung also auf willkürlichem oder absichtlich falschem Verhalten des Versammlungsleiters beruht, ändert dies nichts daran, dass der Beschluss mit diesem Inhalt vorläufig verbindlich wird.

c) Anfechtbarkeit des Beschlusses

Selbstverständlich begründet die willkürliche oder absichtliche falsche Beschlussfeststellung aber die Anfechtbarkeit des Beschlusses (vgl. dazu ausführlich E.III.2.a).

VII. Beschlussfeststellung durch Versammlungsleiter ohne Kompetenz

1. Ausdrücklicher Entzug der Beschlussfeststellungskompetenz

Nimmt der Versammlungsleiter, dem die Beschlussfeststellungskompetenz ausdrücklich entzogen wurde, dennoch eine Beschlussfeststellung vor, ist diese Beschlussfeststellung wirkungslos. Beruft sich ein Gesellschafter auf die rechtswidrige Art und Weise des Zustandekommens des Beschlusses, steht ihm deshalb die Feststellungsklage gem. § 256 Abs. 1 ZPO zur Verfügung. Es kann für die Bejahung der Wirksamkeit der Beschlussfeststellung nämlich nicht allein darauf abgestellt werden, dass eine Beschlussfeststellung – durch wen auch immer – stattgefunden hat.[710] Vielmehr kommt es entscheidend auf die Legitimation an.

Dies soll folgendes Beispiel verdeutlichen: Die Satzung einer GmbH sieht vor, dass der Vorsitzende des Beirats die Gesellschafterversammlungen leitet. Zugleich untersagt die Satzung dem Versammlungsleiter, Beschlussfeststellungen vorzunehmen. Er darf also lediglich die abgegebenen Stimmen zählen und das Ergebnis der Auszählung verkünden. In der Gesellschafterversammlung kommt es nun zum Streit darüber, ob der Mehrheitsgesellschafter bezüglich ei-

---

709 So aber *Werner*, GmbHR 2006, 127, 129.

710 So aber OLGR Celle 1998, 340, 341 in einer im Ergebnis dennoch richtigen Entscheidung.

nes Tagesordnungspunkts einem Stimmverbot unterliegt. Der Mehrheitsgesellschafter nimmt dennoch an der Abstimmung teil und unter Berücksichtigung seiner Stimmen erreicht der Beschlussantrag die erforderliche Mehrheit. Der Versammlungsleiter erklärt, dass der Beschluss entsprechend des Antrags gefasst wurde. Er hat somit eine Beschlussfeststellung vorgenommen und dadurch seine Kompetenzen überschritten.

Wandelt man diesen Fall ab und nimmt bei sonst identischem Sachverhalt an, dass der Versammlungsleiter über die Beschlussfeststellungskompetenz verfügt, führt die vorgenommene Beschlussfeststellung unstreitig dazu, dass der Beschluss mit dem festgestellten Inhalt vorläufig verbindlich wird. Wollen einzelne Gesellschafter geltend machen, dass der Mehrheitsgesellschafter einem Stimmverbot unterlag, müssen sie den Beschluss mit einer Anfechtungsklage angreifen. Dies ist deshalb richtig, weil sich die Gesellschafter zuvor darauf verständigt haben, dass es mit dem Versammlungsleiter eine Instanz gibt, die vorläufig verbindlich Beschlüsse feststellen kann. Dies rechtfertigt, dass der festgestellte Beschluss solange verbindlich ist, bis er durch das Gericht in einem Anfechtungsprozess für nichtig erklärt wird. Dies ist der entscheidende Unterschied zum Grundfall. Dort haben sich die Gesellschafter nämlich gerade nicht dazu verpflichtet, sich der Beschlussfeststellung durch einen Versammlungsleiter zu unterwerfen. Deshalb führt die Beschlussfeststellung durch einen Versammlungsleiter ohne Beschlussfeststellungskompetenz nicht zu derselben Rechtsfolge wie die Beschlussfeststellung durch einen legitimierten Versammlungsleiter.

2. Faktischer Versammlungsleiter

Nichts anderes kann für die Situation gelten, in der ein Gesellschafter oder ein anderer Teilnehmer der Gesellschafterversammlung die Versammlungsleitung an sich zieht und Beschlüsse förmlich feststellt. Auch in diesem Fall kann allein die Feststellung nicht die vorläufige Verbindlichkeit des Beschlusses begründen, weil derjenige, der die Beschlussfeststellung vornimmt, nicht zu ihr legitimiert ist.[711]

711 OLG Köln, NZG 2003, 40 f.

VIII. Die Protokollierung festgestellter Gesellschafterbeschlüsse

1. Kein gesetzliches Protokollierungserfordernis

Anders als das AktG, das in § 130 Abs. 1 AktG eine notarielle oder bei nichtbörsennotierten AGs eine privatschriftliche Niederschrift über Hauptversammlungsbeschlüsse vorschreibt, statuiert das GmbHG keine Pflicht zur generellen Protokollierung von Gesellschafterbeschlüssen.[712] Dass die Protokollierung von Gesellschafterbeschlüssen einer Mehrpersonen-GmbH gesetzlich nicht erforderlich ist, ergibt sich auch aus einem Umkehrschluss aus § 48 Abs. 3 GmbHG, der eine Niederschrift über die „Gesellschafterversammlung" der Einmann-GmbH vorschreibt.[713]

Allerdings ist die notarielle Beurkundung einiger besonderer Beschlüsse erforderlich: So schreibt § 53 Abs. 2 Satz 1 Halbsatz 1 GmbHG die notarielle Beurkundung von satzungsändernden Beschlüssen vor. Auch Verschmelzungs- (§ 13 Abs. 3 Satz 1 UmwG), Spaltungs- (§ 125 Satz 1 UmwG i.V.m. § 13 Abs. 3 Satz 1 UmwG) und Formwechselbeschlüsse (§ 193 Abs. 3 Satz 1 UmwG) bedürfen notarieller Beurkundung. Ebenso muss die Zustimmung zu Unternehmensverträgen i.S.d. §§ 291 ff. AktG notariell beurkundet werden.[714]

2. Praktische Notwendigkeit

Doch auch wenn in der jeweiligen Gesellschafterversammlung keine Beschlüsse gefasst werden sollen, die bereits gesetzlich einer notariellen Beurkundung bedürfen, empfiehlt sich die Protokollierung der Gesellschafterversammlung dringend und ist praktisch nahezu unentbehrlich.[715]

---

712 MK-GmbHG/*Liebscher*, § 48 Rn. 129.

713 Saenger/Inhester/*Bergjan*, § 48 Rn. 11.

714 Michalski/*Römermann*, § 48 Rn. 174.

715 Lutter/Hommelhoff/*Bayer*, § 48 Rn. 18; Saenger/Inhester/*Bergjan*, § 48 Rn. 11; MK-GmbHG/*Liebscher*, § 48 Rn. 128; Scholz/*K. Schmidt/Seibt*, § 48 Rn. 39; *Eickhoff*, Rn. 288; BeckHdb-GmbH/*Fischer/Gerber*, § 4 Rn. 55; *Wiester*, GmbHR 2008, 189, 191.

3. Protokollierungserfordernis durch Satzung, Geschäftsordnung oder Gesellschafterbeschluss

Die Satzung kann anordnen, dass die gefassten Beschlüsse protokolliert werden müssen.[716] Es ist eine Frage der Auslegung der Satzungsbestimmung, ob die Protokollierung konstitutives Merkmal der Beschlussfassung sein soll.[717] Sofern dafür keine eindeutigen Anhaltspunkte vorliegen, ist davon auszugehen, dass ein Verstoß gegen die Protokollierungspflicht nicht zur Unwirksamkeit des Beschlusses führt.[718] Auch in der Geschäftsordnung der Gesellschafterversammlung kann die Protokollierung vorgesehen sein.[719] Zuletzt können die Gesellschafter durch einfachen Mehrheitsbeschluss die Protokollierung ihrer Beschlüsse anordnen.[720]

4. Anspruch einzelner Gesellschafter auf Protokollierung

Umstritten ist hingegen, ob ein einzelner Gesellschafter die Protokollierung auch gegen den Willen der übrigen Gesellschafter und ohne Beschlussfassung verlangen kann. Teilweise wird vertreten, dass das Verlangen eines einzelnen Gesellschafters ausreicht, wenn er schlüssig darlegen kann, „ein berechtigtes Interesse von einigem Gewicht“ zu haben.[721] Diese Auffassung geht auf den Regierungsentwurf eines GmbHG[722] aus dem Jahre 1973 zurück. § 83 Abs. 1 RegE GmbHG sah vor, dass jeder Gesellschafter die Anfertigung einer Niederschrift der Gesellschafterversammlung und bei zugesagter Kostenübernahme sogar der notariellen Beurkundung (§ 83 Abs. 2 RegE GmbHG) verlangen können sollte.[723] Ein Anspruch auf Protokollerstellung ist allerdings abzulehnen, weil es an

---

716 GK-GmbHG/*Hüffer*, § 48 Rn. 39; Rowedder/Schmidt-Leithoff/*Koppensteiner/Gruber*, § 48 Rn. 17; Scholz/*K. Schmidt/Seibt*, § 48 Rn. 39; AnwHdb-GmbHR/*Römermann*, § 15 Rn. 141.

717 Rowedder/Schmidt-Leithoff/*Koppensteiner/Gruber*, § 48 Rn. 17.

718 OLGR Stuttgart 1998, 335, 336; Michalski/*Römermann*, § 48 Rn. 175; Baumbach/Hueck/*Zöllner*, § 48 Rn. 23; *Eickhoff*, Rn. 283; BeckHdb-GmbH/*Fischer/Gerber*, § 4 Rn. 55; MünchHdb-GmbH/*Wolff*, § 39 Rn. 86.

719 GK-GmbHG/*Hüffer*, § 48 Rn. 39; Scholz/*K. Schmidt/Seibt*, § 48 Rn. 39.

720 GK-GmbHG/*Hüffer*, § 48 Rn. 39.

721 Scholz/*K. Schmidt/Seibt*, § 48 Rn. 39; wohl auch Lutter/Hommelhoff/*Bayer*, § 48 Rn. 18.

722 BT-Drs. 7/253.

723 BT-Drs. 7/253, S. 23.

einer gesetzlichen Grundlage fehlt.[724] § 83 Abs. 1 RegE GmbHG ist gerade kein Gesetz geworden.

5. Protokollierung als Aufgabe des Versammlungsleiters

Sofern ein Versammlungsleiter vorhanden ist, trifft ihn ohnehin auch ohne Anweisung eines einzelnen Gesellschafters, und ohne dass zunächst ein Beschluss über das Protokollierungserfordernis gefasst werden muss, die Verpflichtung, die Gesellschafterversammlung zu protokollieren.[725] Die Erstellung einer Niederschrift gehört zu den originären Pflichten des Versammlungsleiters.[726] Haben die Gesellschafter den Versammlungsleiter ad hoc bestellt, können sie ihn von seiner Verpflichtung befreien, für eine ordnungsgemäße Protokollierung der Gesellschafterversammlung zu sorgen.[727] Dies gilt allerdings nicht für den statutarisch bestimmten Versammlungsleiter: Da es sich um eine originäre Pflicht des Versammlungsleiters handelt, bedarf es zur Befreiung von der Protokollierungspflicht einer Satzungsänderung.

Der Versammlungsleiter muss die Protokollierung nicht persönlich vornehmen, sondern kann auf einen Protokollführer zurückgreifen.[728] Dessen Einsetzung ist unbedingt empfehlenswert, weil der Versammlungsleiter durch seine Aufgabe, für einen ordnungsgemäßen Ablauf der Versammlung zu sorgen, regelmäßig ausgelastet ist und die parallele Anfertigung einer Niederschrift ihn überfordern würde. Eine Protokollierung durch den Versammlungsleiter dürfte deshalb allein in einfachen Fällen in Betracht kommen.[729] Da von der Genauigkeit der Niederschrift u.U. der Ausgang eines späteren Beschlussmängelpro-

---

724 GK-GmbHG/*Hüffer*, § 48 Rn. 39; Rowedder/Schmidt-Leithoff/*Koppensteiner/Gruber*, § 48 Rn. 17; Michalski/*Römermann*, § 48 Rn. 182.

725 Bork/Schäfer/*Masuch*, § 48 Rn. 11; Michalski/*Römermann*, § 48 Rn. 178; Scholz/*K. Schmidt/Seibt*, § 48 Rn. 39; Baumbach/Hueck/*Zöllner*, § 48 Rn. 22; *Werner*, GmbHR 2006, 127, 131; Lutter/Hommelhoff/*Bayer*, § 48 Rn. 18 spricht von einer Obliegenheit.

726 GK-GmbHG/*Hüffer*, § 48 Rn. 39, der die Verpflichtung aus dem der Versammlungsleitung zugrundeliegenden Rechtsverhältnis herleitet; Michalski/*Römermann*, § 48 Rn. 178, dessen Anm. überflüssig ist, dass die Gesellschafter den Versammlungsleiter zur Protokollierung verpflichten können, weil die Pflicht bereits durch die Einsetzung zum Versammlungsleiter entsteht.

727 Michalski/*Römermann*, § 48 Rn. 178.

728 GK-GmbHG/*Hüffer*, § 48 Rn. 39; Michalski/*Römermann*, § 48 Rn. 179; Scholz/*K. Schmidt/Seibt*, § 48 Rn. 39; *Werner*, GmbHR 2006, 127, 131; für den Leiter der HV in der nichtbörsennotierten AG MK-AktG/*Kubis*, § 130 Rn. 31; Spindler/Stilz/*Wicke*, § 130 Rn. 41.

729 GK-GmbHG/*Hüffer*, § 38 Rn. 39.

zesses abhängen kann, sollte derjenige, der das Protokoll führt, sich voll auf diese Aufgabe konzentrieren.

Der Versammlungsleiter sollte bei der Einsetzung des Protokollführers darauf achten, eine Person auszuwählen, die nicht unter dem Verdacht der Parteilichkeit steht, um von vornherein das Risiko zu minimieren, dass in einem späteren Prozess Zweifel an der Integrität des Protokollführers und damit auch Zweifel an der Richtigkeit des Protokolls aufkommen.[730] Mit seiner Unterschrift erklärt der Versammlungsleiter, dass das Protokoll ordnungsgemäß und korrekt angefertigt wurde.[731] Zudem sollte auch der Protokollführer das Protokoll unterzeichnen.[732]

6. Inhalt des Protokolls

Das schriftliche Protokoll der Gesellschafterversammlung dient der Dokumentation der in der Gesellschafterversammlung gefassten Beschlüsse und somit letztlich der Rechtssicherheit.[733] Zudem kann es mehr oder weniger detailliert den Ablauf der Versammlung skizzieren.[734] Es enthält zunächst einige Basisangaben. Dazu gehören Ort und Zeit der Versammlung, also Datum und Uhrzeit des Beginns und des Endes.[735] Daneben muss das Protokoll Angaben zu den teilnehmenden Personen machen.[736] Lassen sich Gesellschafter vertreten, wird in das Protokoll die ordnungsgemäße Bevollmächtigung aufgenommen. Der Versammlungsleiter ist namentlich zu nennen.[737] Zudem ist anzugeben, auf welchem Wege er sein Mandat erhalten hat, ob er also bereits statutarisch oder durch Geschäftsordnung bestimmt oder durch Gesellschafterbeschluss gewählt wurde.[738] Daneben sollte die Feststellung des Versammlungsleiters festgehalten werden, dass die Gesellschafterversammlung ordnungsgemäß einberufen wurde.[739]

---

730 MK-GmbHG/*Liebscher*, § 48 Rn. 133; *Eickhoff*, Rn. 290.

731 Für den Leiter der HV *Hüffer*, § 130 Rn. 14e.

732 MK-GmbHG/*Liebscher*, § 48 Rn. 134; Michalski/*Römermann*, § 48 Rn. 193; AnwHdb-GmbHR/*Römermann*, § 15 Rn. 143.

733 *Noack*, FS Happ (2006), S. 201 (204).

734 Michalski/*Römermann*, § 48 Rn. 170.

735 MK-GmbHG/*Liebscher*, § 48 Rn. 134; *Eickhoff*, Rn. 291; BeckHdb-GmbH/*Fischer/Gerber*, § 4 Rn. 56.

736 MK-GmbHG/*Liebscher*, § 48 Rn. 134; *Eickhoff*, Rn. 291; BeckHdb-GmbH/*Fischer/Gerber*, § 4 Rn. 56.

737 *Eickhoff*, Rn. 291; BeckHdb-GmbH/*Fischer/Gerber*, § 4 Rn. 56.

738 BeckHdb-GmbH/*Fischer/Gerber*, § 4 Rn. 56.

739 *Eickhoff*, Rn. 291; BeckHdb-GmbH/*Fischer/Gerber*, § 4 Rn. 56.

Das Protokoll muss insbesondere Angaben zu den gefassten Beschlüssen enthalten. Dabei ist unbedingt erforderlich, dass der Antrag im Protokoll genannt wird. Schließt der Versammlungsleiter Gesellschafter von der Abstimmung aus, so hat der Protokollführer dies unter Angabe des genannten Grundes zu vermerken. Daneben ist das Ergebnis der Auszählung unter Angabe der Abstimmungsart anzugeben, mit der das Ergebnis ermittelt wurde. Ist eine Feststellung des Beschlussergebnisses durch den Versammlungsleiter erfolgt, so muss das Protokoll die Beschlussfeststellung aufnehmen. Sofern Gesellschafter bereits Widerspruchs- und Rügeverzicht erklärt haben, ist auch dies im Protokoll zu vermerken. Ebenfalls sollten etwaige Auskunftsverlangen der Gesellschafter aufgenommen werden. Auch die Antworten auf das Verlangen werden vermerkt. Sofern der Versammlungsleiter Ordnungsmaßnahmen verhängt, ist dies unter Angabe des Grundes zu vermerken.[740]

Es obliegt dem Versammlungsleiter, wie detailliert das Protokoll ausfällt.[741] Hält er es für notwendig, kann er auch die Erstellung eines Wortprotokolls veranlassen.[742] Hat er einen Protokollführer eingesetzt, kann er diesen anweisen, bestimmte Vorgänge zu protokollieren.[743]

7. Beweiswert des Protokolls

Die Niederschrift einer Gesellschafterversammlung ist eine Privaturkunde i.S.d. § 416 ZPO.[744] Negativ definiert ist eine Privaturkunde jede Urkunde, die eine Erklärung enthält und keine öffentliche Urkunde i.S.d. § 415 ZPO ist.[745] Trotz unterschiedlicher Formulierungen[746] besteht darüber Einigkeit, dass im Prozess jeder Beteiligte die Unrichtigkeit der Niederschrift beweisen kann.[747]

---

740 Vgl. zum Inhalt des Protokolls Scholz/*K. Schmidt/Seibt*, § 48 Rn. 40; BeckHdb-GmbH/*Fischer/Gerber*, § 4 Rn. 55.

741 Scholz/*K. Schmidt/Seibt*, § 48 Rn. 40.

742 MK-GmbHG/*Liebscher*, § 48 Rn. 134.

743 Michalski/*Römermann*, § 48 Rn. 191.

744 Michalski/*Römermann*, § 48 Rn. 171; zum Protokoll einer Einmann-GmbH BGH, NJW-RR 1990, 737, 738; für die WEG BayObLG, NJW-RR 1990, 210, LS 3.

745 Musielak/*Huber*, § 416 Rn. 1.

746 Scholz/*K. Schmidt/Seibt*, § 48 Rn. 51 und BeckHdb-GmbH/*Fischer/Gerber*, § 4 Rn. 55 sprechen von Beweisurkunde; Michalski/*Römermann*, § 48 Rn. 171 spricht dem Protokoll eine besondere Beweiskraft ab; Saenger/Inhester/*Bergjan*, § 48 Rn. 11 spricht von Darlegungs- und Beweiszwecken.

747 MK-GmbHG/*Liebscher*, § 48 Rn. 133; *Eickhoff*, Rn. 289; *Abramenko*, GmbHR 2003, 1043, 1044.

8. Protokollierung gefasster Beschlüsse als Wirksamkeitsvoraussetzung der Beschlussfeststellung

Die erforderliche Klarheit über die Beschlussfassung in der Hauptversammlung der AG wird durch zwei Komponenten erreicht: zum einen durch die Beschlussfeststellung durch den Versammlungsleiter und zum anderen durch die Protokollierung des gefassten Beschlusses.[748] Es könnte erforderlich sein, die Wirksamkeit der Beschlussfeststellung durch den Versammlungsleiter in der Gesellschafterversammlung der GmbH davon abhängig zu machen, dass der festgestellte Beschluss auch protokolliert wird.

In früheren Entscheidungen hielt der BGH die Erhebung einer Feststellungsklage nur dann für ausgeschlossen, wenn diese beiden Voraussetzungen erfüllt waren. Er ging davon aus, dass lediglich Satzungsänderungen, nicht aber gewöhnliche Beschlüsse in der Gesellschafterversammlung der GmbH mit der Beschlussfassung in der Hauptversammlung vergleichbar seien.[749] Gewöhnliche Beschlüsse bedürften nämlich keiner gesetzlich vorgeschriebenen besonderen Form. Sofern der Beschluss aber durch den Versammlungsleiter festgestellt und zudem noch gem. § 53 Abs. 2 Satz 1 Halbsatz 1 GmbHG notariell beurkundet worden sei, bestünden keine Zweifel, dass ein Beschluss gefasst worden sei, so dass Anfechtungsklage erhoben werden müsse.[750] Gleiches gelte, wenn zwar nicht das Gesetz, aber die Satzung die Wirksamkeit von Beschlüssen zwingend von einer notariellen Beurkundung abhängig mache. Denn auch in diesem Fall bestehe eine „urkundliche Feststellung".[751]

Die Vergleichbarkeit mit geltendem Aktienrecht dürfte zudem unter Berücksichtigung des BGH in den erwähnten Entscheidungen[752] auch dann gegeben sein, wenn die Satzung zwar nicht die notarielle Beurkundung vorschreibt, aber verlangt, dass die Beschlussfeststellung des Versammlungsleiters in einer privatschriftlichen Niederschrift festzuhalten ist. Zwischenzeitlich hat sich die aktienrechtliche Rechtslage nämlich geändert: Während bis zur Einführung des § 130 Abs. 1 Satz 3 AktG durch das Gesetz für kleine Aktiengesellschaften und zur Deregulierung des Aktienrechts vom 2. 8. 1994[753] sämtliche Hauptversammlungsbeschlüsse notariell beurkundet werden mussten, können gewöhnliche Hauptversammlungsbeschlüsse von nichtbörsennotierten Gesellschaften seitdem auch in eine vom Vorsitzenden des Aufsichtsrats zu unterzeichnende Nieder-

---

748 *Noack*, FS Happ (2006), S. 201 (204).

749 BGHZ 51, 209, 212 = NJW 1969, 841.

750 BGHZ 14, 25, 36 = NJW 1954, 1401; BGHZ 51, 209, 212 = NJW 1969, 841.

751 BGHZ 51, 209, 212 = NJW 1969, 841.

752 BGHZ 14, 25 = NJW 1954, 1401; BGHZ 51, 209 = NJW 1969, 841.

753 BGBl. I 1994, 1961.

schrift aufgenommen werden. Die GmbH ist als typischerweise personalistisch organisierte Gesellschaft der kleinen, nicht börsennotierten AG ähnlicher als der großen, börsennotierten AG.

Unter Zugrundelegung der älteren Rechtsprechung des BGH ergibt sich damit folgendes Bild: Die Anfechtung eines Gesellschafterbeschlusses in der GmbH durch Erhebung der aktienrechtlichen Anfechtungsklage ist immer dann erforderlich, wenn neben die Beschlussfeststellung durch den Versammlungsleiter die Protokollierung des Beschlusses in einer notariellen Niederschrift oder einem privatschriftlichen Protokoll tritt.

Der BGH hat jedoch seine Rechtsprechung insoweit geändert, als dass er nunmehr die Anfechtungsklage immer dann für erforderlich hält, wenn der Versammlungsleiter eine Beschlussfeststellung vorgenommen hat.[754] Dies gilt unabhängig davon, ob ein materieller oder formeller Mangel vorliegt.[755] Auch wenn sich der Gesellschafter auf eine fehlerhafte Art und Weise des Zustandekommens des Beschlusses beruft, muss er Anfechtungsklage erheben, ohne dass es auf die Protokollierung ankommt. Die Literatur hat sich der Auffassung des BGH weit überwiegend angeschlossen.[756] Ablehnende Stimmen sind vereinzelt geblieben.[757]

Praktisch stellt sich allerdings das Problem, dass die Beschlussfeststellung nach dieser Auffassung nicht mehr erfordert, als die Verlautbarung, dass ein Beschluss mit bestimmtem Inhalt gefasst worden ist. Die Beschlussfeststellung ist flüchtig. Erst durch ihre Dokumentation schafft die Beschlussfeststellung die Grundlage dafür, dass klar ist, ob und mit welchem Inhalt ein Beschluss zustande gekommen ist. Ein Verzicht auf das Erfordernis der Protokollierung erschwert somit die Aufklärung der tatsächlichen Vorgänge in der Gesellschafterversammlung erheblich. Oftmals nehmen an einer Gesellschafterversammlung nämlich keine neutralen Personen teil.[758] Findet keine Protokollierung statt, fehlt es an einer wichtigen Erkenntnisquelle im Falle späterer Unstimmigkeiten über die Beschlussfassung und den Inhalt des Beschlusses.[759]

Aus praktischen Gesichtspunkten ist es nicht erforderlich, auf die Protokollierung von festgestellten Beschlüssen zu verzichten. Der Versammlungsleiter

---

754 BGHZ 104, 66 LS a) = NJW 1988, 1844.

755 BGHZ 104, 66 LS a) = NJW 1988, 1844.

756 Bork/Schäfer/*Casper*, § 47 Rn. 13; Saenger/Inhester/*Puszkajler*, Anh. § 47 Rn. 6; Roth/Altmeppen/*Roth*, § 47 Rn. 131; Scholz/*K. Schmidt/Seibt*, § 48 Rn. 53; Baumbach/Hueck/*Zöllner*, Anh. § 47 Rn. 118 f.; *Werner*, GmbHR 2006, 127, 130.

757 *Hoffmann/Köster*, GmbHR 2003, 1327, 1329 f.

758 *Abramenko*, GmbHR 2003, 1043, 1045; *Werner*, GmbHR 2006, 127, 131.

759 *Hoffmann/Köster*, GmbHR 2003, 1327, 1330.

ist ohnehin verpflichtet, für die ordnungsgemäße Erstellung des Protokolls zu sorgen (vgl. dazu D.VIII.5.). Wird die Gesellschafterversammlung von einem Versammlungsleiter geleitet, sollte somit stets ein Protokoll existieren. Unterlässt der Versammlungsleiter pflichtwidrig die Protokollierung, können die Gesellschafter den Versammlungsleiter zur Protokollierung auffordern und ihn, sofern er dieser Forderung nicht nachkommt, aus wichtigem Grund abberufen. Macht die Gesellschaftermehrheit von dieser Möglichkeit keinen Gebrauch, darf der Gesellschafterminderheit daraus kein Nachteil im Hinblick auf die Geltendmachung formeller Beschlussmängel entstehen. Dies gilt erst recht, wenn ein ausdrücklicher Beschluss gefasst wird, der den Versammlungsleiter anweist, keine Protokollierung vorzunehmen.[760] In diesem Fall verhindert die Gesellschaftermehrheit, dass im Falle späterer Unklarheiten über die Beschlussfassung eine Erkenntnisquelle vorhanden ist.

Im Ergebnis ist also entgegen der h.M. in Rechtsprechung und Literatur am Erfordernis der Protokollierung des festgestellten Beschlusses festzuhalten. Die erforderliche Vergleichbarkeit mit der Beschlussfassung in der Hauptversammlung ist nur dann gegeben, wenn neben die Verlautbarung eines Beschlussergebnisses durch den legitimierten Versammlungsleiter die Protokollierung dieser Beschlussfeststellung tritt.[761]

IX. Alternativen zur Beschlussfeststellung durch den Versammlungsleiter

1. Einleitung

Wurde ein Beschluss festgestellt, kann er unabhängig von der Art des Mangels nur noch durch die Anfechtungs- oder Nichtigkeitsklage angegriffen werden. Die Feststellungsklage gem. § 256 Abs. 1 ZPO steht dann definitiv nicht mehr zur Verfügung. Damit es zu keinen Zweifeln darüber kommt, welche Rechtsschutzmöglichkeiten bestehen, bedarf es daher einer klaren Abgrenzung, wann ein Beschluss als festgestellt und wann als nicht festgestellt gilt.[762]

Eine eindeutige und leicht handhabbare Abgrenzung ist gegeben, wenn man die Beschlussfeststellung allein durch einen legitimierten Versammlungsleiter zulässt. Immer wenn ein Versammlungsleiter zur Beschlussfeststellung legitimiert ist (und dies ist er nur dann nicht, wenn ihm diese Kompetenz ausdrück-

---

760 Zur Zulässigkeit Michalski/*Römermann*, § 48 Rn. 178.

761 So auch *Hoffmann/Köster*, GmbHR 2003, 1327, 1329 f.

762 GK-GmbHG/*Raiser*, Anh. § 47 Rn. 100.

lich entzogen wurde) und eine Beschlussfeststellung tatsächlich vornimmt, ist der Beschluss festgestellt. Ist kein Versammlungsleiter vorhanden, kommt eine Beschlussfeststellung schon gar nicht in Betracht, so dass die wahre Rechtslage in den Fällen, in denen unklar ist, ob überhaupt ein Beschluss gefasst wurde, im Rahmen einer Feststellungsklage gem. § 256 Abs. 1 ZPO ermittelt werden kann.

Weil die h.M. die generelle Anwendbarkeit des aktienrechtlichen Beschlussmängelinstrumentariums unabhängig von der Art des Beschlussmangels von einer zuvor erfolgten Beschlussfeststellung abhängig macht, in der Praxis aber eine tatsächliche Feststellung von Gesellschafterbeschlüssen oftmals nicht stattfindet,[763] müsste dies eigentlich dazu führen, dass die Bedeutung der aktienrechtlichen Beschlussmängelklagen im Recht der GmbH eher gering und stattdessen die unbefristete Feststellungsklage gem. § 256 Abs. 1 ZPO die Regel ist. Weil aber auch der überwiegende Teil in Rechtsprechung und Literatur die Anwendung von Anfechtungs- und Nichtigkeitsklage auf Gesellschafterbeschlüsse der GmbH befürwortet, begegnet er einem drohenden zu großen Anwendungsbereich der Feststellungsklage, indem er die Feststellung von Gesellschafterbeschlüssen auch in solchen Fällen bejaht, in denen nach dem Wortsinn kaum noch von einer Beschlussfeststellung die Rede sein kann. Der BGH hält neben der Beschlussfeststellung durch den Versammlungsleiter ausdrücklich auch andere Formen des förmlichen Festhaltens eines Beschlusses für zulässig, sofern sie geeignet sind, Unsicherheiten über die Fassung von Beschlüssen zu beseitigen.[764] *Römermann* kritisiert, dass dies „zu einer faktischen Auflösung dieses Tatbestandsmerkmals“ führe.[765] Weil diese Kritik berechtigt ist, sollte der Sorge vor einem zu geringen Anwendungsbereich des aktienrechtlichen Beschlussmängelinstrumentariums auf andere Weise begegnet werden: Wie bereits unter D.II. dargestellt, ist die Anfechtungsklage auch bei nicht festgestellten Beschlüssen die statthafte Klageart, sofern der Inhalt des Beschlusses angegriffen wird. Lediglich in den Fällen, in denen die Art und Weise des Zustandekommens des Beschlusses streitig ist, kann die wahre Rechtslage durch Erhebung der Feststellungsklage gem. § 256 Abs. 1 ZPO überprüft werden, sofern keine Beschlussfeststellung durch einen legitimierten Versammlungsleiter stattgefunden hat.

Im Folgenden sollen dennoch die beiden Konstellationen dargestellt werden, die als Alternative zur Beschlussfeststellung durch den Versammlungsleiter diskutiert werden. Die erste Fallgruppe zeichnet sich dadurch aus, dass es an einer Verlautbarung des Beschlussergebnisses durch den Versammlungsleiter fehlt und allein eine Protokollierung vorgenommen wird. In der zweiten Fallgruppe

---

763 Michalski/*Römermann*, § 47 Rn. 599.
764 BGH, NZG 2008, 317, 318.
765 Michalski/*Römermann*, § 47 Rn. 599.

findet weder eine Beschlussfeststellung noch eine Protokollierung statt. Vielmehr deutet allein das Verhalten der Gesellschafter in der Gesellschafterversammlung darauf hin, dass sie von einer Beschlussfassung ausgehen.

2. Beschlussfeststellung durch Protokollierung

a) Protokollierung der abgegebenen Stimmen

Es ist bereits erläutert worden, welche Anforderungen an die Beschlussfeststellung zu stellen sind. Insbesondere reicht die Verlautbarung des Abstimmungsergebnisses in der Weise, dass allein verlesen wird, wie viele Ja- und Nein-Stimmen und Enthaltungen auf den Antrag entfallen sind, nicht aus.[766] Deshalb kann auch die bloße Protokollierung dieser Verlautbarung einer Beschlussfeststellung nicht gleichgestellt werden.[767] Erst recht reicht es nicht aus, wenn es an der Verlautbarung fehlt und allein eine Protokollierung der abgegebenen Stimmen vorgenommen wird.[768]

Eine Protokollierung kann zwar verhindern, dass es im Nachgang zur Gesellschafterversammlung zu Unklarheiten über das Verhältnis von Ja- und Nein-Stimmen kommt. Da eine solche Protokollierung aber keine Aussage über die Wirksamkeit der abgegebenen Stimmen enthält, kann sie bei Streit darüber nicht zur Aufklärung beitragen. Dabei ist es auch unerheblich, wer die Protokollierung vorgenommen hat. Die bloße Protokollierung der abgegebenen Stimmen reicht also für eine Beschlussfeststellung weder aus, wenn sie privatschriftlich erfolgt, noch wenn sie durch einen Notar vorgenommen wird[769].

b) Beschlussfeststellung in einem privatschriftlichen Protokoll

Es reicht ebenso wenig aus, wenn ein Beschluss in einem privatschriftlichen Protokoll festgestellt wird, ohne dass zuvor eine Beschlussfeststellung durch den Versammlungsleiter stattgefunden hat.[770] Denn der Protokollführer ist zum einen nicht ohne weiteres zur Beschlussfeststellung legitimiert.[771] Zum anderen fehlt

---

766 Für die AG BayObLG, NJW 1973, 250; *Hüffer*, § 130 Rn. 22; MK-AktG/*Kubis*, § 130 Rn. 61; KK-AktG/*Noack/Zetzsche*, § 130 Rn. 187; Spindler/Stilz/*Wicke*, § 130 Rn. 52; K. Schmidt/Lutter/*Ziemons*, § 130 Rn. 14.

767 Michalski/*Römermann*, § 47 Rn. 586.

768 Lutter/Hommelhoff/*Bayer*, Anh. § 47 Rn. 38; Michalski/*Römermann*, § 47 Rn. 586; Scholz/*K. Schmidt/Seibt*, § 48 Rn. 53.

769 OLG Stuttgart, NJW-RR 1994, 811.

770 OLG München, NJW-RR 1990, 804, 805; GK-GmbHG/*Raiser*, Anh. § 47 Rn. 101; *Eickhoff*, Rn. 284; *Koch*, S. 214 f.

771 *Koch*, S. 214 f.

es an der erforderlichen Verlautbarung des Beschlusses.[772] Findet neben der Protokollierung eine Verlautbarung statt, soll dies aber nach *Zöllner* zur Gleichstellung mit der Beschlussfeststellung durch den Versammlungsleiter führen.[773] Doch auch wenn die Verlautbarung hinzukommt, kann dies nicht darüber hinweg helfen, dass der Protokollführer nicht zur Beschlussfeststellung legitimiert ist. Wenn aber eine nicht legitimierte Person den Beschluss feststellt, hat diese Beschlussfeststellung nicht die Wirkung einer Beschlussfeststellung durch den Versammlungsleiter.

c) Beschlussfeststellung durch den Notar in der notariellen Niederschrift

Wenn die Gesellschafterversammlung durch einen Notar protokolliert wird, ist es denkbar, dass der Notar eine Beschlussfeststellung vornimmt. Daraus ergibt sich die Frage, ob bzw. unter welchen Voraussetzungen einer solchen Beschlussfeststellung die gleiche Bedeutung zukommt wie einer Beschlussfeststellung durch den Versammlungsleiter. Sofern sich herausstellen sollte, dass dies ohnehin nicht der Fall ist, bedarf es keiner tiefergehenden Beschäftigung mit der Frage, welcher Form die Beschlussfeststellung durch den Notar bedarf. Insbesondere ist es dann unerheblich, ob neben die Protokollierung des Beschlusses auch eine Verlautbarung des Beschlussergebnisses treten muss.[774]

Das BayObLG hat entschieden, dass die Beschlussfeststellung des Notars der Beschlussfeststellung durch den Versammlungsleiter zumindest für die Fälle gleichgestellt ist, in denen die Satzung oder das Gesetz die notarielle Beurkundung des Beschlusses vorschreibt.[775] Dem hat sich *Hüffer* angeschlossen.[776] *Ulmer* und *Priester/Veil* verzichten auf diese Eingrenzung und stellen die notarielle Beurkundung generell mit der Beschlussfeststellung durch den Versammlungsleiter gleich.[777] *Römermann* bejaht dies zumindest für den Notar, der einvernehmlich von allen Beteiligten mit der Protokollierung beauftragt wurde.[778] Dass es für die Wirksamkeit der Beschlussfeststellung nicht darauf ankommen soll, ob berufsrechtliche Vorschriften der Vornahme einer Beschlussfeststellung durch den Notar entgegenstehen,[779] kann jedoch nicht überzeugen. Denn selbstverständlich müssen die Gesellschafter davon ausgehen, dass sich der Notar

772 GK-GmbHG/*Raiser*, Anh. § 47 Rn. 101.
773 *Zöllner*, FS Lutter (2000), S. 821 (828).
774 So *Rohleder*, GmbHR 1989, 236, 239.
775 BayObLG, DNotZ 1992, 533, 534 f.
776 GK-GmbHG/*Hüffer*, § 47 Rn. 29.
777 Scholz/*Priester/Veil*, § 53 Rn. 85; GK-GmbHG/*Ulmer*, § 53 Rn. 61.
778 Michalski/*Römermann*, § 47 Rn. 590.
779 So ausdrücklich Michalski/*Römermann*, § 47 Rn. 590.

pflichtgemäß verhält und sich im Rahmen seines Berufsrechts bewegt. Wenn der Notar Beschlüsse feststellt, obwohl dies berufsrechtlich unzulässig ist, muss diese Beschlussfeststellung genauso behandelt werden wie die Beschlussfeststellung durch jede andere nicht legitimierte Person.

Es muss also zunächst geklärt werden, ob der Notar berufsrechtlich überhaupt berechtigt ist, Beschlussfeststellungen vorzunehmen. Die Protokollierung der Gesellschafterversammlung und der darin gefassten Beschlüsse richtet sich nach §§ 36, 37 BeurkG.[780] Daneben wird es teilweise auch für zulässig erachtet, dass der Notar Gesellschafterbeschlüsse nach den Vorschriften über die Beurkundung von Willenserklärungen (§§ 8 ff. BeurkG) beurkundet.[781] Unabhängig davon, nach welchen Vorschriften sich die Beurkundung richtet, kann der Notar allein Tatsachen, also Vorgänge der Außenwelt, beurkunden, die er selbst wahrgenommen hat.[782] Schon deshalb ist der Notar zur Beschlussfeststellung nicht berechtigt. Zudem darf der Notar nicht Vorgänge bekunden, an denen er selbst beteiligt ist.[783]

Zöllner tendiert aber dazu, dass der Notar bei fehlender Beschlussfeststellung durch den Versammlungsleiter eine eigene Beschlussfeststellung vornehmen darf.[784] Schließlich sei der Notar „Diener des Rechts"; ihm die Beschlussfeststellung zu verbieten, käme seiner „Dekapitierung" gleich.[785] Schon unter Haftungsgesichtspunkten wird dem Notar jedoch empfohlen, von jeglichen Schlussfolgerungen tatsächlicher oder rechtlicher Art abzusehen.[786] In praktischer Hinsicht ist es deshalb bedenklich, wenn man der Beschlussfeststellung durch den Notar vorläufig verbindliche Wirkung zukommen lässt. Denn es mag Notare geben, die der Gesellschaft bei vielen Angelegenheiten, bei denen es ihrer notariellen Mitwirkung bedurfte, ausgezeichnete Dienste geleistet haben, die sich jedoch etwa im Bereich von Stimmverboten bei Beschlussfassungen inner-

---

780 Michalski/*Hoffmann*, § 53 Rn. 70; Eylmann/Vaasen/*Limmer*, § 37 BeurkG Rn. 11; Roth/Altmeppen/*Roth*, § 53 Rn. 21; Rowedder/Schmidt-Leithoff/*Schnorbus*, § 53 Rn. 57; Baumbach/Hueck/*Zöllner/Noack*, § 53 Rn. 70; *Hoffmann*, NZG 2002, 765, 767; *Werner*, GmbHR 2006, 127, 131 f.; für die Hauptversammlungsniederschrift BGH, NZG 2009, 342, 343 f.; *Kanzleiter*, DNotZ 2007, 804, 807.

781 Lutter/Hommelhoff/*Bayer*, § 53 Rn. 16; Saenger/Inhester/*Inhester*, § 53 Rn. 30; Scholz/*Priester/Veil*, § 53 Rn. 70; Wicke, § 53 Rn. 13.

782 Beck'sches Notar-Hdb/*Bernhard*, G.V.1 Rn. 254.

783 *Wilsing/von der Linden*, ZIP 2009, 641, 645.

784 Baumbach/Hueck/*Zöllner*, Anh. § 47 Rn. 120; Baumbach/Hueck/*Zöllner/Noack*, § 53 Rn. 73.

785 Baumbach/Hueck/*Zöllner/Noack*, § 53 Rn. 73.

786 Eylmann/Vaasen/*Limmer*, § 37 BeurkG Rn. 4; Beck'sches Notar-Hdb/*Bernhard*, G.V.1 Rn. 254.

halb von Gesellschafterversammlungen und den zahlreichen Problemen auf diesem Gebiet nicht heimisch fühlen. Diesen Notaren sollte nicht aufgebürdet werden, über die Wirksamkeit von Stimmabgaben entscheiden zu müssen und sich dabei nur schwer kalkulierbaren Haftungsrisiken auszusetzen. Denn auch wenn die Beschlussfeststellung für den Notar keine Verpflichtung ist, werden doch für den Fall, dass man eine Beschlussfeststellung durch den Notar zulässt, die Versuche zunehmen, den Notar zu einer Beschlussfeststellung zu bewegen. Es ist zu befürchten, dass der Notar gegenüber den Gesellschaftern in Rechtfertigungsnot kommt, wenn er von einer Beschlussfeststellung absieht. Dies alles lässt sich zwar auch gegenüber dem Versammlungsleiter anbringen. Der entscheidende Unterschied liegt aber darin, dass die Beschlussfeststellung gerade zentrale Aufgabe des Versammlungsleiters ist. Der Notar hingegen ist für die Protokollierung der Gesellschafterversammlung, nicht aber für eigene Beschlussfeststellungen zuständig.

Wegen der Inkompatibilität der Tätigkeit als protokollierender Notar und der Leitung der Gesellschafterversammlung (vgl. dazu C.I.4.f), ist es auch nicht zulässig, dass die Gesellschafter etwa aus Gründen der Kostenreduzierung den mit der Beurkundung der Gesellschafterversammlung beauftragten Notar zum Versammlungsleiter wählen, um zu ermöglichen, dass er Beschlussfeststellungen nicht in Ausübung seines Amtes Notar, sondern in seiner Funktion als Versammlungsleiter vornimmt.[787]

3. Beschlussfeststellung durch Einigsein der Gesellschafter über Beschlussfassung

Überwiegend wird vertreten, dass es einer Beschlussfeststellung gleichstehe, wenn sich sämtliche an der Gesellschafterversammlung teilnehmenden Gesellschafter darüber einig sind, dass ein Beschluss gefasst wurde.[788] Dem Einigsein über die Beschlussfassung käme damit die gleiche Wirkung zu wie der Beschlussfeststellung durch den Versammlungsleiter. Damit ist nicht gemeint, dass der Beschlussantrag einstimmig angenommen oder abgelehnt wurde. Einigkeit liegt schon dann vor, wenn z.B. im Falle einer Annahme eines Antrags sämtli-

---

787 So aber GK-GmbHG/*Raiser*, Anh. § 47 Rn. 102.

788 OLGR Celle 1996, 257, 258; OLGR Celle, 1998, 340, 342; OLG München, NJW-RR 1990, 804, 805; Lutter/Hommelhoff/*Bayer*, Anh. § 47 Rn. 38; Rowedder/Schmidt-Leithoff/*Koppensteiner/Gruber*, § 47 Rn. 10; GK-GmbHG/*Raiser*, Anh. § 47 Rn. 104; Baumbach/Hueck/*Zöllner*, Anh. § 47 Rn. 120; *Koch*, S. 212 f.; *Raiser*, FS Heinsius (1991), S. 645 (648); *Rohleder*, GmbHR 1989, 236, 239; *Zöllner*, FS Lutter (2000), S. 821 (828); *Zöllner/Noack*, ZGR 1989, 525, 528 f.; a.A. *Hoffmann/Köster*, GmbHR 2003, 1327, 1330.

che Gesellschafter übereinstimmend davon ausgehen, dass der Antrag die erforderliche Mehrheit erreicht und der Beschluss damit gefasst wurde. Dies gilt unabhängig von ihrem eigenen Stimmverhalten. Beruft sich ein Gesellschafter zu einem späteren Zeitpunkt darauf, dass gar kein Beschluss gefasst worden sei, verstößt er gegen das Verbot des *venire contra factum proprium*, weil er zunächst von der Fassung eines – wenn auch rechtswidrigen – Beschlusses ausgegangen ist.[789] Der BGH hat bisher offengelassen, ob bereits die übereinstimmende Auffassung der Gesellschafter am Ende der Gesellschafterversammlung, dass ein Beschluss gefasst wurde, ausreicht, um eine vorläufige Verbindlichkeit anzunehmen.[790]

Die Gleichstellung von Beschlussfeststellung durch den Versammlungsleiter mit dem Einigsein der Gesellschafter über die Beschlussfassung ist nur im Hinblick auf materielle Beschlussmängel stimmig. Bestellen die Gesellschafter einen Versammlungsleiter, übertragen sie ihm damit zugleich die Kompetenz, festzustellen, dass ein Beschluss zustande gekommen ist. Der Versammlungsleiter entscheidet im Rahmen dieser Kompetenz über die Wirksamkeit und Unwirksamkeit von Stimmabgaben. Bestehen keinerlei Zweifel darüber, dass sämtliche abgegebenen Stimmen wirksam sind, erschöpft sich die praktische Bedeutung der Beschlussfeststellung des Versammlungsleiters darin, das exakte Abstimmungsergebnis zu ermitteln. Gerade bei einer geringen Teilnehmerzahl dürfte es den Gesellschaftern auch ohne den Versammlungsleiter gelingen, das exakte Abstimmungsergebnis korrekt zu ermitteln. Bestehen also für die teilnehmenden Gesellschafter keine Zweifel daran, dass das Abstimmungsergebnis korrekt ermittelt wurde und dass allein wirksame Stimmen berücksichtigt wurden, gehen die Gesellschafter davon aus, einen Beschluss gefasst zu haben. Dies gilt unabhängig davon, ob ein Versammlungsleiter eine Beschlussfeststellung vorgenommen hat. Wenn aber zwischen den Gesellschaftern in der Gesellschafterversammlung unstreitig ist, dass ein Beschluss gefasst wurde, ist etwas vorhanden, wogegen sich die Anfechtungsklage richten kann. Will ein Gesellschafter die Fehlerhaftigkeit des Beschlusses rügen, muss er Anfechtungsklage erheben. Für die Erhebung der Feststellungsklage gem. § 256 Abs. 1 ZPO fehlt dem Gesellschafter das Rechtsschutzbedürfnis.

Problematisch ist aber, dass eine ursprüngliche Einigkeit der Gesellschafter auch dann unterstellt wird, obwohl ein Gesellschafter seine Feststellungsklage gerade darauf stützt, dass tatsächlich ein Beschluss dieses Inhalts gar nicht gefasst wurde. In solchen Fällen zu unterstellen, die Gesellschafter gingen in der

789 GK-GmbHG/*Raiser*, Anh. § 47 Rn. 104; *Raiser*, FS Heinsius (1991), S. 645 (648); *Rohleder*, GmbHR 1989, 236, 239; *Werner*, GmbHR 2008, 428, 429.

790 BGH, NJW 1996, 259.

Gesellschafterversammlung übereinstimmend davon aus, einen Beschluss gefasst zu haben, ist reine Fiktion. Oftmals werden den Gesellschaftern schon die genauen rechtlichen Kenntnisse fehlen, unter welchen Voraussetzungen ein Beschluss als gefasst oder als festgestellt gilt.

Die Einigkeit der Gesellschafter darüber, einen Beschluss gefasst zu haben, kann nur dann unterstellt werden, wenn auch im gerichtlichen Verfahren außer Streit steht, dass überhaupt ein Beschluss gefasst wurde, die Art und Weise des Zustandekommens also nicht gerügt wird.

4. Ergebnis

Es kann nicht auf das Erfordernis verzichtet werden, dass eine Beschlussfeststellung nur dann wirksam ist, wenn der Beschluss durch den legitimierten Versammlungsleiter festgestellt und protokolliert wurde. Allein die Protokollierung eines Beschlusses ohne vorangegangene Verlautbarung ist keine Beschlussfeststellung. Ebenso wenig reicht es aus, dass die Gesellschafter in der Gesellschafterversammlung vermeintlich darüber einig sind, einen Beschluss gefasst zu haben.

X. Zusammenfassung

Zusammenfassend ergibt sich im Hinblick auf die Beschlussfeststellung folgendes Bild: Ein Beschluss der Gesellschafterversammlung der GmbH kommt grundsätzlich auch dann zustande, wenn keine Beschlussfeststellung und keine Protokollierung stattgefunden hat. Lediglich für satzungsändernde und einige andere Beschlüsse existiert ein gesetzliches Beurkundungserfordernis durch den Notar. Die Satzung kann das Zustandekommen eines Beschlusses von seiner förmlichen Feststellung und Protokollierung abhängig machen.

Ist ein Versammlungsleiter vorhanden, ist er grundsätzlich dazu befugt, die Beschlüsse der Gesellschafterversammlung förmlich festzustellen. Dazu verlautbart er, dass ein Beschluss bestimmten Inhalts zustande gekommen ist. Im Rahmen seiner Beschlussfeststellungskompetenz hat er über die Wirksamkeit von Stimmabgaben zu entscheiden.

Andere Personen als der Versammlungsleiter sind nicht zur Beschlussfeststellung befugt. Die Beschlussfeststellung durch den Versammlungsleiter kann auch nicht durch die Protokollierung des Beschlusses ersetzt werden. Vielmehr ist die Protokollierung des festgestellten Beschlusses eine Wirksamkeitsvoraussetzung der förmlichen Beschlussfeststellung. Wenn der Beschluss durch eine nicht zur Beschlussfeststellung legitimierte Person „festgestellt" oder die Beschlussfeststellung durch den legitimierten Versammlungsleiter nicht protokolliert wurde, ist er deshalb so zu behandeln, als hätte keine Beschlussfeststellung stattgefunden.

Der Beschluss wird mit dem Inhalt vorläufig verbindlich, mit dem ihn der Versammlungsleiter festgestellt hat und er protokolliert wurde. Nach Ablauf der Anfechtungsfrist kann die Mangelhaftigkeit des Beschlusses nicht mehr geltend gemacht werden. Selbst wenn aufgrund eines Zählfehlers oder der Berücksichtigung nichtiger Stimmen tatsächlich bei korrekter Ermittlung des Abstimmungsergebnisses der Beschluss überhaupt nicht zustande gekommen wäre, wird der festgestellte und protokollierte Beschluss durch den Ablauf der Anfechtungsfrist endgültig verbindlich.

Ist eine wirksame Beschlussfeststellung nicht erfolgt, müssen inhaltliche Mängel des Beschlusses, die nicht zur Nichtigkeit des Beschlusses führen, ebenfalls im Rahmen der Anfechtungsklage geltend gemacht werden. Nach Ablauf der Anfechtungsfrist können inhaltliche Mängel also auch bei nicht festgestellten Beschlüssen nicht mehr geltend gemacht werden. Lediglich bei Streit allein über die Art und Weise des Zustandekommens des nicht festgestellten Beschlusses kann die wahre Rechtslage durch die Erhebung einer nicht fristgebundenen Feststellungsklage gem. § 256 Abs. 1 ZPO überprüft werden.

E. Rechtsschutz gegen Maßnahmen des Versammlungsleiters

I. Allgemeines

An dieser Stelle soll untersucht werden, welche Möglichkeiten für die Gesellschafter bestehen, gegen rechtswidrige Maßnahmen des Versammlungsleiters vorzugehen. Es wurde bereits erörtert, dass die Gesellschafterversammlung den Versammlungsleiter unabhängig von der Grundlage seiner Bestellung – vom seltenen Fall der Versammlungsleitung als Sonderrecht einmal abgesehen – jedenfalls aus wichtigem Grund abberufen kann (vgl. dazu C.II.3.). Auf gravierende Pflichtverletzungen des Versammlungsleiters können die Gesellschafter somit bereits in der laufenden Gesellschafterversammlung angemessen reagieren. Doch die Abberufungsmöglichkeit hilft in einer Vielzahl von Fällen nicht weiter. Erreicht der Abberufungsantrag etwa nicht die erforderliche satzungsändernde Mehrheit, ist dem Gesellschafter, dessen Rechte durch eine rechtswidrige Maßnahme des Versammlungsleiters verletzt wurden, nicht geholfen. Liegt schon gar kein wichtiger Grund vor, besteht nicht einmal die Möglichkeit der Abberufung des statutarisch bestimmten Versammlungsleiters. Dies bedeutet aber nicht, dass die Maßnahme des Versammlungsleiters rechtmäßig ist.

II. Nichtigkeit

Aufgrund des abschließenden Katalogs der Nichtigkeitsgründe[791] lässt sich leicht feststellen, dass eine Maßnahme des Versammlungsleiters nicht unmittelbar die Nichtigkeit von Gesellschafterbeschlüssen begründen kann. Denkbar ist allein, dass eine mittelbare Verantwortlichkeit des Versammlungsleiters vorliegt. So hat der Versammlungsleiter zu Beginn der Gesellschafterversammlung die Ordnungsgemäßheit der Einberufung zu überprüfen (vgl. C.III.4.c). Dabei können ihm Fehler unterlaufen, indem er etwa nicht bemerkt, dass die Gesellschafterversammlung durch einen Unbefugten einberufen wurde[792], nicht sämt-

---

791 Lutter/Hommelhoff/*Bayer*, Anh. § 47 Rn. 9; Rowedder/Schmidt-Leithoff/*Koppensteiner/Gruber*, § 47 Rn. 94; Saenger/Inhester/*Puszkajler*, Anh. § 47 Rn. 19; GK-GmbHG/*Raiser*, Anh. § 47 Rn. 33.

792 BGHZ 87, 1, 3 = NJW 1983, 1677; Saenger/Inhester/*Puszkajler*, Anh. § 47 Rn. 21; GK-GmbHG/*Raiser*, Anh. § 47 Rn. 36; Henssler/Strohn/*Hillmann*, Anh. § 47 GmbHG Rn. 3.

liche Gesellschafter zur Gesellschafterversammlung eingeladen[793] oder in der Einladung Datum und Ort der Gesellschafterversammlung falsch oder gar nicht angegeben wurden[794]. All diese Verstöße führen gem. § 241 Nr. 1 AktG analog zur Nichtigkeit der gefassten Beschlüsse. Ursächlich für die Nichtigkeit ist in diesen Fällen aber nicht die Maßnahme des Versammlungsleiters, sondern gem. § 241 Nr. 1 AktG analog ein Verstoß gegen die Einberufungsvorschriften. Für die Einberufung der Gesellschafterversammlung ist nicht der Versammlungsleiter verantwortlich, sondern gem. § 49 Abs. 1 GmbHG der Geschäftsführer und u.U. die Personen, denen durch die Satzung eine Einberufungskompetenz übertragen ist.[795]

III. Anfechtbarkeit

1. Grundsätzliches

In Betracht kommt, dass die Rechtmäßigkeit einer Maßnahme des Versammlungsleiters im Rahmen eines Anfechtungsprozesses überprüft wird. Gegenstand von Anfechtungsklagen können allein Beschlüsse der Gesellschafterversammlung gem. § 243 Abs. 1 AktG analog sein.[796] Maßnahmen des Versammlungsleiters sind keine Beschlüsse und können deshalb isoliert kein Gegenstand von Anfechtungsklagen sein.[797] Weist der Versammlungsleiter z.B. einen Beschlussantrag zurück, kann dagegen keine Anfechtungsklage erhoben werden.[798] Hat die rechtswidrige Maßnahme des Versammlungsleiters aber Auswirkungen auf einen gefassten Beschluss, ergibt sich daraus die Anfechtbarkeit dieses Beschlusses.[799] Ein Beschluss kann gem. § 243 Abs. 1 AktG analog angefochten werden, wenn er gegen Gesetz oder Satzung verstößt. Ein Verstoß gegen Gesetz oder Satzung kann sich auch aus einem Verfahrensfehler ergeben,

---

793 Saenger/Inhester/*Puszkajler*, Anh. § 47 Rn. 23; GK-GmbHG/*Raiser*, Anh. § 47 Rn. 39; Henssler/Strohn/*Hillmann*, Anh. § 47 GmbHG Rn. 3.

794 Saenger/Inhester/*Puszkajler*, Anh. § 47 Rn. 23; GK-GmbHG/*Raiser*, Anh. § 47 Rn. 39.

795 Henssler/Strohn/*Hillmann*, § 49 GmbHG Rn. 15.

796 Zur analogen Anwendung vgl. nur Michalski/*Römermann*, Anh. § 47 Rn. 258; zum Gegenstand der Anfechtungsklage Hölters/*Englisch*, § 243 Rn. 3 f.; *Hüffer*, § 243 Rn. 4; MK-AktG/*Hüffer*, § 243 Rn. 9; Henssler/Strohn/*Drescher*, § 243 AktG Rn. 3.

797 GK-GmbHG/*Raiser*, Anh. § 47 Rn. 15; Scholz/*K. Schmidt*, § 45 Rn. 21; für den Leiter der HV GK-AktG/*Mülbert*, Vor §§ 118-147 Rn. 171; Spindler/Stilz/*Würthwein*, § 241 Rn. 40; *Wilsing/von der Linden*, ZIP 2009, 641, 647.

798 Für die HV Spindler/Stilz/*Würthwein*, § 241 Rn. 46.

799 GK-GmbHG/*Raiser*, Anh. § 47 Rn. 15; für Hauptversammlungsbeschlüsse Spindler/Stilz/*Würthwein*, § 241 Rn. 40; *Wilsing/von der Linden*, ZIP 2009, 641, 647.

weil der Begriff „Beschluss“ nicht nur seinen Inhalt umfasst, sondern auch den Vorgang der Willensbildung.[800] Dass die Anfechtbarkeit nicht allein auf Inhaltsfehler gestützt werden muss, ergibt sich auch aus § 243 Abs. 4 Satz 1 AktG, der die Anfechtbarkeit wegen eines Informationsmangels an bestimmte Voraussetzungen knüpft. Ein Informationsmangel kann keinen Einfluss auf den Inhalt des Beschlusses haben, sondern betrifft die Willensbildung. Der Begriff „Verfahrensfehler“ ist weit zu verstehen und umfasst nicht nur die Beschlussfassung selbst, sondern auch die Einberufung und Durchführung der Gesellschafterversammlung.[801]

Wendete man § 243 Abs. 1 AktG streng wörtlich an, würde dies dazu führen, dass jeder Gesetzes- oder Satzungsverstoß die Anfechtbarkeit des Gesellschafterbeschlusses begründet. In Fällen aber, in denen feststeht, dass der Verfahrensfehler keinerlei Auswirkungen auf die Beschlussfassung gehabt hat, erscheint die Rechtsfolge der Nichtigkeitserklärung als zu weitgehend.[802] Deshalb ist § 243 Abs. 1 AktG einschränkend auszulegen.[803]

Die Anfechtbarkeit kommt aber auch nicht erst dann in Betracht, wenn der Gesetzes- oder Satzungsverstoß kausal für das Ergebnis der Beschlussfassung ist.[804] Wäre dies der Fall, würde die Einhaltung von Gesetz und Satzung in das Belieben der Gesellschaftermehrheit gestellt.[805] Sie könnte sich nämlich stets darauf berufen, auch bei Einhaltung eines ordnungsgemäßen Verfahrens nicht anders abgestimmt zu haben. Vielmehr ist auf die Relevanz des Verfahrensfehlers abzustellen.[806] Danach ist eine „am Zweck der verletzten Norm orientierte wertende Betrachtung“ erforderlich.[807] Für den Fall der fehlerhaften Ermittlung

---

800 MK-AktG/*Hüffer*, § 243 Rn. 25; Spindler/Stilz/*Würthwein*, § 243 Rn. 90; Baumbach/Hueck/*Zöllner*, Anh. § 47 Rn. 112.

801 Für die HV MK-AktG/*Hüffer*, § 243 Rn. 26; Spindler/Stilz/*Würthwein*, § 243 Rn. 91.

802 MK-AktG/*Hüffer*, § 243 Rn. 27.

803 MK-AktG/*Hüffer*, § 243 Rn. 27, 31.

804 So aber die früher h.M., vgl. RGZ 90, 206, 208; RGZ 103, 6, 7 f.; RGZ 108, 322, 325 f.; RGZ 110, 194, 197; RGZ 115, 345, 350; RGZ 167, 151, 165; BGH, NJW 1952, 98, 99; BGHZ 36, 121, 139 = NJW 1962, 104; BGHZ 59, 369, 375 = NJW 1973, 235; BGHZ 86, 1, 3 = NJW 1983, 878.

805 MK-AktG/*Hüffer*, § 243 Rn. 29; K. Schmidt/Lutter/*Schwab*, § 243 Rn. 35.

806 BGHZ 149, 158, 164 f. = NJW 2002, 1128; BGHZ 160, 253, 255 f. = NJW 2004, 3561; BGHZ 160, 385, 391 f. = NJW 2005, 828; BGH, NZG 2005, 69, 71; BGH, NJW 2008, 69, 73; BGH, NZG 2008, 309, 310; Lutter/Hommelhoff/*Bayer*, Anh. § 47 Rn. 51; *Hüffer*, § 243 Rn. 13; MK-AktG/*Hüffer*, § 243 Rn. 29; GK-GmbHG/*Raiser*, Anh. § 47 Rn. 111; Baumbach/Hueck/*Zöllner*, Anh. § 47 Rn. 125; Henssler/Strohn/*Drescher*, § 243 AktG Rn. 7.

807 *Hüffer*, § 243 Rn. 13.

des Abstimmungsergebnisses wird im Ergebnis aber dennoch auf Kausalitätsüberlegungen zurückgegriffen.[808] In den übrigen Fällen wird „nach der Bedeutung des Verfahrensfehlers für die Mitgliedschaft“ differenziert.[809]

2. Fallgruppen

Weil grundsätzlich jeder relevante Gesetzes- oder Satzungsverstoß gegen Verfahrensvorschriften die Anfechtbarkeit des Beschlusses begründen kann, kann an dieser Stelle kein vollständiger Überblick über sämtliche in Betracht kommenden Fehler geliefert werden. In Anbetracht des Themas dieser Arbeit ist ein umfassender Blick auch nicht notwendig. Denn viele Verfahrensfehler treten nicht allein dann auf, wenn ein Versammlungsleiter vorhanden ist. In diesen Fällen ist der Versammlungsleiter vielmehr eine zusätzliche Überprüfungsinstanz. Ist z.B. die Gesellschafterversammlung beschlussunfähig, führt eine dennoch vorgenommene Beschlussfassung zur Anfechtbarkeit des Beschlusses.[810] Daran ändert es nichts, wenn der Versammlungsleiter zu Beginn der Versammlung die Beschlussfähigkeit – im Fall der Beschlussunfähigkeit freilich irrtümlich – festgestellt hat. Selbst wenn der Versammlungsleiter die Beschlussfähigkeit durch einen Gesellschafterbeschluss feststellen lässt, ändert dies objektiv nichts an der Beschlussunfähigkeit der Versammlung, so dass ein dennoch gefasster Beschluss anfechtbar ist.[811] Die Anfechtbarkeit des Beschlusses gründet somit nicht auf einer fehlerhaften Maßnahme des Versammlungsleiters. Der Fokus soll daher auf solchen Fallgestaltungen liegen, in denen sich die Anfechtbarkeit des Beschlusses unmittelbar aus der fehlerhaften Maßnahme des Versammlungsleiters ergibt.

a) Anfechtung wegen fehlerhafter Beschlussfeststellung

Eine der zentralen Aufgaben des Versammlungsleiters ist die Leitung des Abstimmungsvorgangs und die Feststellung des Beschlussergebnisses. Unterlaufen dem Versammlungsleiter dabei Fehler, kann dies die Anfechtbarkeit des Beschlusses begründen.[812]

---

808 *Hüffer*, § 243 Rn. 13; Scholz/*K. Schmidt*, § 45 Rn. 101.

809 *Hüffer*, § 243 Rn. 13.

810 Rowedder/Schmidt-Leithoff/*Koppensteiner/Gruber*, § 47 Rn. 121; Michalski/*Römermann*, Anh. § 47 Rn. 288; GK-GmbHG/*Raiser*, Anh. § 47 Rn. 115; Scholz/*K. Schmidt*, § 45 Rn. 96; Scholz/*K. Schmidt/Seibt*, § 48 Rn. 44; Baumbach/Hueck/*Zöllner*, Anh. § 47 Rn. 115.

811 Scholz/*K. Schmidt/Seibt*, § 48 Rn. 44.

812 Henssler/Strohn/*Drescher*, § 243 AktG Rn. 17.

aa) Fehlerhafte Stimmenzählung

Eine Anfechtung kommt zunächst in Betracht, wenn dem Versammlungsleiter bei der Zählung der Stimmen ein Fehler unterläuft.[813] Allerdings begründet dabei nicht jeder Fehler beim Auszählen der Stimmen die Anfechtbarkeit. Vielmehr ist erforderlich, dass sich der Fehler auf das Ergebnis auswirkt.[814] Tatsächlich muss der Beschluss mit anderem Ergebnis als festgestellt zustande gekommen sein: Der als abgelehnt festgestellte Beschlussantrag muss also tatsächlich die erforderliche Mehrheit erreicht bzw. der als angenommen festgestellte Beschlussantrag tatsächlich die erforderliche Mehrheit nicht erreicht haben. Ist dies nicht der Fall, fehlt es an der erforderlichen Relevanz des Zählfehlers.[815]

bb) Zugrundelegen eines falschen Mehrheitserfordernisses

Geht der Versammlungsleiter irrtümlich von einem falschen Mehrheitserfordernis aus, kann dies zur Anfechtbarkeit des Beschlusses führen.[816] Entscheidend ist aber auch hier, dass das Zugrundelegen des richtigen Mehrheitserfordernisses zu einem anderen Beschlussergebnis geführt hätte. Wird ein Beschlussantrag einstimmig angenommen oder abgelehnt, spielt es keine Rolle, von welchem Mehrheitserfordernis der Versammlungsleiter ausgegangen ist. Selbst wenn ihm dabei ein Fehler unterlaufen ist, führt dies wegen fehlender Relevanz nicht zur Anfechtbarkeit des Beschlusses. Anders verhält es sich, wenn der Versammlungsleiter einen Beschlussantrag, auf den die einfache Mehrheit der Stimmen entfallen ist, als abgelehnt feststellt, weil er irrtümlich von einem höheren Mehrheitserfordernis ausgegangen ist. In diesem Fall führt die gemeinsam mit der Anfechtungsklage erhobene positive Beschlussfeststellungsklage dazu, dass das Gericht den negativen Beschluss für nichtig und zugleich den Beschluss mit dem Inhalt des Antrags für zustande gekommen erklärt.[817] Der Beschluss ist ebenfalls anfechtbar, wenn der Versammlungsleiter einen Beschluss

---

813 MK-GmbHG/*Wertenbruch*, Anh. § 47 Rn. 120; für die HV Spindler/Stilz/*Würthwein*, § 243 Rn. 122 f.

814 Lutter/Hommelhoff/*Bayer*, Anh. § 47 Rn. 49; GK-GmbHG/*Raiser*, Anh. § 47 Rn. 122 f.; Michalski/*Römermann*, Anh. § 47 Rn. 291; Gehrlein/Ekkenga/Simon/*Teichmann*, Anh. § 47 Rn. 47; Baumbach/Hueck/*Zöllner*, Anh. § 47 Rn. 117, 130.

815 Michalski/*Römermann*, Anh. § 47 Rn. 291; Baumbach/Hueck/*Zöllner*, Anh. § 47 Rn. 130.

816 Lutter/Hommelhoff/*Bayer*, Anh. § 47 Rn. 49; Baumbach/Hueck/*Zöllner*, Anh. § 47 Rn. 117; für die HV Spindler/Stilz/*Würthwein*, § 243 Rn. 121, 123.

817 MK-GmbHG/*Wertenbruch*, Anh. § 47 Rn. 119.

irrtümlich als zustande gekommen feststellt, der zwar die einfache, aber nicht die tatsächlich erforderliche qualifizierte Mehrheit erreicht hat.[818]

cc) Berücksichtigung nichtiger bzw. Nichtberücksichtigung wirksamer Stimmen

Auch die Berücksichtigung nichtiger Stimmen oder die Nichtberücksichtigung wirksamer Stimmen kann die Anfechtbarkeit der gefassten Beschlüsse begründen.[819] Auch in diesem Fall ist es zur Bejahung der Relevanz erforderlich, dass das Beschlussergebnis bei richtiger Bewertung der Wirksamkeit der Stimmabgabe anders ausgefallen wäre.[820]

b) Anfechtung wegen der Verletzung von Informations- oder Teilnahmerechten

Werden einem Gesellschafter Informationen verweigert oder unvollständig oder unrichtig erteilt, begründet dies in entsprechender Anwendung des § 243 Abs. 4 Satz 1 AktG die Anfechtbarkeit des Beschlusses nur, wenn ein objektiv urteilender Gesellschafter „die Erteilung der Information als wesentliche Voraussetzung für die sachgerechte Wahrnehmung seiner Teilnahme- und Mitgliedschaftsrechte angesehen hätte".[821] Sofern die Kenntnis der vollständigen und richtigen Information für den Beschlussgegenstand von Bedeutung ist, ist die Verweigerung bzw. unrichtige oder unvollständige Informationserteilung stets ein relevanter Verfahrensfehler.[822] Echte Kausalität des Fehlers für den Beschluss wird nicht verlangt.[823]

Gleiches gilt, wenn der Versammlungsleiter durch eine rechtswidrige Leitungs- oder Ordnungsmaßnahme, etwa indem er einem Gesellschafter die Redezeit verkürzt, ihm das Wort entzieht oder ihn des Saales verweist, die Teilnahmerechte des Gesellschafters verletzt.[824] Verlangte man in diesen Fällen Kausalität, liefe das Anfechtungsrecht leer.[825] Lediglich in Ausnahmefällen wird man die Relevanz des Verfahrensfehlers verneinen müssen: Spricht der Versammlungsleiter z.B. unmittelbar vor Eintritt in die letzte Abstimmung gegen einen

---

818 MK-GmbHG/*Wertenbruch*, Anh. § 47 Rn. 119; Henssler/Strohn/*Drescher*, § 243 AktG Rn. 17.

819 Lutter/Hommelhoff/*Bayer*, Anh. § 47 Rn. 49; Scholz/*K. Schmidt*, § 45 Rn. 98; Michalski/*Römermann*, Anh. § 47 Rn. 292 ff.; Baumbach/Hueck/*Zöllner*, Anh. § 47 Rn. 116.

820 BGH, NJW-RR 1990, 530, 531; Lutter/Hommelhoff/*Bayer*, Anh. § 47 Rn. 49; Gehrlein/Ekkenga/Simon/*Teichmann*, Anh. § 47 Rn. 47.

821 Scholz/*K. Schmidt*, § 45 Rn. 103; Henssler/Strohn/*Drescher*, § 243 AktG Rn. 16.

822 Für die HV Spindler/Stilz/*Würthwein*, § 243 Rn. 133.

823 Scholz/*K. Schmidt*, § 45 Rn. 103.

824 Für den Saalverweis GK-AktG/*Mülbert*, Vor §§ 118-147 Rn. 171.

825 Scholz/*K. Schmidt*, § 45 Rn. 103.

Gesellschafter einen ungerechtfertigten Saalverweis aus und ermöglicht ihm nicht, einen Stimmrechtsvertreter zu benennen, so wirkt sich das im Ergebnis nicht anders aus als die Nichtberücksichtigung wirksamer Stimmen.[826] Der Verfahrensfehler hat nur dann die erforderliche Relevanz, wenn die Berücksichtigung der Stimmen, sei es als Ja- oder als Nein-Stimmen, überhaupt zu einem anderen Beschlussergebnis hätte führen können.[827]

c) Anfechtung gefasster Beschlüsse wegen eines nicht zur Abstimmung gestellten Antrags auf Abwahl des Versammlungsleiters

Da der statutarisch bestimmte Versammlungsleiter lediglich bei Vorliegen eines wichtigen Grundes abberufen werden kann, ist es denkbar, dass der Versammlungsleiter sich weigert, einen Antrag, der auf seine Abwahl gerichtet ist, zur Abstimmung zu stellen. In den Fällen, in denen tatsächlich kein wichtiger Grund vorliegt, ist diese Vorgehensweise auch legitim. Liegt allerdings tatsächlich ein wichtiger Grund vor, muss der Versammlungsleiter den Antrag zur Abstimmung stellen. Weigert er sich, weil er entweder seine Machtposition als Versammlungsleiter missbraucht oder weil er irrtümlich davon ausgeht, dass kein wichtiger Grund für seine Abwahl gegeben ist, könnte dies Auswirkungen auf die anschließend gefassten Beschlüsse haben. Dasselbe gilt für die Situation, in der der durch ad hoc gefassten Gesellschafterbeschluss bestellte Versammlungsleiter einen Abwahlantrag nicht zur Abstimmung stellt.

Zwei aktienrechtliche Entscheidungen des LG Frankfurt a.M.[828] und des LG Köln[829] gehen sogar von der Nichtigkeit der gefassten Beschlüsse aus. Sie begründen dies mit einem Verstoß gegen § 241 Nr. 2 AktG. Danach ist ein Beschluss nichtig, wenn er nicht nach § 130 Abs. 2 Satz 1 AktG beurkundet ist. § 130 Abs. 2 Satz 1 AktG verlangt u.a., dass in der Hauptversammlungsniederschrift „die Feststellung des Vorsitzenden über die Beschlußfassung anzugeben“ ist. Weil wegen der Nichtzulassung des Abberufungsantrags jedoch nicht feststehe, ob der Versammlungsleiter noch ordnungsgemäßer Versammlungsleiter gewesen sei, seien sämtliche durch ihn festgestellten Beschlüsse wegen eines Verstoßes gegen § 241 Nr. 2 i.V.m. § 130 Abs. 2 AktG nichtig.[830]

---

826 Für die HV MK-AktG/*Kubis*, § 119 Rn. 182.

827 Für die HV MK-AktG/*Kubis*, § 119 Rn. 182.

828 AG 2005, 892.

829 AG 2005, 696.

830 LG Frankfurt a.M., AG 2005, 892, 893; LG Köln, AG 2005, 696, 701; zustimmend NK-AktG/*Heidel*, Vor §§ 129-132 Rn. 15; ablehnend *Krieger*, AG 2006, 355; *Rose*, NZG 2007, 241, 244.

In der parallelen Situation in der Gesellschafterversammlung der GmbH kommt die Nichtigkeit der Beschlüsse nicht in Betracht. § 241 Nr. 2 AktG ist zwar auf die GmbH entsprechend anwendbar und führt dazu, dass die Nichtbeurkundung eines Beschlusses, für den das Gesetz eine Beurkundungspflicht vorschreibt, zur Nichtigkeit des Beschlusses führt.[831] Namentlich gilt dies gem. § 53 Abs. 2 Satz 1 GmbHG für satzungsändernde Beschlüsse. Doch selbst bei satzungsändernden Beschlüssen ist eine Feststellung des Versammlungsleiters nicht vorgesehen, so dass der Gedanke des § 130 Abs. 2 Satz 1 AktG in diesem Punkt nicht auf die GmbH übertragbar ist.[832] Auch in sonstigen Fällen sieht das GmbHG keine konstitutive Beschlussfeststellung durch den Versammlungsleiter vor. Wenn aber gesetzlich gar keine Feststellung des Beschlusses erforderlich ist, kann die fehlende Beurkundung einer solchen Feststellung nicht die Nichtigkeit des Beschlusses begründen. Unterbleibt eine lediglich durch die Satzung vorgeschriebene Beurkundung, führt dies nicht zur Nichtigkeit des Beschlusses, weil § 241 Nr. 2 AktG allein gesetzliche Beurkundungspflichten umfasst.[833] Erst recht gilt dies für ein durch die Satzung aufgestelltes Feststellungserfordernis und zwar auch dann, wenn die Satzung die Feststellung von satzungsändernden Beschlüssen als Wirksamkeitsvoraussetzung vorschreibt.

Verhindert der statutarische Versammlungsleiter seine Abwahl, indem er einen berechtigten Abwahlantrag nicht zur Abstimmung stellt, und stellt anschließend Beschlüsse fest, könnte dies zur Anfechtbarkeit der festgestellten Beschlüsse führen. In diesen Fällen ergibt sich aus der Auslegung der Satzung, dass der Versammlungsleiter die Kompetenz hat, Beschlussfeststellungen vorzunehmen. Erforderlich ist aber, dass der Versammlungsleiter ordnungsgemäß im Amt ist. In diesem Fall steht dies gerade nicht fest, weil die Abstimmung über seine Abwahl dazu hätte führen können, dass er mit sofortiger Wirkung abberufen worden wäre. Bestimmt die Satzung einen Versammlungsleiter, bezweckt sie damit einen verfahrensmäßig korrekten Ablauf der Gesellschafterversammlung. Das Vorhandensein eines Versammlungsleiters ist aber zum Schutz berechtigter Gesellschafterinteressen nicht zwingend notwendig.[834] Regelmäßig hat eine solche Satzungsbestimmung also reinen Ordnungscharakter, so dass ein

---

831 OLG Brandenburg, NZG 2001, 129, 130; Rowedder/Schmidt-Leithoff/*Koppensteiner/ Gruber*, § 47 Rn. 99; Michalski/*Römermann*, Anh. § 47 Rn. 107; MK-GmbHG/ *Wertenbruch*, Anh. § 47 Rn. 36; Baumbach/Hueck/*Zöllner*, Anh. § 47 Rn. 49; Henssler/ Strohn/*Drescher*, § 241 AktG Rn. 31.

832 Michalski/*Römermann*, Anh. § 47 Rn. 107.

833 Michalski/*Römermann*, Anh. § 47 Rn. 111; MK-GmbHG/*Wertenbruch*, Anh. § 47 Rn. 40; Baumbach/Hueck/*Zöllner*, Anh. § 47 Rn. 49.

834 Zur Definition der Ordnungsvorschrift GK-GmbHG/*Raiser*, Anh. § 47 Rn. 109.

Verstoß gegen sie schon gar nicht zur Anfechtbarkeit des Beschlusses führen würde.[835] Man wird von einer statutarischen Anordnung eines Versammlungsleiters nämlich nicht darauf schließen können, dass die Durchführung einer Gesellschafterversammlung ohne Versammlungsleiter zur Rechtswidrigkeit sämtlicher gefasster Beschlüsse führen soll. Folglich bleibt es auch ohne Auswirkungen auf die gefassten Beschlüsse, wenn der Versammlungsleiter einen Antrag auf seine Abwahl rechtswidrig zurückweist. Insbesondere sind seine anschließend vorgenommenen Beschlussfeststellungen nicht unwirksam.

IV. Allgemeine Feststellungsklage

In Betracht kommt zudem, dass die Rechtswidrigkeit einer Maßnahme des Versammlungsleiters im Wege der allgemeinen Feststellungsklage gem. § 256 Abs. 1 ZPO überprüft wird. In aller Regel wird dem Kläger aber das Rechtsschutzbedürfnis fehlen. Dies ist jedenfalls dann so, wenn die Maßnahme des Versammlungsleiters bereits im Rahmen eines Anfechtungs- oder Nichtigkeitsprozesses angegriffen wird oder angegriffen werden kann.[836] Auch wenn die Maßnahme nicht mit einer speziellen Klageart überprüft werden kann, führt die Erledigung der Maßnahme des Versammlungsleiters mit dem Ablauf der Gesellschafterversammlung dazu, dass danach dem Betroffenen das Rechtsschutzbedürfnis zur Erhebung der allgemeinen Feststellungsklage regelmäßig fehlt.[837] Dies ist ausnahmsweise anders, wenn eine Wiederholungsgefahr besteht oder die Maßnahme des Versammlungsleiters über das Ende der Gesellschafterversammlung hinaus andauert.[838]

---

835 Scholz/*K. Schmidt*, § 45 Rn. 93, 99; Baumbach/Hueck/*Zöllner*, Anh. § 47 Rn. 85, 110.

836 Konkret für Maßnahmen des Versammlungsleiters *Marsch-Barner*, FS Brambring (2011), S. 267 (271); allgemein MK-GmbHG/*Wertenbruch*, Anh. § 47 Rn. 171.

837 *Marsch-Barner*, FS Brambring (2011), S. 267 (271).

838 *Marsch-Barner*, FS Brambring (2011), S. 267 (271).

F. Haftung des Versammlungsleiters

Die Haftung des Leiters der GmbH-Gesellschafterversammlung ist bisher nur unzureichend untersucht.[839] In der GmbH-rechtlichen Literatur findet sich lediglich im Zusammenhang mit fehlerhaften Beschlussfeststellungen der Hinweis, dass der Versammlungsleiter grundsätzlich für schuldhafte Pflichtverletzungen schadensersatzpflichtig ist.[840] Spezielle Haftungsnormen für den Versammlungsleiter existieren weder im GmbHG noch im AktG. Fungiert der Geschäftsführer als Versammlungsleiter, kommt eine Haftung aus § 43 Abs. 1 GmbHG nicht in Betracht, weil es sich bei der Versammlungsleitung um keine Aufgabe handelt, die sich aus der Geschäftsführerstellung ergibt. Aus demselben Grund ergibt sich die Haftung des die Versammlung leitenden Aufsichtsratsmitglieds auch nicht aus § 116 AktG i.V.m. § 93 Abs. 2 AktG, der gem. § 52 Abs. 1 GmbHG auf den obligatorischen Aufsichtsrat in der GmbH Anwendung findet.[841]

Die Haftung richtet sich vielmehr in allen Fällen nach dem Rechtsverhältnis, das der Bestellung des Versammlungsleiters zugrunde liegt.[842] Wie bereits festgestellt, ist das ein unentgeltlicher Auftrag gem. §§ 662 ff. BGB oder ein entgeltlicher Geschäftsbesorgungsvertrag gem. § 675 BGB (vgl. C.I.3.).[843] Unabhängig von der Art des Schuldverhältnisses kommt im Falle von Pflichtverletzungen des Versammlungsleiters somit eine Haftung aus § 280 Abs. 1 BGB in Betracht. Weil ein solches Schuldverhältnis nun einmal vorhanden ist, kann ernstlich von einem „Haftungskonstrukt", das „rechtspolitisch [...] verfehlt"[844] sei, keine Rede sein. Der fehlenden Professionalisierung des Versammlungsleiteramts und damit verbundenen unverhältnismäßigen Haftungsrisiken kann nur auf der Ebene des Haftungsmaßstabs begegnet werden.[845]

Bei der Beurteilung, ob eine Pflichtverletzung vorliegt, ist zu beachten, dass dem Versammlungsleiter bei der Auswahl seiner Maßnahmen ein weiter Ermessensspielraum zusteht.[846] Das Vorliegen einer schuldhaften Pflichtverletzung ist

---

839 Ebenso für den Leiter der HV *Marsch-Barner*, FS Brambring (2011), S. 267 (281).

840 Baumbach/Hueck/*Zöllner*, § 47 Rn. 105.

841 So aber für den Leiter der HV *Rose*, NZG 2007, 241, 245; wie hier MK-AktG/*Kubis*, § 119 Rn. 184; *Marsch-Barner*, FS Brambring (2011), S. 267 (281); *Bachmann*, EWiR 2000, 157, 158.

842 *Marsch-Barner*, FS Brambring (2011), S. 267 (281); *Rose*, NZG 2007, 241, 245.

843 *Marsch-Barner*, FS Brambring (2011), S. 267 (281).

844 So für den Leiter der HV MK-AktG/*Kubis*, § 119 Rn. 184.

845 A.A. MK-AktG/*Kubis*, § 119 Rn. 184, der die persönliche Haftung des Hauptversammlungsleiters auf eine deliktische Haftung beschränkt.

846 *Marsch-Barner*, FS Brambring (2011), S. 267 (281).

ex ante aus der Sicht eines ordentlichen Versammlungsleiters zu beurteilen.[847] Nach allgemeinen Grundsätzen trifft im Falle einer gerichtlichen Geltendmachung des Schadensersatzanspruchs die Gesellschaft die Darlegungs- und Beweislast für das Vorliegen der Pflichtverletzung. Widerleglich vermutet wird hingegen gem. § 280 Abs. 1 BGB das Verschulden des Versammlungsleiters.

Nach dem gesetzlichen Regelfall gem. § 276 Abs. 1 Satz 1 BGB müsste der Versammlungsleiter für Vorsatz und Fahrlässigkeit haften und zwar unabhängig von dem zugrunde liegenden Rechtsverhältnis.[848] Dem Beauftragten kommt trotz der Unentgeltlichkeit des Auftrags nämlich grundsätzlich keine Haftungserleichterung zugute,[849] weil zwischen den Parteien regelmäßig ein besonderes Vertrauensverhältnis besteht.[850] Es gilt ein objektiv-abstrakter Sorgfaltsmaßstab,[851] so dass mangelnde Kenntnisse und Erfahrungen auf dem Gebiet der Versammlungsleitung nicht entlastend wirken.[852] Ein anderer Haftungsmaßstab kann jedoch vereinbart werden.[853] Diese Vereinbarung kann auch stillschweigend geschlossen werden.[854] Regelmäßig wird man von einer stillschweigenden Vereinbarung einer Haftungsbeschränkung ausgehen können. Eine solche liegt im Interesse beider Vertragsparteien. Für den Versammlungsleiter ist sie erforderlich, weil ihm bei der Leitung der Gesellschafterversammlung keine Zeit zur Verfügung steht, seine Maßnahmen einer umfassenden rechtlichen Prüfung zu unterziehen. Es ist dem ordnungsgemäßen Ablauf der Gesellschafterversammlung nicht dienlich, wenn der Versammlungsleiter aus Sorge vor seiner persönlichen Inanspruchnahme von seinen Kompetenzen nur sehr zurückhaltend Gebrauch macht. Darüber hinaus führt ein zu großes Haftungsrisiko sehr wahrscheinlich dazu, dass sich nur schwerlich eine Person findet, die bereit ist, die Versammlungsleitung zu übernehmen.

Der Versammlungsleiter haftet nur für Vorsatz; die Haftung für fahrlässige Pflichtverletzungen ist ausgeschlossen. Eine Haftung auch für grob fahrlässiges Handeln erscheint wegen der Schwierigkeiten in der Abgrenzung von leichter und grober Fahrlässigkeit, die letztlich auf rechtlichen und tatsächlichen Wer-

847 *Marsch-Barner*, FS Brambring (2011), S. 267 (281).

848 Für den Auftrag Soergel/*Beuthien*, § 662 Rn. 16; Dauner-Lieb/Langen/*Schwab*, § 662 Rn. 24 f.; für den Geschäftsbesorgungsvertrag MK-BGB/*Seiler*, § 662 Rn. 56.

849 Erman/*Berger*, § 662 Rn. 24.

850 Jauernig/*Mansel*, § 662 Rn. 14.

851 BGHZ 24, 21, 27 = NJW 1957, 785; BGHZ 39, 281, 283 = NJW 1963, 1609; BGHZ 80, 186, 193 = NJW 1981, 1603; Jauernig/*Stadler*, § 276 Rn. 29.

852 Dazu abstrakt BGH, NJW 1994, 2232, 2233.

853 Erman/*Berger*, § 662 Rn. 24; Jauernig/*Mansel*, § 662 Rn. 14.

854 Soergel/*Beuthien*, § 662 Rn. 17.

tungen beruht,[855] vor dem Hintergrund zu weitgehend, dass die „Konsequenzen eines Verhaltens“ in der „gespannten und hektischen Atmosphäre“ einer Gesellschafterversammlung kaum zutreffend beurteilt werden können.[856] Die Haftung des Versammlungsleiters ist unabhängig davon auf Vorsatz beschränkt, ob ihr ein unentgeltlicher Auftrag oder ein entgeltlicher Geschäftsbesorgungsvertrag zugrunde liegt. Der Beauftragte und der zur Geschäftsbesorgung Verpflichtete würden auch gleich haften, wenn keine Haftungsbeschränkung vereinbart worden wäre. Insbesondere kann man nicht unterstellen, dass der Versammlungsleiter, der die Tätigkeit unentgeltlich übernimmt, auf dem Gebiet der Versammlungsleitung unerfahrener und damit schutzwürdiger ist als der gegen Entgelt tätige. Dies ergibt sich zum einen daraus, dass der hauptberufliche Versammlungsleiter bisher selbst in der Hauptversammlungspraxis nicht existiert.[857] Zum anderen steht gerade der unentgeltlich tätige Versammlungsleiter oftmals in einem Näheverhältnis zur Gesellschaft, etwa als Aufsichts- oder Beiratsmitglied, und nimmt besonderes Vertrauen in Anspruch.

Als Schaden der Gesellschaft kommen exemplarisch die Prozesskosten einer Anfechtungs- oder Nichtigkeitsklage in Betracht, etwa wenn der Versammlungsleiter vorsätzlich ein falsches Beschlussergebnis feststellt.

---

855 Zur Abgrenzungsproblematik BGHZ 129, 136, 163 = NJW 1995, 1739 „Girmes“.

856 Für die Haftung des Aktionärs bei einer Treupflichtverletzung BGHZ 129, 136, 163 = NJW 1995, 1739 „Girmes“.

857 MK-AktG/*Kubis*, § 119 Rn. 184.

G. Fazit mit exemplarischen Satzungsbestimmungen

Zusammenfassend kommt die Arbeit zu folgenden Ergebnissen:

Die Gesellschafterversammlung kann ohne einen Versammlungsleiter durchgeführt werden. Seine Einsetzung ist insbesondere bei größeren Gesellschafterversammlungen praktisch erforderlich, aber auch bei einem kleinen Teilnehmerkreis zweckmäßig.

Die Satzung, die Geschäftsordnung der Gesellschafterversammlung oder die Gesellschafter durch ad hoc gefassten Beschluss können bestimmen, dass die Gesellschafterversammlung durch einen Versammlungsleiter geleitet wird.

Für das Amt kommt jede unbeschränkt geschäftsfähige Person in Betracht. Unerheblich ist, ob sie zugleich Gesellschafter, Aufsichtsratsmitglied, Geschäftsführer oder Externer ist. Lediglich der Notar, der die Gesellschafterversammlung beurkundet, kann nicht Versammlungsleiter sein.

Bestimmt die Satzung einen Gesellschafter zum Versammlungsleiter, kann ihm damit ein nur unter besonderen Voraussetzungen wieder entziehbares Sonderrecht eingeräumt werden.

Fehlt es an einer Regelung in der Satzung, kann die Gesellschafterversammlung durch Beschluss einen Versammlungsleiter einsetzen. Zu seiner Bestellung ist ein einfacher Mehrheitsbeschluss ausreichend. Die Gesellschafterversammlung kann auch darüber Beschluss fassen, dass das Mandat des Versammlungsleiters über die laufende Gesellschafterversammlung hinaus fortdauert.

Soll ein Gesellschafter zum Versammlungsleiter bestimmt werden, unterliegt er bei der Wahl zum Versammlungsleiter keinem Stimmverbot. Dies gilt auch dann, wenn er bei einem späteren Beschlussgegenstand einem Stimmverbot unterliegt.

Das Mandat des Versammlungsleiters endet, wenn er es niederlegt oder wenn er abberufen wird. Wurde er durch die Gesellschafterversammlung bestimmt, kann er jederzeit mit einfacher Mehrheit abberufen werden, ohne dass es eines sachlichen Grundes bedarf. Gleiches gilt, wenn eine Geschäftsordnung der Gesellschafterversammlung den Versammlungsleiter bestellt. Die Abberufung muss als Geschäftsordnungsbeschluss nicht in der Tagesordnung bekannt gemacht werden. Soll der statutarische Versammlungsleiter abberufen werden, kommt zunächst die Satzungsänderung in Betracht. Dabei müssen die formellen Anforderungen eingehalten werden. Liegt allerdings ein wichtiger Grund für die sofortige Abberufung des Versammlungsleiters insoweit vor, als dass ein Festhalten an ihm in der laufenden Versammlung nicht zumutbar erscheint, ergibt sich aus der Auslegung der Satzungsbestimmung, dass er mit sofortiger Wirkung in der laufenden Versammlung abberufen werden kann. Dafür ist ein mit satzungsändernder Mehrheit gefasster Beschluss erforderlich. Die Abberufung des Versammlungsleiters, dem die Versammlungsleitung als Sonderrecht eingeräumt ist, ist im Wege der Satzungsänderung nur möglich, wenn er der Entziehung des Sonderrechts zustimmt. Etwas anderes gilt nur, wenn ein wichtiger Grund vorliegt. Dann bedarf es seiner Zustimmung nicht. Eine Abberufung in der laufenden Versammlung ist aber unter keinen Umständen möglich. Den Gesellschaftern bleibt nur die Möglichkeit, die Gesellschafterversammlung zu beenden und auf der nächsten Gesellschafterversammlung die Satzung zu ändern. Soll der Versammlungsleiter abberufen werden, unterliegt er, wenn er zugleich Gesellschafter ist, grundsätzlich keinem Stimmverbot. Etwas anderes gilt, wenn die Abberufung aus wichtigem Grund erfolgt.

Der Versammlungsleiter macht von seinen Kompetenzen durch verfahrensleitende Verfügungen Gebrauch. Dabei handelt es sich nicht um Beschlüsse. Er hat bei der Auswahl seiner Maßnahmen einen Ermessensspielraum, muss aber den Verhältnismäßigkeitsgrundsatz beachten und die Gesellschafter unabhängig von der Größe ihres Geschäftsanteils gleich behandeln.

Der Versammlungsleiter hat bei der Auswahl seiner Maßnahmen stets ein Initiativrecht, er ist also nicht auf Weisungen der Gesellschafter angewiesen. Die Gesellschafterversammlung hat gegenüber dem durch eine Regelung in der Geschäftsordnung der Gesellschafterversammlung oder durch ad hoc gefassten Gesellschafterbeschluss bestellten Versammlungsleiter stets ein Letztentscheidungsrecht. Ist der Versammlungsleiter hingegen statutarisch bestimmt, hat die Gesellschafterversammlung nicht stets ein Letztentscheidungsrecht. Vielmehr verfügt der Versammlungsleiter bei einzelnen Maßnahmen über die Kompetenz, letztverbindlich zu entscheiden. Der Versammlungsleiter kann aber jederzeit die Kompetenz auf die Gesellschafterversammlung delegieren und einen Gesellschafterbeschluss herbeiführen.

Durch seine Bestellung erhält der Versammlungsleiter auch die Kompetenz, Beschlüsse vorläufig verbindlich festzustellen. Es bedarf zur Übertragung der Beschlussfeststellungskompetenz keines qualifizierten Mehrheitserfordernisses und keiner expliziten Zuweisung. Im Rahmen der Beschlussfeststellungskompetenz überprüft der Versammlungsleiter die Wirksamkeit der Stimmabgaben. In Zweifelsfällen muss er die abgegebenen Stimmen als wirksam betrachten. Sieht er sich außerstande, über die Wirksamkeit von Stimmen zu entscheiden, kann er ausnahmsweise von der Feststellung des Beschlusses absehen. Der Versammlungsleiter kann auch dann Beschlussfeststellungen vornehmen, wenn er selber in der Sache unmittelbar betroffen ist.

Die Beschlussfeststellung bewirkt, dass der Beschluss mit dem Inhalt vorläufig und mit Ablauf der Anfechtungsfrist endgültig verbindlich wird, mit dem ihn der Versammlungsleiter festgestellt hat. Daran ändert es nichts, wenn ihm bei der Beschlussfeststellung ein Fehler unterlaufen ist, indem er sich etwa verzählt, ein falsches Mehrheitserfordernis unterstellt oder unwirksame Stimmen berücksichtigt hat. Ohne Auswirkungen auf die vorläufige Verbindlichkeit des festgestellten Beschlusses ist es, wenn der Versammlungsleiter den Beschluss vermeintlich willkürlich oder absichtlich falsch feststellt.

Sofern der Fehler Auswirkungen auf das Beschlussergebnis hat, kann der Beschluss erfolgreich im Wege einer Anfechtungsklage angegriffen werden. Er wird dann durch das Gericht für nichtig erklärt.

Der Versammlungsleiter ist verpflichtet, die gefassten Beschlüsse zu protokollieren. Er darf sich dabei eines Protokollführers bedienen. Die Protokollierung ist eine Voraussetzung für die Wirksamkeit der Beschlussfeststellung.

Die Beschlussfeststellung kann allein durch den Versammlungsleiter vorgenommen werden. Eine Beschlussfeststellung durch den Notar kommt nicht in Betracht. Der Beschlussfeststellung durch den Versammlungsleiter ist weder die alleinige Protokollierung noch die vermeintliche Einigkeit der Gesellschafter bei der Beschlussfassung gleichzustellen.

Da Maßnahmen des Versammlungsleiters keine Beschlüsse sind, können sie nicht isoliert angefochten werden. Rechtswidrige Maßnahmen können allerdings die Anfechtbarkeit nachfolgend gefasster Beschlüsse begründen, sofern sie Auswirkungen auf die Beschlüsse haben. Dies ist insbesondere bei Fehlern bei der Beschlussfeststellung denkbar.

Der Versammlungsleiter haftet für Pflichtverletzungen in Ermangelung eigener Haftungsvorschriften nach allgemeinen Regeln. Weil der Versammlungsleitung ein Auftrag oder ein Geschäftsbesorgungsvertrag zugrunde liegt, ergibt sich die Schadensersatzpflicht aus § 280 Abs. 1 BGB. Regelmäßig ist die Haftung auf vorsätzliche Pflichtverletzungen beschränkt.

Zuletzt sollen einige Vorschläge gemacht werden, wie Satzungsbestimmungen zur Versammlungsleitung formuliert werden sollten. Dabei liegt der Hauptaugenmerk auf Regelungen, die die Bestimmung und die Abwahl des Versammlungsleiters betreffen. Zum einen ist es m.E. nicht ratsam, Aufgaben und Befugnisse des Versammlungsleiters umfassend in der Satzung zu regeln. Denn damit wird der Handlungsspielraum des Versammlungsleiters u.U. unnötig beschränkt, wenn man die Satzungsregelungen (irrtümlich) als abschließende Kompetenzzuweisungen begreift.[858] Zum anderen existiert aufgrund der Vielzahl struktureller Besonderheiten in den einzelnen Gesellschaften keine mustermäßige Satzungsbestimmung, die den Aufgabenkreis des Versammlungsleiters festlegt.

Ist ein Aufsichtsrat (oder Beirat) vorhanden und ein Vorsitzender bestimmt, empfiehlt sich eine Satzungsbestimmung, die etwa so lauten könnte:

> „Die Leitung der Gesellschafterversammlung obliegt dem Vorsitzenden des Aufsichtsrats (Beirats).“

Verfügt die Gesellschaft über keinen Aufsichts- oder Beirat und auch sonst über kein beratendes Gremium, sollte in der Satzung dennoch der Versammlungsleiter bestimmt werden. Steht lediglich ein Gesellschafter zur Verfügung, sollte in der Satzung klargestellt werden, dass die Versammlungsleitung kein Sonderrecht ist:

> „Die Leitung der Gesellschafterversammlung obliegt dem Gesellschafter A. Die Versammlungsleitung ist kein Sonderrecht des Gesellschafters.“

Ratsam ist es zudem, in die Satzung eine Regelung über die Verhinderung des eigentlichen Versammlungsleiters aufzunehmen. Ist ein Aufsichts- oder Beirat vorhanden, empfiehlt sich Folgendes:

> „Im Falle der Verhinderung des Versammlungsleiters bestimmt er ein anderes Aufsichtsratsmitglied (Beiratsmitglied), das ihn vertritt.“

Soll im Fall der Verhinderung des Versammlungsleiters die Gesellschafterversammlung selbst den Vertreter bestimmen können, kann formuliert werden:

> „Im Falle der Verhinderung des Versammlungsleiters bestimmt die Gesellschafterversammlung durch Beschluss mit einfacher Mehrheit für die laufende Versammlung den Versammlungsleiter.“

---

858 *Angerer*, ZGR 2011, 27, 36 f.; *Wilsing/von der Linden*, DB 2010, 1277, 1280 zur statutarischen Beschränkung des Rede- und Fragerechts in der HV.

Ratsam dürfte es sein, durch ein qualifiziertes Mehrheitserfordernis für die Abberufung das Mandat des Versammlungsleiters zu stärken, wenn die Satzung anordnet, dass der Versammlungsleiter mit einfacher Mehrheit durch die Gesellschafterversammlung bestimmt wird:

> „Die Gesellschafter bestimmen zu Beginn der Gesellschafterversammlung einen Versammlungsleiter. Die Bestimmung erfolgt durch Gesellschafterbeschluss mit einfacher Mehrheit.
>
> Der Versammlungsleiter kann jederzeit durch einen Gesellschafterbeschluss wieder abberufen werden. Für den Abberufungsbeschluss ist eine satzungsändernde Mehrheit erforderlich."

Es bleibt dem Satzungsgeber unbenommen, weitere Satzungsbestimmungen zur Versammlungsleitung aufzustellen oder ohnehin geltende Regeln zu Klarstellungszwecken in die Satzung aufzunehmen. Um über die Sinnhaftigkeit solcher konkretisierenden Satzungsbestimmungen ein Urteil zu fällen, bedarf es aber stets einer Betrachtung des Einzelfalls.

Literaturverzeichnis

Abramenko, Andrik	Zum Rechtsschutz gegen fehlerhafte Protokolle über Gesellschafterversammlungen, in: GmbH-Rundschau 2003, S. 1043-1046
Achterberg, Norbert	Parlamentsrecht, 1984, Tübingen
Angerer, Lutz	Die Beschränkung des Rede- und Fragerechts des Aktionärs in der Hauptversammlung, in: Zeitschrift für Unternehmens- und Gesellschaftsrecht 2011, S. 27-37
Bachmann, Gregor	Anmerkung zu LG München I, Urteil vom 14. 10. 1999 – 5HK O 8024/98, in: Entscheidungen zum Wirtschaftsrecht 2000, S. 157-158
Bachmann, Gregor	Die Einmann-AG, in: Neue Zeitschrift für Gesellschaftsrecht 2001, S. 961-971
Bachmann, Gregor	Die Geschäftsordnung der Hauptversammlung, in: Die Aktiengesellschaft 1999, S. 210-215
Baltzer, Johannes	Der Beschluss als rechtstechnisches Mittel organschaftlicher Funktion im Privatrecht, Köln und Berlin, 1965
Bartl, Harald/ Bartl, Angela/ Fichtelmann, Helmar/ Koch, Detlef/Schlarb, Eberhard	GmbH-Recht, 6. Auflage, Heidelberg, 2009 (zitiert: HK-GmbHR/*Bearbeiter*)
Baumbach, Adolf/ Klaus J. Hopt	Handelsgesetzbuch, 35. Auflage, München, 2012 (zitiert: Baumbach/Hopt/*Bearbeiter*)
Baumbach, Adolf/ Hueck, Alfred	GmbHG, 20. Auflage, München, 2013 (zitiert: Baumbach/Hueck/*Bearbeiter*); GmbHG, 19. Auflage, München, 2010 (zitiert: Baumbach/Hueck/*Bearbeiter*, 19. Aufl. 2010); GmbHG, 18. Auflage, München, 2006

(zitiert: Baumbach/Hueck/*Bearbeiter*, 18. Aufl. 2006);
GmbHG, 17. Auflage, München, 2000
(zitiert: Baumbach/Hueck/*Bearbeiter*, 17. Aufl. 2000)

Bauschatz, Peter — Zur Reichweite der mit einer Anfechtungsklage verbundenen positiven Beschlussfeststellungsklage im GmbH-Recht, in: Neue Zeitschrift für Gesellschaftsrecht 2002, S. 317-321

Bezzenberger, Gerold — Die Geschäftsordnung der Hauptversammlung, in: Zeitschrift für Unternehmens- und Gesellschaftsrecht 1998, S. 352-366

Blasche, Sebastian — Praxisfragen und Gestaltungsmöglichkeiten bei der Beschlussfassung ohne Gesellschafterversammlung, in: GmbH-Rundschau 2010, S. 232-238

Bork, Reinhard/ Schäfer, Carsten — Kommentar zum GmbH-Gesetz, 2. Auflage, Köln, 2012 (zitiert: Bork/Schäfer/*Bearbeiter*)

Böttcher, Lars/ Grewe, Daniel — Der Versammlungsleiter in der Gesellschaft mit beschränkter Haftung – Kompetenzen, Bestellung und Abberufung, in: Neue Zeitschrift für Gesellschaftsrecht 2002, S. 1086-1090

Brambring, Günter/ Jerschke, Hans-Ulrich — Beck'sches Notar-Handbuch, 5. Auflage, München, 2009 (zitiert: Beck'sches Notar-Hdb/*Bearbeiter*)

Butzke, Volker — Die Abwahl des Versammlungsleiters – ein neues Betätigungsfeld für „kritische“ Aktionäre? Zugleich Besprechung von LG Frankfurt, Urteil von 11. 1. 2005 – 3-5 O 100/04, in: Zeitschrift für Wirtschaftsrecht 2005, S. 1164-1168

Butzke, Volker — Die Hauptversammlung der Aktiengesellschaft, 5. Auflage, Stuttgart, 2011

Casper, Matthias — Das Anfechtungsklageerfordernis im GmbH-Beschlußmängelrecht, in: Zeitschrift für das gesamte Handels- und Wirtschaftsrecht 163 (1999), S. 54-86

Damrau-Schröter, Heike — Der Ausschluß eines (mißliebigen) GmbH-Gesellschafters, in: Neue Juristische Wochenschrift 1991, S. 1927-1936

Dauner-Lieb, Barbara/ Langen, Werner — BGB Schuldrecht, Band 2, 2. Auflage, Baden-Baden, 2012 (zitiert: Dauner-Lieb/Langen/*Bearbeiter*)

Dietrich, Christian — Voraussetzungen und Inhalte einer Geschäftsordnung der Hauptversammlung – zugleich eine Besprechung des Art. 1 Nr. 16 (§ 129 I 1 AktG neu) des Gesetzes zur Kontrolle und Transparenz im Unternehmensbereich (KonTraG), in: Neue Zeitschrift für Gesellschaftsrecht 1998, S. 921-929

Eickhoff, Andreas — Die Praxis der Gesellschafterversammlung – Einberufung, Ablauf, Beschlussfassung in der GmbH und GmbH & Co. KG, 4. Auflage, Köln, 2006

Ek, Ralf — Praxisleitfaden für die Hauptversammlung, 2. Auflage, München, 2010

Ensthaler, Jürgen/ Füller, Jens Thomas/ Schmidt, Burkhard — Kommentar zum GmbH-Gesetz, 2. Auflage, Köln, 2010 (zitiert: Ensthaler/Füller/Schmidt/*Bearbeiter*)

Erman, Walter — Bürgerliches Gesetzbuch, Band I, 13. Auflage, Köln, 2011 (zitiert: Erman/*Bearbeiter*)

Eylmann, Horst/ Vaasen, Hans-Dieter — Bundesnotarordnung – Beurkundungsgesetz – Kommentar, 3. Auflage, München, 2011 (zitiert: Eylmann/Vaasen/*Bearbeiter*)

von Falkenhausen, Joachim Freiherr/ Kocher, Dirk — Abwahlanträge gegen satzungsmäßig bestimmte Hauptversammlungsleiter, in: Betriebs-Berater 2005, S. 1068-1070

Fantur, Lukas — Zur Leitung der Generalversammlung, insbesondere durch Geschäftsführer, in: Festschrift Heinz Krejci, herausgegeben von Erwin Bernat, Elisabeth Böhler, Arthur Weilinger, Wien, 2001, S. 581-594

Faßbender, Karl-Josef	Die Hauptversammlung der Aktiengesellschaft aus notarieller Sicht, in: Rheinische Notar-Zeitschrift 2009, S. 425-457
Fleischer, Holger/ Goette, Wulf	Münchener Kommentar zum Gesetz betreffend die Gesellschaften mit beschränkter Haftung – GmbHG, Band 1, §§ 1-34, München, 2010 Band 2, §§ 35-52, München, 2012 Band 3, §§ 53-85, München, 2011 (zitiert: MK-GmbHG/*Bearbeiter*)
Flume, Werner	Allgemeiner Teil des Bürgerlichen Rechts, Zweiter Band, Das Rechtsgeschäft, 4. Auflage, Berlin, Heidelberg, New York, 1992
Gehrlein, Markus/ Ekkenga, Jens/ Simon, Stefan	Gesetz betreffend die Gesellschaften mit beschränkter Haftung, Kommentar, Köln, 2012 (zitiert: Gehrlein/Ekkenga/Simon/*Bearbeiter*)
Goette, Wulf	Die GmbH – Darstellung anhand der Rechtsprechung des BGH, 2. Auflage, München, 2002
Goette, Wulf/ Habersack, Mathias	Münchener Kommentar zum Aktiengesetz, Band 2 §§ 76-117, MitbestG, DrittelbG, 3. Auflage, München, 2008 Band 3 §§ 118-178, 3. Auflage, München, 2013 Band 4 §§ 179-277, 3. Auflage, München, 2011 (zitiert: MK-AktG/*Bearbeiter*)
Grumann, Marc-Olaf/ Gillmann, Michael	Aktienrechtliche Hauptversammlungsniederschriften und Auswirkungen von formalen Mängeln, in: Neue Zeitschrift für Gesellschaftsrecht 2004, S. 839-845
Grunewald, Barbara	Gesellschaftsrecht, 8. Auflage, Tübingen, 2011
Grunsky, Wolfgang	Stimmrechtsbeschränkungen in der Hauptversammlung, in: Zeitschrift für Wirtschaftsrecht 1991, S. 778-782
Grüner, Michael	Zeitliche Einschränkung des Rede- und Fragerechts auf Hauptversammlungen – zugleich Besprechung der BVerfG-Entscheidung „Wenger/Daimler-Benz“,

	NZG 2000, 192, in: Neue Zeitschrift für Gesellschaftsrecht 2000, S. 770-779
Haertlein, Lutz	Abberufung eines GmbH-Geschäftsführers aus wichtigem Grund durch die Gesellschafter, in: Unternehmensrecht zu Beginn des 21. Jahrhunderts – Festschrift für Eberhard Schwark zum 70. Geburtstag, herausgegeben von Stefan Grundmann, Christian Kirchner, Thomas Raiser, Hans-Peter Schwintowski, Martin Weber, Christine Windbichler, München, 2009, S. 157-184
Heidel, Thomas	NomosKommentar Aktienrecht und Kapitalmarktrecht, 3. Auflage, Baden-Baden, 2011 (zitiert: NK-AktG/*Bearbeiter*)
Heller, Arne	Wirksamkeit von Hauptversammlungsbeschlüssen – Richtige Feststellung und Verkündung durch den falschen Versammlungsleiter, in: Die Aktiengesellschaft 2008, S. 493-495
Henssler, Martin/ Strohn, Lutz	Gesellschaftsrecht, München, 2011 (zitiert: Henssler/Strohn/*Bearbeiter*)
Hoffmann, Jochen	Qualifizierte Beschlussanforderungen und ihre Aufhebung durch Satzungsänderung, in: Neue Zeitschrift für Gesellschaftsrecht 2002, S. 765-767
Hoffmann, Jochen/ Köster, Jan	Beschlußfeststellung und Anfechtungsklageerfordernis im GmbH-Recht, in: GmbH-Rundschau 2003, S. 1327-1336
Hoffmann-Becking, Michael	Münchener Handbuch des Gesellschaftsrechts, Band 4 Aktiengesellschaft, 3. Auflage, München, 2007 (zitiert: MünchHdb-AG/*Bearbeiter*)
Hoffmann-Becking, Michael	„Holzmüller“, „Gelatine“ und die These von der Mediatisierung der Aktionärsrechte, in: Zeitschrift für das gesamte Handelsrecht und Wirtschaftsrecht 172 (2008), S. 231-238

Hopt, Klaus J./ Wiedemann, Herbert — Aktiengesetz Großkommentar, 4. Band: §§ 95-117 AktG, 4. Auflage, Berlin, 2006, 5. Band: MitbestG, §§ 118-149 AktG, 4. Auflage, Berlin, 2008, 6. Lieferung: §§ 241-255, 4. Auflage, Berlin, 1996 (zitiert: GK-AktG/*Bearbeiter*)

Hölters, Wolfgang — Aktiengesetz Kommentar, München, 2011 (zitiert: Hölters/*Bearbeiter*)

Hüffer, Uwe — Aktiengesetz, 10. Auflage, München, 2012

Hüffer, Uwe — Beschlußmängel im Aktienrecht und im Recht der GmbH – eine Bestandsaufnahme unter Berücksichtigung der Beschlüsse von Leitungs- und Überwachungsorganen, in: Zeitschrift für Unternehmens- und Gesellschaftsrecht 2001, S. 833-874

Hüffer, Uwe — Die Gesellschafterversammlung – Organ der GmbH oder bloßes Beschlussverfahren?, in: Festschrift 100 Jahre GmbH-Gesetz, herausgegeben von Marcus Lutter, Peter Ulmer, Wolfgang Zöllner, Köln, 1992, S. 521-537

Ihrig, Hans-Christoph — Zur Entscheidungskompetenz der Hauptversammlung in Fragen der Versammlungsleitung, in: Festschrift für Wulf Goette zum 65. Geburtstag, herausgegeben von Mathias Habersack und Peter Hommelhoff, München, 2011, S. 205-218

Jauernig, Othmar — Bürgerliches Gesetzbuch mit Allgemeinem Gleichbehandlungsgesetz (Auszug) Kommentar, 14. Auflage, München, 2011 (zitiert: Jauernig/*Bearbeiter*)

Kanzleiter, Rainer — Die Berichtigung der notariellen Niederschrift über die Hauptversammlung einer Aktiengesellschaft und die Zulässigkeit mehrerer Niederschriften, in: Deutsche Notar-Zeitschrift 2007, S. 804-811

Koch, Christian — Das Anfechtungsklageerfordernis im GmbH-Beschlußmängelrecht, Frankfurt a.M. u.a., 1997

Kornblum, Udo — Bundesweite Rechtstatsachen zum Unternehmens- und Gesellschaftsrecht, Stand 1.1.2011, in: GmbH-Rundschau 2011, S. 692-699

Krieger, Gerd — Abwahl des satzungsmäßigen Versammlungsleiters?, in: Die Aktiengesellschaft 2006, S. 355-363

Kuhnt, Dietmar — Geschäftsordnungsanträge und Geschäftsordnungsmaßnahmen bei Hauptversammlungen, in: Festschrift für Otfried Lieberknecht, herausgegeben von Ernst Niederleithinger, Rosemarie Werner, Gerhard Wiedemann, München, 1997, S. 45-66

Lindfeld, Angela — Anmerkung zu BGH, Beschluss vom 4. 5. 2009 – II ZR 166/07, in: Entscheidungen zum Wirtschaftsrecht 2010, S. 293-294

Lohr, Martin — Der Stimmrechtsausschluss des GmbH-Gesellschafters (§ 47 IV GmbHG), in: Neue Zeitschrift für Gesellschaftsrecht 2002, S. 551-562

Lutter, Marcus/ Hommelhoff, Peter — GmbH-Gesetz Kommentar, 18. Auflage, Köln, 2012 (zitiert: Lutter/Hommelhoff/*Bearbeiter*)

Lutz, Reinhard — Der Gesellschafterstreit in der GbR, OHG, KG, GmbH & Co. KG und GmbH, 2. Auflage, München, 2011

Marsch-Barner, Reinhard — Treuepflichten zwischen Aktionären und Verhaltenspflichten bei der Stimmrechtsbündelung, in: Zeitschrift für das gesamte Handelsrecht und Wirtschaftsrecht 157 (1993), S. 172-191

Marsch-Barner, Reinhard — Zu den Rechtsfolgen von Fehlern bei der Leitung der Hauptversammlung, in: Festschrift für Günter Brambring zum 70. Geburtstag, herausgegeben von der Rheinischen Notarkammer, München, 2011, S. 267-282

Martens, Klaus-Peter — Die Leitungskompetenzen auf der Hauptversammlung einer Aktiengesellschaft, in: Zeitschrift für Wirtschafts- und Bankrecht 1981, S. 1010-1021

Martens, Klaus-Peter — Leitfaden für die Leitung der Hauptversammlung einer Aktiengesellschaft, 3. Auflage, Köln, 2003

Max, Dietrich H. — Die Leitung der Hauptversammlung, in: Die Aktiengesellschaft 1991, S. 77-94

Meyer, Justus — Die GmbH und andere Handelsgesellschaften im Spiegel empirischer Forschung (I), in: GmbH-Rundschau 2002, S. 177-189

Meyer-Landrut, Joachim/ Miller, F. Georg/ Niehus, Rudolf J. — GmbH-Gesetz einschließlich Rechnungslegung zum Einzel- sowie zum Konzernabschluss, Berlin u.a., 1987
(zitiert: Meyer-Landrut/Miller/Niehus/*Bearbeiter*)

Michalski, Lutz — Kommentar zum Gesetz betreffend die Gesellschaft mit beschränkter Haftung (GmbHG),
Band I: §§ 1-34 GmbHG, 2. Auflage, München, 2010,
Band II: §§ 35-85 GmbHG, §§ 1-4 EGGmbHG, 2. Auflage, München, 2010
(zitiert: *Michalski*/Bearbeiter)

Müller, Welf/ Winkeljohann, Norbert — Beck'sches Handbuch der GmbH, 4. Auflage, München, 2009
(zitiert: BeckHdb-GmbH/*Bearbeiter*)

Münnich, Lutz — Anmerkung zu BGH, Beschluss vom 4. 5. 2009 – II ZR 169/07, in: GmbH-Rundschau 2009, S. 1329-1330

Münnich, Lutz — Anmerkung zu BGH, Urteil vom 21. 6. 2010 – II ZR 30/08, in: GmbH-Rundschau 2010, S. 979-980

Musielak, Hans-Joachim — Grundkurs BGB, 12. Auflage, München, 2011
(zitiert: *Musielak*, Grundkurs BGB)

Musielak, Hans-Joachim — Kommentar zur Zivilprozessordnung mit Gerichtsverfassungsgesetz, 8. Auflage, München, 2011
(zitiert: Musielak/*Bearbeiter*)

Mutze, Otto	Recht und Pflicht zur Teilnahme an der Gesellschafterversammlung der GmbH, in: GmbH-Rundschau 1970, S. 33-37
Müther, Peter-Hendrik	Zur Nichtigkeit führende Fehler bei der Einberufung der GmbH-Gesellschafterversammlung, in: GmbH-Rundschau 2000, S. 966-972
Noack, Ulrich	Die privatschriftliche Niederschrift über die Hauptversammlung einer nicht börsennotierten Aktiengesellschaft – Inhalt und Fehlersanktion, in: Liber amicorum Wilhelm Happ, herausgegeben von Michael Hoffmann-Becking, Rüdiger Ludwig, Köln u.a., 2006, S. 201-212
Oelrichs, Carsten P.	Muß der Versammlungsleiter bei der Feststellung von Haupt- oder Gesellschafterversammlungsbeschlüssen treuwidrig abgegebene Stimmen mitzählen?, in: GmbH-Rundschau 1995, S. 863-869
Oppenländer, Frank/ Trölitzsch, Thomas	Praxishandbuch der GmbH-Geschäftsführung, 2. Auflage, München, 2011 (zitiert: Oppenländer/Trölitzsch/*Bearbeiter*)
Palandt, Otto	Bürgerliches Gesetzbuch mit Nebengesetzen, 72. Auflage, München, 2013 (zitiert: Palandt/*Bearbeiter*)
Priester, Hans-Joachim	Neue Entwicklungen im Recht der Hauptversammlung – UMAG und jüngste Rechtsprechung, in: Deutsche Notar-Zeitschrift 2006, S. 403-418
Priester, Hans-Joachim	Nichtkorporative Satzungsbestimmungen bei Kapitalgesellschaften, in: Der Betrieb 1979, S. 681-687
Priester, Hans-Joachim/ Mayer, Dieter/ Wicke, Hartmut	Münchener Handbuch des Gesellschaftsrechts, Band 3, Gesellschaft mit beschränkter Haftung, 4. Auflage, München, 2012 (zitiert: MünchHdb-GmbH/*Bearbeiter*)
Raiser, Thomas	Die Einrede der Anfechtbarkeit von Gesellschafterbeschlüssen in der GmbH, in: Festschrift für Theodor Heinsius, herausgegeben von Friedrich Kübler,

Hans-Joachim Mertens und Winfried Werner, Berlin, New York, 1991, S. 645-658

Raiser, Thomas — Nichtigkeits- und Anfechtungsklagen, in: Festschrift 100 Jahre GmbH-Gesetz, herausgegeben von Marcus Lutter, Peter Ulmer und Wolfgang Zöllner, Köln, 1992, S. 587-606

Reinicke, Jürgen — Rechtsstellung, Rechte und Pflichten des Vorsitzenden einer Hauptversammlung, Bamberg, 1982

Rellermeyer, Klaus — Der Aufsichtsrat – Betrachtungen zur neueren Rechtsprechung des Bundesgerichtshofs, in: Zeitschrift für Unternehmens- und Gesellschaftsrecht 1993, S. 77-103

Ring, Gerhard/ Grziwotz, Herbert — Systematischer Praxiskommentar GmbH-Recht für Unternehmer und Berater, Köln, 2009 (zitiert: Ring/Grziwotz/*Bearbeiter*)

Rohleder, Michael — Zur Anfechtungsklage gegen einen fehlerhaften Gesellschafterbeschluß in der GmbH – Anmerkung zum Urteil des BGH vom 21. 3. 1988 – II ZR 308/87, in: GmbH-Rundschau 1989, S. 236-242

Rose, Michael — Anträge auf Abwahl des durch die Satzung bestimmten Versammlungsleiters, in: Neue Zeitschrift für Gesellschaftsrecht 2007, S. 241-245

Roth, Günter H./ Altmeppen, Holger — Gesetz betreffend die Gesellschaften mit beschränkter Haftung (GmbHG) Kommentar, 7. Auflage, München, 2012 (zitiert: Roth/Altmeppen/*Bearbeiter*)

Rowedder, Heinz/ Schmidt-Leithoff, Christian — Gesetz betreffend die Gesellschaften mit beschränkter Haftung (GmbHG), 5. Auflage, München, 2013 (zitiert: Rowedder/Schmidt-Leithoff/*Bearbeiter*)

Römermann, Volker — Anmerkung zu OLG München, Urteil vom 12. 1. 2005 – 7 U 3691/04, in: GmbH-Rundschau 2005, S. 627-628

Römermann, Volker	Münchener Anwaltshandbuch GmbH-Recht, 2. Auflage, München, 2009 (zitiert: AnwHdb-GmbHR/*Bearbeiter*)
Rüthers, Bernd/ Stadler, Astrid	Allgemeiner Teil des BGB, 17. Auflage, München, 2011
Saenger, Ingo/ Inhester, Michael	GmbHG Handkommentar, Baden-Baden, 2011 (zitiert: Saenger/Inhester/*Bearbeiter*)
Säcker, Franz Jürgen/ Rixecker, Roland	Münchener Kommentar zum Bürgerlichen Gesetzbuch, Band 1, §§ 1-240, ProstG, AGG, 6. Auflage, München, 2012, Band 4, §§ 611-704, EFZG, TzBfG, KSchG, 6. Auflage, München, 2012 (zitiert: MK-BGB/*Bearbeiter*)
Schaaf, Andreas	Praxis der Hauptversammlung – Erfolgreiche Vorbereitung und Durchführung, 3. Auflage, Köln, 2011 (zitiert: Schaaf/*Bearbeiter*)
Schäfer, Carsten	Gesellschaftsrecht, 2. Auflage, München, 2011
von Schenck, Kersten	Der Aufsichtsrat und sein Vorsitzender – Eine Regelungslücke, in: Die Aktiengesellschaft 2010, S. 649-657
Schlitt, Christian	Der aktive Aufsichtsratsvorsitzende – Zum Handlungsspielraum des Aufsichtsratsvorsitzenden im aktienrechtlichen Normgefüge, in: Der Betrieb 2005, S. 2007-2012
Schmidt, Karsten	Die Behandlung treuwidriger Stimmen in der Gesellschafterversammlung und im Prozeß, in: GmbH-Rundschau 1992, S. 9-14
Schmidt, Karsten	Gesellschaftsrecht, 4. Auflage, Köln u.a., 2002 (zitiert: *K. Schmidt*, Gesellschaftsrecht)
Schmidt, Karsten	Nichtigkeitsklagen als Gestaltungsklagen, in: Juristenzeitung 1988, S. 729-737

Schmidt, Karsten/ Lutter, Marcus	Aktiengesetz Kommentar, I. Band §§ 1-149, 2. Auflage, Köln, 2010, II. Band §§ 150-410, 2. Auflage, Köln, 2010 (zitiert: K. Schmidt/Lutter/*Bearbeiter*)
Schneider, Uwe H.	Die Geschäftsordnung der GmbH-Geschäftsführer – Überlegungen zum GmbH-Innenrecht, in: Festschrift für Otto Mühl, herausgegeben von Jürgen Damrau, Alfons Kraft, Walther Fürst, Stuttgart u.a., 1981, S. 633-649
Schoch, Friedrich/ Schneider, Jens-Peter/ Bier, Wolfgang	Verwaltungsgerichtsordnung Kommentar, 24. Ergänzungslieferung, München, 2012 (zitiert: Schoch/Schneider/Bier/*Bearbeiter*)
Scholz, Franz	Kommentar zum GmbH-Gesetz, I. Band, 11. Auflage, Köln, 2012, II. Band, 10. Auflage, Köln, 2007, III. Band, 10. Auflage, Köln, 2010 (zitiert: Scholz/*Bearbeiter*)
Schulze, Reiner u.a.	NomosKommentar Bürgerliches Gesetzbuch – Handkommentar, 7. Auflage, Baden-Baden, 2012 (zitiert: NK-BGB/*Bearbeiter*)
Seeling, Otto/ Zwickel, Martin	Typische Fehlerquellen bei der Vorbereitung und Durchführung der Gesellschafterversammlung einer GmbH, in: Deutsches Steuerrecht 2009, S. 1097-1104
Semler, Johannes/ Asmus, Thomas	Der stimmlose Beschluss, in: Neue Zeitschrift für Gesellschaftsrecht 2004, S. 881-892
Semler, Johannes/ Stengel, Arndt	Umwandlungsgesetz mit Spruchverfahrensgesetz, 3. Auflage, München, 2012 (zitiert: Semler/Stengel/*Bearbeiter*)
Semler, Johannes/ Volhard, Rüdiger/ Reichert, Jochem	Arbeitshandbuch für die Hauptversammlung, 3. Auflage, München, 2011 (zitiert: Semler/Volhard/Reichert/*Bearbeiter*)

Soergel, Hans Theodor — Bürgerliches Gesetzbuch mit Einführungsgesetzen und Nebengesetzen, Band 10, Schuldrecht 8, §§ 652-704, 13. Auflage, Stuttgart, 2012 (zitiert: Soergel/*Bearbeiter*)

Spindler, Gerhard/ Stilz, Eberhard — Kommentar zum Aktiengesetz, Band 1 §§ 1-149 AktG, 2. Auflage, München, 2010, Band 2 §§ 150-410 AktG, IntGesR, SpruchG, SE-VO, 2. Auflage, München, 2010 (zitiert: Spindler/Stilz/*Bearbeiter*)

von Staudinger, Julius — Kommentar zum Bürgerlichen Gesetzbuch mit Einführungsgesetz und Nebengesetzen, Buch 1, §§ 21-79 (Allgemeiner Teil 2), Neubearbeitung, Berlin, 2005 (zitiert: Staudinger/*Bearbeiter*)

Steiner, Klaus — Die Hauptversammlung der Aktiengesellschaft, München, 1995

Stützle, Rudolf/ Walgenbach, Joachim — Leitung der Hauptversammlung und Mitspracherechte der Aktionäre in Fragen der Versammlungsleitung, in: Zeitschrift für das gesamte Handels- und Wirtschaftsrecht 155 (1991), S. 516-544

Sudhoff, Heinrich/ Sudhoff, Martin — Rechte und Pflichten des Geschäftsführers einer GmbH und einer GmbH & Co., 14. Auflage, Köln, 1994

Troßmann, Hans/ Roll, Hans-Achim — Parlamentsrecht des Deutschen Bundestages, Ergänzungsband, München, 1981

Ulmer, Peter/ Habersack, Mathias/ Winter, Martin — Gesetz betreffend die Gesellschaften mit beschränkter Haftung (GmbHG) Großkommentar, Band II §§ 29-52, Tübingen, 2006, Band III §§ 53-87, Tübingen, 2008 (zitiert: GK-GmbHG/*Bearbeiter*)

Vogel, Wolfgang — Gesellschafterbeschlüsse und Gesellschafterversammlung, 2. Auflage, Köln, 1986

Werner, Rüdiger — Anmerkung zu BGH, Urteil vom 11. 2. 2008 – II ZR 187/06, in: GmbH-Rundschau 2008, S. 428-429

Werner, Rüdiger | Das Beschlussfeststellungsrecht des Versammlungsleiters, in: GmbH-Rundschau 2006, S. 127-132

Werner, Winfried | Bekanntmachung der Tagesordnung und bekanntmachungsfreie Anträge – Ein Beitrag zur Auslegung des § 124 AktG, in: Festschrift für Hans-Joachim Fleck, herausgegeben von Reinhard Goerdeler, Peter Hommelhoff, Marcus Lutter, Herbert Wiedemann, Berlin, New York, 1988, S. 401-421

Wicke, Hartmut | Die Leitung der Hauptversammlung einer Aktiengesellschaft – Praxisrelevante Fragen und neuere Entwicklungen, in: Neue Zeitschrift für Gesellschaftsrecht 2007, S. 771-774

Wicke, Hartmut | Echte und unechte Bestandteile im Gesellschaftsvertrag der GmbH, in: Deutsche Notar-Zeitschrift 2006, S. 419-437

Wicke, Hartmut | Gesetz betreffend die Gesellschaften mit beschränkter Haftung (GmbHG) Kommentar, 2. Auflage, München, 2011

Wiester, Roland | Die Durchführung von Gesellschafterversammlungen bei der zerstrittenen Zweipersonen-GmbH, in: GmbH-Rundschau 2008, S. 189-195

Wilsing, Hans-Ulrich/ von der Linden, Klaus | Debatte und Abstimmung über Geschäftsordnungsanträge in der Hauptversammlung der Aktiengesellschaft, in: Zeitschrift für Wirtschaftsrecht 2010, S. 2321-2331

Wilsing, Hans-Ulrich/ von der Linden, Klaus | Hauptversammlungsleitung durch einen Unternehmensfremden, in: Zeitschrift für Wirtschaftsrecht 2009, S. 641-651

Wilsing, Hans-Ulrich/ von der Linden, Klaus | Statutarische Ermächtigungen des Hauptversammlungsleiters zur Beschränkung des Frage- und Rederechts, in: Der Betrieb 2010, S. 1277-1280

Windbichler, Christine | Gesellschaftsrecht – Ein Studienbuch, 22. Auflage, München, 2009

Zöllner, Wolfgang | Beschluß, Beschlußergebnis und Beschlußergebnisfeststellung – Ein Beitrag zu Theorie und Dogmatik des Beschlußrechts, in: Festschrift für Marcus Lutter zum 70. Geburtstag, herausgegeben von Uwe H. Schneider, Peter Hommelhoff, Karsten Schmidt, Wolfram Timm, Barbara Grunewald, Tim Drygala, Köln, 2000, S. 821-831

Zöllner, Wolfgang | Die Schranken mitgliedschaftlicher Stimmrechtsmacht bei den privatrechtlichen Personenverbänden, München und Berlin, 1963 (zitiert: *Zöllner*, Schranken)

Zöllner, Wolfgang | Kölner Kommentar zum Aktiengesetz, Band 1, §§ 1-147, Köln u.a., 1985, Band 2, §§ 148-290, Köln u.a., 1985 (zitiert: KK-AktG/*Bearbeiter*)

Zöllner, Wolfgang/ Noack, Ulrich | Geltendmachung von Beschlußmängeln im GmbH-Recht, in: Zeitschrift für Unternehmens- und Gesellschaftsrecht 1989, S. 525-544

Zöllner, Wolfgang/ Noack, Ulrich | Kölner Kommentar zum Aktiengesetz, Band 3 – 2. Teillieferung §§ 121-130, 3. Auflage, Köln, 2011 (zitiert: KK-AktG/*Bearbeiter*)

Abkürzungsverzeichnis

a.A.	andere Ansicht
Abs.	Absatz
ADHGB	Allgemeines Deutsches Handelsgesetzbuch
AG	Aktiengesellschaft/ Die Aktiengesellschaft (Zeitschrift)
AktG	Aktiengesetz
allg.M.	allgemeine Meinung
Anh.	Anhang
Anm.	Anmerkung
AnwHdb-GmbHR	Münchener Anwaltshandbuch GmbH-Recht
Art.	Artikel
AT	Allgemeiner Teil
BayObLG	Bayerisches Oberstes Landesgericht
BB	Betriebs-Berater
BeckHdb-GmbH	Beck'sches Handbuch der GmbH
BeurkG	Beurkundungsgesetz
BGB	Bürgerliches Gesetzbuch
BGBl.	Bundesgesetzblatt
BGH	Bundesgerichtshof

BGHZ	Entscheidungen des Bundesgerichtshofs in Zivilsachen
BT-Drs.	Bundestagsdrucksache
BVerfG	Bundesverfassungsgericht
bzgl.	bezüglich
DB	Der Betrieb
DCGK	Deutscher Corporate Governance Kodex
d.h.	das heißt
DNotZ	Deutsche Notar-Zeitschrift
DrittelbG	Gesetz über die Drittelbeteiligung der Arbeitnehmer im Aufsichtsrat
DStR	Deutsches Steuerrecht
EFZG	Gesetz über die Zahlung des Arbeitsentgelts an Feiertagen und im Krankheitsfall
EGGmbHG	Einführungsgesetz zum Gesetz betreffend die Gesellschaften mit beschränkter Haftung
EWiR	Entscheidungen zum Wirtschaftsrecht
f.	folgende(r/s)
ff.	fortfolgende
Fn.	Fußnote
FS	Festschrift
gem.	gemäß

GK	Großkommentar
GmbH	Gesellschaft mit beschränkter Haftung
GmbHG	Gesetz betreffend die Gesellschaften mit beschränkter Haftung
GmbHR	GmbH-Rundschau
GO	Geschäftsordnung
GOBT	Geschäftsordnung des Deutschen Bundestages
HGB	Handelsgesetzbuch
HK-GmbHR	Heidelberger Kommentar zum GmbH-Recht
HV	Hauptversammlung
IntGesR	Internationales Gesellschaftsrecht
InvG	Investmentgesetz
i.S.d.	im Sinne des/der
i.V.m.	in Verbindung mit
JZ	Juristenzeitung
KG	Kammergericht
KK-AktG	Kölner Kommentar zum Aktiengesetz
KonTraG	Gesetz zur Kontrolle und Transparenz im Unternehmensbereich
KostO	Gesetz über die Kosten in Angelegenheiten der freiwilligen Gerichtsbarkeit

KSchG	Kündigungsschutzgesetz
LG	Landgericht
li.	links/linke/-r/-s
LS	Leitsatz
LZ	Leipziger Zeitschrift für Deutsches Recht
m.	mit
m.E.	meines Erachtens
MitbestG	Gesetz über die Mitbestimmung der Arbeitnehmer
MitbestErgG	Mitbestimmungsergänzungsgesetz
MK	Münchener Kommentar
Montan-MitbestG	Gesetz über die Mitbestimmung der Arbeitnehmer in den Aufsichtsräten und Vorständen der Unternehmen des Bergbaus und der Eisen und Stahl erzeugenden Industrie
MünchHdb	Münchener Handbuch des Gesellschaftsrechts
m.w.N.	mit weiteren Nachweisen
NJW	Neue Juristische Wochenschrift
NJW-RR	Neue Juristische Wochenschrift-Rechtsprechungs-Report
NK	NomosKommentar
Nr.	Nummer

NZG	Neue Zeitschrift für Gesellschaftsrecht
OLG	Oberlandesgericht
OLGR	OLG-Report
ProstG	Gesetz zur Regelung der Rechtsverhältnisse der Prostituierten
re.	rechts/rechte/-r/-s
RegE	Regierungsentwurf
RG	Reichsgericht
RGZ	Entscheidungen des Reichsgerichts in Zivilsachen
Rn.	Randnummer
RNotZ	Rheinische Notar-Zeitschrift
ROHG	Reichsoberhandelsgericht
RT	Reichstag
S.	Seite
s.	siehe
SE-VO	Verordnung (EG) Nr. 2157/2001 des Rates vom 8. Oktober 2001 über das Statut der Europäischen Gesellschaft (SE)
sog.	sogenannte(r/s)
Sp.	Spalte
SpruchG	Gesetz über das gesellschaftsrechtliche Spruchverfahren

st. Rspr.	ständige Rechtsprechung
TzBfG	Gesetz über Teilzeitarbeit und befristete Arbeitsverträge
UG	Unternehmergesellschaft
UmwG	Umwandlungsgesetz
v.	vom
vgl.	vergleiche
Vorbem.	Vorbemerkung
VwGO	Verwaltungsgerichtsordnung
VwVfG	Verwaltungsverfahrensgesetz
WEG	Wohnungseigentümergemeinschaft
WM	Zeitschrift für Wirtschafts- und Bankrecht
z.B.	zum Beispiel
ZGR	Zeitschrift für Unternehmens- und Gesellschaftsrecht
ZHR	Zeitschrift für das gesamte Handelsrecht und Wirtschaftsrecht
ZIP	Zeitschrift für Wirtschaftsrecht
ZPO	Zivilprozessordnung

Schriftenreihe zum Gesellschafts- und Kapitalmarktrecht

Herausgegeben von Lutz Michalski,
Axel Jäger und Klaus-Rudolf Wagner

Band 1 Volker Schulenburg: Bankenhaftung bei geschlossenen Immobilienfonds. Zugleich eine Untersuchung der Wissenszurechnung im Konzern. 2002.

Band 2 Jan Wittenberg: Der Bestandsschutz von Arbeitsverhältnissen im Umwandlungsrecht. 2002.

Band 3 Christian A. Eichner: Management-Buy-Out-Gestaltungen beim Konzern-Spin-Off. Unter besonderer Berücksichtigung der Unternehmenssteuerreform. 2002.

Band 4 Thomas Wunsch: Tracking Stocks – Geschäftsbereichsbezogene Gewinnbeteiligungen bei Aktiengesellschaften. Eine systematische gesellschafts- und steuerrechtliche Betrachtung. 2002.

Band 5 Jan Blumentritt: Die privatrechtlich organisierte Börse. Ein Beitrag zur Diskussion um die Neuordnung des Börsenwesens. 2003.

Band 6 Michael Grüner: Die Beendigung von Gewinnabführungs- und Beherrschungsverträgen. 2003.

Band 7 Holger Pittroff: Die Zurechnung von Stimmrechten gemäß § 30 WpÜG. 2004.

Band 8 Wolfgang Höhn: Ausgewählte Probleme bei Lock-up Agreements. 2004.

Band 9 Gunter Reiff: Gesellschaftsrechtliche Aspekte des regulären Delistings. 2004.

Band 10 Christoph Radke: Die Entsprechenserklärung zum Deutschen Corporate Governance Kodex nach § 161 AktG. Grundlagen und Haftungsfragen. 2004.

Band 11 Gordon Geiser: Gesellschaftsorganisation und Gesellschaftsinnenrecht virtueller Unternehmen. 2004.

Band 12 Gero F. Pfeiffer: Die Kommanditgesellschaft auf Aktien als Beteiligte eines Beherrschungsvertrags und einer Eingliederung. Ein Beitrag zum Konzernrecht einer hybriden Rechtsform. 2005.

Band 13 Markus Rasner: Die Pflichten der Zielgesellschaft bei unfreundlichen Übernahmeangeboten nach dem neuen deutschen WpÜG. Unter besonderer Berücksichtigung europäischer und US-amerikanischer Übernahmeregelungen sowie der Konzeption des Gemeinsamen Entwurfs einer EU-Übernahmerichtlinie. 2005.

Band 14 Julia Kraft: Die Europäisierung der deutschen Mitbestimmung durch das SE-Beteiligungsgesetz. Eine europa- und verfassungsrechtliche Analyse der Richtlinienumsetzung 2001/86/EG zur Ergänzung des Statuts der Europäischen Gesellschaft hinsichtlich der Beteiligung der Arbeitnehmer. 2005.

Band 15 Tobias A. Heinrich: Kapitalmarktrechtliche Transparenzbestimmungen und die Offenlegung von Beteiligungsverhältnissen. Eine rechtsvergleichende Untersuchung des europäischen, deutschen, englischen und US-amerikanischen Rechts. 2006.

Band 16 Hendrik Mielke: Die Rechtsstellung der Verfahrensbeteiligten im gesellschaftsrechtlichen Spruchverfahren. 2006.

Band 17 Florian Mahler: Rechtsgeschäftliche Verfügungen über sonder- und sammelverwahrte Wertpapiere des Kapitalmarktes. 2006.

Band 18 Ines Tauscher: Der Anwendungsbereich der §§ 293a–293g Abs. 1, 2 S. 1, Abs. 3 AktG. In einstufigen vertraglichen Unternehmensverbindungen. 2007.

Band 19 Wolfgang Böh: Die Aufklärungspflicht einer Bank bei der Finanzierung einer Beteiligung an einem geschlossenen Immobilienfonds. 2007.

Band 20 Angela Koch: Die Abkehr von der „bilanziellen Betrachtungsweise" und ihre Auswirkungen auf die Existenzvernichtungshaftung. 2007.

Band 21 Markus Käppler: Die Rücknahme von Erwerbs- und Übernahmeangeboten nach dem WpÜG. 2008.

Band 22 Lars M. Laeger: Deutsch-amerikanisches Internationales Gesellschaftsrecht. Festschreibung der Gründungstheorie durch den deutsch-amerikanischen Freundschaftsvertrag? 2008.

Band 23 Wolf Rainer Bussian: Due Diligence bei Pakettransaktionen. Zur Rechtsstellung des Vorstands zwischen Auskunftsanspruch der Aktionäre, Insiderverboten und Datenschutz. 2008.

Band 24 Arne Kießling: Der übernahmerechtliche Squeeze-out gemäß §§ 39a, 39b WpÜG. Analyse eines neuen Instituts zum Ausschluss von Minderheitsaktionären. 2008.

Band 25 Uwe Trafkowski: Kreditderivate und Versicherungsderivate als Risikotransferverträge. 2009.

Band 26 Jörg Christoph Bussian: Die Verantwortung der Organe einer Aktiengesellschaft bei Fehlinformation des Sekundärmarkts. 2009.

Band 27 Dennis A. Lepczyk: Rechtliche Aspekte internationaler Börsenfusionen. Gesellschaftsrecht – Organisationsrecht – Aufsichtsrecht. 2009.

Band 28 Anna Lucia Izzo-Wagner: Kollisionsrecht und Gesellschaftsrecht nach der EuGH-Rechtsprechung und europäischen Normgebung. Konsequenzen für grenzüberschreitende Sitzverlegungen nach Inspire Art und Restrukturierungen von Kapitalgesellschaften nach Sevic, der Verschmelzungsrichtlinie und SEStEG unter Berücksichtigung steuerrechtlicher Aspekte. 2009.

Band 29 Hans-Georg Schulze: Geschäfte der Kapitalgesellschaft mit ihren Organmitgliedern. Ein Rechtsvergleich zwischen Deutschland, England und Frankreich. 2010.

Band 30 Annette Christoph: Insiderhandel unter besonderer Berücksichtigung von M&A-Transaktionen. 2010.

Band 31 Magdalena Boguslawska: Das Verbot des Handels in eigenen Aktien und seine Ausnahmen. 2010.

Band 32 Philipp Storm: Alternative Freiverkehrssegemente im Kapitalmarktrecht. Zugleich ein Beitrag zur rechtsökonomischen Analyse emittentenbezogener Regulierung durch einen Marktveranstalter und zum System der Segmentierung. 2010.

Band 33 Manuel M. Meder: Die persönliche Unabhängigkeit der Aufsichtsratsmitglieder und Directors in börsennotierten Aktiengesellschaften. Eine vergleichende Untersuchung zum deutschen und US-amerikanischen Aktienrecht. 2010.

Band 34 Niko Oertel: Fungibilität von Anteilen an Publikumskommanditgesellschaften. Der Entscheidungsspielraum unter Vinkulierungs- und Erwerbsvorrechtsklauseln. 2010.

Band 35 Henning Blaufuß: Rechtsfähige Wohnungseigentümergemeinschaft und nicht rechtsfähige Gemeinschaft der Wohnungseigentümer. Entstehung der rechtsfähigen Wohnungseigentümergemeinschaft als Folge richterlicher Rechtsumgestaltung und ausgewählte Folgeprobleme. 2010.

Band 36 Christoph R. Wolter: Der Gläubigerschutz bei der grenzüberschreitenden Verschmelzung von Kapitalgesellschaften unter Beteiligung einer GmbH. 2012.

Band 37 Andreas Voth: Beratende Hauptversammlungsbeschlüsse – zugleich eine kritische Betrachtung des § 120 Abs. 4 AktG. 2012.

Band 38 Marcus Jerg: Eine Analyse der Unternehmergesellschaft (haftungsbeschränkt) unter besonderer Berücksichtigung des Gläubigerschutzes. 2013.

Band 39 Dörthe Imberg: Die „Best Execution" im deutschen Wertpapierhandel gemäß § 33a WpHG. Der mit der europäischen MiFID bezweckte Anlegerschutz und seine Berücksichtigung im nationalen Aufsichts- und Haftungsrecht. 2013.

Band 40 Anja Wiedemann: Die GmbH nach ihrer Löschung aus dem Handelsregister. Erfordernis einer „Nach-GmbH"? 2013.

Band 41 Katja Scharkowski: Anlegerschutz durch die Regulierung von Investmentvermögen und Corporate Governance. Eine rechtsvergleichende Studie des deutschen und britischen Investmentrechts. 2013.

Band 42 Marcel Kleemann: Der Leiter der GmbH-Gesellschafterversammlung. 2013.

www.ingramcontent.com/pod-product-compliance
Ingram Content Group UK Ltd.
Pitfield, Milton Keynes, MK11 3LW, UK
UKHW021853290926
8980IPUK00005B/810

9 783631 627884